주식투자로
대박 만들기

:: 실화소설을 읽으며 가치투자를 배운다 ::

김건 지음

주식투자로
대박 만들기

초판발행일 | 2013년 11월 5일

지 은 이 | 김 건
펴 낸 이 | 배수현
디 자 인 | 박수정
제   작 | 송재호

펴 낸 곳 | 가나북스 www.gnbooks.co.kr
출 판 등 록 | 제393-2009-000012호
전   화 | 031) 408-8811(代)
팩   스 | 031) 501-8811

ISBN 978-89-94664-54-5(03320)

:: 실화소설을 읽으며 가치투자를 배운다 ::

주식투자로 대박 만들기

김건 지음

:: 묻지 마 주식투자, 벤처 사기꾼들의 반란

　　　　　　 10여 개 기업의 M&A에 참여했던 필자
는 몇 년 전부터 어느 로펌(법무법인)을 통해 코스닥 상장을 준비하는 벤처
기업 창설 컨설팅(인큐베이팅)에 주도적으로 참여해왔다. 몇 개 기업을 주무
르면서 아주 부정적이고 개성적인 인물, 소말리아 해적(海賊) 두목 같은
짐승(?)들을 만날 수 있었다. 이 소설의 주인공도 그 중 한 명이다.

　현금이나 현물(고정자산, 특허권 등)을 출자한 대주주와 기업 경영에 참여한
인물들의 면면을 보면 도덕 불감증(모럴 헤저드)이 의외로 심했다. 그들을
대체로 이렇게 나눌 수 있었다.

　A사장은 독실한 크리스천을 가장했다. 그의 발명특허는 해외에서
주워 온 허접 쓰레기였다. 그는 주주들의 청약금을 모으기 무섭게 거액
의 교회 신축 헌금을 내고 나서 개인 부채를 먼저 갚기 시작했다. 필자
는 그를 '하나님과 목사를 앞세운 날강도'라고 불렀다.

　B사장도 독실한 크리스천을 표방했다. 그는 최신 노트북을 들고 다

니는 컴맹이었다. 스스로 혼자서 할 수 있는 일은 사기행각뿐이었다. 그는 주주들의 청약금으로 개인적인 생활비와 개인 부채 변제에 충당하기 바빴다. 필자는 그를 '**대소변 못 가리는 컴맹**'이라고 명명했다.

C사장은 명문대 출신 석사이자 박사였다. 그는 현물 출자용 고정자산을 과대평가하기 위해 감정평가사를 매수했고, 그 뇌물과 평가비용을 주주들의 청약금으로 사용했다. 그는 법인 설립이 끝나자 법인 자금을 개인적으로 가불하거나 횡령하기 시작했다. 40대 중반의 나이에도 혼인 신고를 하지 않고 살면서 내연의 여성 앞으로 횡령한 재산을 빼돌렸다. 그런 사기행각을 숨길 요량으로 근검절약하는 것처럼 도시락을 싸들고 다녔다. 필자는 그를 '**도시락을 싸들고 다니는 산적**(山賊) **두목**'이라고 불렀다.

D사장은 한없이 선량한 사람이지만 무능했다. 그처럼 맹물 같은 인물이 대표이사로 취임한 것은 대주주의 음흉한 장난 덕분이었다. 40대 중반이 되도록 월급 200만 원짜리 중소기업 과장에 만족하던 그는 경영관리는커녕 사소한 업무 처리 능력도 없었다. 오직 임직원을 태우고 다니는 운전기사 역할에 그쳤다. 법인의 내부 통제가 뭔지 몰랐을 뿐 아니라 법인 인감을 호주머니에 넣고 다니는 것이 최선인 줄 알았다. 필자는 그를 '**법인 인감을 주머니에 넣고 다니는 맹물**'로 명명했다.

· 0 0 0

필자는 경제학, 경영학, 회계학 등과 거리가 먼 사람이다. 그럼에도 상업고교를 졸업하고 금융기관에 잠시 입사했다가 법학을 전공했다는 이유로 경리 부서에 입사한다. 그 뒤로 사반세기가 넘는 동안 재무관리, 주식관리 부문에서 종사하게 된다.

그처럼 밑바닥에서 출발한 경험은 필자를 바로 세우기도 했고 휘청거리게 만들기도 했다. 가장 부정적인 분야에서 체득하고 체감한 우리기업 경제의 검은 속살이 필자에게 출세의 길을 보장했으니 참으로 부끄러울 따름이다.

호랑이를 잡으려면 호랑이 굴로 들어가야 하듯이 도둑을 잡으려면 도둑질을 알아야 한다. 사회적 원가를 관리하려면 도망가는 원가를 알아야 한다는 주장으로 위안을 삼고 싶다.

◊ ◊ ◊

맞보증(어깨보증) 은행 차입금과 묻지 마 주식투자 실패 끝에 22개의 신용카드를 남기고 사라진 신용불량자 L씨. 이 소설은 그의 절박한 상황 타개와 사기꾼으로 변신하기까지의 과정을 담는다.

몇 년 전 모 은행 간부 20여 명이 신용불량자로 전락한다. 주식투자 실패 끝에 불명예퇴직을 결행한 이들은 결국 막다른 골목에 몰린다. Y대 경영학 석사 출신 L대리도 어쩔 수 없이 사기행각에 나선다.

이 실화 소설은 주인공 L씨의 극적인 체험담을 사실적으로 정리한 것이다. 실화를 바탕으로 쓰인 이 소설은 빚에 쪼들리다 못해 사기꾼으로 전락한 전직 은행원의 이야기다. 탈출구가 보이지 않는 알거지 신세를 뛰어넘어 각계의 저명인사들을 농락하고, 우리 사회 기득권 인사들의 탐욕과 위선을 절묘하게 반죽해 가며 '벤처 사기꾼'이란 배역을 마음껏 즐긴다.

사기꾼의 반란을 통해 묻지 마 주식투자와 신용불량자의 실태를 알아보고, 나아가 우리 사회의 일그러진 실상을 진단한다.

주식투자로 망한 사람들이 돈 받고 종목을 추천하며 입에 풀칠하는 상황이 인터넷 증권 카페에서 벌어지고 있음 잊지 말아야 한다.

특히 재무제표(財務諸表), 재무분석, 재무지표, 투자지표, 기업분석, 경영분석 등 사전학습 과정 없이 이른바 작전세력과 전문가들의 추천에 의존하거나 부실 테마주와 군중의 꽁무니나 좇는 것은 백전백패(百戰百敗)의 길임을 명심해야 한다. 성장 가능한 우량기업에 투자하는 가치투자를 고려하지 않고 차트나 그려대는 건 정말 위험한 일이다. 그런 측면에서 초보자는 물론 경험자들도 두루 읽을 수 있도록 흥미롭게 엮은 [엉터리 재무제표 읽는 비법(720쪽)]의 일독을 권한다.

진흙탕 속에서 연꽃을 피우고 보석을 캐듯 부정(패배, 네거티브) 속에서 긍정(승리, 포지티브)을 만날 수 있다면 천만다행일 것이다.

김 건

Contents _목차

Contents _목차

01

협박과 린치

잔뜩 찌푸린 하늘이 탁하게 내려앉아 있다. 불어오는 바람조차 스산한 12월 하순이다. 온몸이 후들후들 떨리도록 매서운 혹한의 날씨가 옷깃을 여미게 하는 밤 11시쯤, 추강민은 서울 구로구 가리봉동 3층 건물 안에 연약한 초식동물처럼 갇혀 있다.

한겨울의 냉기가 썰렁하니 감도는 그 어두컴컴한 2층 사무실 안에서, 그는 유괴당한 아이처럼 찌걱찌걱 운다. 아주 낯설고 허름한 공간 안으로 끌려들어가 조직폭력배들의 협공에 맥을 못 춘다.

" 때려죽일 놈! 내 돈 언제 갚을래? "

조직폭력배의 중간 보스 박상호가 추강민의 귀싸대기를 대여섯 차례 올려붙인다. 누르스름한 빛살을 뿜어 대는 형광등을 이고 선 채 눈을 부라리는 박상호에게 죽기 살기로 맞서고 싶지만 차마 오기를 부리기 어렵다.

" 박 사장님, 돈을 마련할 시간을 주셔야지요. "

추강민은 정신을 추스를 사이도 없이 결박당한 신세나 다름없다. 말이 좋아 사무실이지, 옛날 어떤 정보기관의 지하 취조실 같은 그 창고 안에서 탈출할 수 있는 구멍은 철제 출입문 하나밖에 없다. 마주보고 있는 두 개의 창문엔 제법 굵직한 방범창이 설치된 데다가, 네 명의 우락부락한 사내들에게 포위되어 탈출이 불가능하다.

" 다시 묻겠다. 내 돈 언제 갚을래? "

박상호는 추강민의 귀싸대기를 두세 차례 더 갈기고 나서 성난 진돗개처럼 이를 빠드득 간다. 한양은행 입사 동기 박두호의 동생이자 나이로 4년 연하인 박상호 앞에서도 추강민은 반말을 꺼내지 못한다.

박상호가 긴 대나무를 손에 움켜쥐었고, 부하 조직원으로 보이는 세 명의 청년들도 거무스름한 쇠파이프를 하나씩 집어 든다. 우악스런 손길에 옷이 벗겨지고 팬티 차림이 되기까지는 그리 오래 걸리지 않는다. 젊은이들이 쇠파이프를 다시 주워 들더니 추강민의 등 뒤로 몇 걸음 물러선다. 그 때다. 쿵! 쿵! 쿵! 쇠파이프로 시멘트 바닥을 세차게 두드리는 소리가 저승사자의 목소리처럼 위협한다.

" 얘들아, 홀딱 벗겼니? "

등을 보이고 서 있던 박상호가 낮은 어조로 으르렁거린다. 책상 한 개와 철제 의자 대여섯 개만 달랑 놓인 채 을씨년스런 사무실 안은 옷을 입고 있을 때도 몹시 추웠는데, 팬티 차림이 되자 사지가 걷잡을 수 없이 후들거리기 시작한다. 낡은 석유난로가 사무실 바닥의 한복판에 놓여 있으나 겨울밤의 꽁꽁 언 몸을 녹이기엔 역부족이다.

추강민은 한숨을 길게 내쉬었고 불길한 조짐 앞에서 눈을 질끈 감는다. 박두호 과장과 박상호 사장, 두 형제는 추강민이 갚지 못한 금융기관 대출 원리금 5천여 만 원을 대신 끌어안고 발버둥치는 중이다.

연대보증 채무 원리금 5천여 만 원을 비롯해 몇 억 원의 빚을 갚던 와중에서 그들도 추강민 못지않게 깊은 수렁으로 빠져들고 있었다. 지은 죄가 너무 많아서 쫓기며 견디던 추강민은 그 빚쟁이들에게 운명을 맡기기로 한다. 알거지 신용불량자로 전락한 추강민과 박두호, 두 사람 때문에 박상호의 가족이 맞은 날벼락에 비하면 이런 수모는 별게 아니라고 생각한 것이다.

추강민을 고문하던 조직폭력배 중간 보스 박상호는 한양은행 입사 동기 박두호 과장의 친동생인데, 단란주점 사장이라던 그의 전화를 받은 것은 오후 9시 무렵이다.

" 너, 지금 경고한다. 당장 가리봉동으로 총알같이 튄다! 만약 내 지령을 어길 때, 오늘 중으로 네 아킬레스건을 부러뜨리고 말 거야. "

그 마지막 협박이 추강민을 긴장시켰다. 추강민은 복날의 개처럼 혀를 빼물고 할딱대며 가리봉동으로 달려갔다. 20년 지기 박두호의 동생 녀석이 불렀으니까 별게 아니다 싶었는데 돌아가는 상황은 너무 절박했다.

" 추강민! 그 많은 돈 어디다 숨겼냐? "

박상호가 대나무로 등짝을 강하게 때리자 추강민은 자지러지며 나뒹군다.

" 언제 갚을래? "

박상호가 시퍼렇게 빛나는 잭나이프의 칼등으로 추강민의 목덜미를 슬쩍 건드린다. 박상호는 잭나이프의 칼날을 책상 위에 꽂아 놓고 으르렁거린다.

" 이제 까놓고 말하자! 더 이상 방법이 없어. 빼돌린 재산도 없다! 가진 돈 있으면 마누라, 처형, 장모 눈치를 보며 처가살이를 하겠어? 좋다! 당신들, 하고 싶은 대로 해. 아냐, 아냐! 차라리 날 이 자리에서 죽여 버려! "

마침내 독기를 머금은 추강민이 발악한다.

" 금융기관 연대보증 채무로 시궁창에 빠진 사람은 너희 형제뿐이 아니다. 내 차입금에 보증을 서거나 내게 사기를 당한 이들은 내 가족과 처가 식구를 포함하여 마흔 명이 넘어. 그 빚더미가 대충 10억 원을 넘어선 지 오래다. 그런데 나보고 돈을 빼돌렸다니 말도 안 되는 소리! 내 지갑에 단돈 만 원만 있어도 차라리 그 돈을 꼭꼭 씹어 먹은 뒤 목을 매달아 죽고 싶다! "

당장 뾰족한 해결 방법이 없다고 생각했던지 박상호는 긴 시간의 린치를 포기한다. 추강민은 각서와 현금보관증을 쓰고 풀려난다. 박상호가 바지 주머니에 넣어 준 2만 원으로 택시를 잡았을 때는 밤 2시경이다.

비 맞은 수캐마냥 후줄근한 모습으로 귀가하던 그 날 밤, 추강민의 아내는 혼이 쏙 빠져 버린 노파처럼 단칸방 구석에 우두커니 앉아 있다가 무릎 사이로 통곡을 밀어 넣는다. 추강민도 새벽녘 동이 틀 때까지 아내와 자식들 모르게 소리 죽여 흐느낀다.

아랫목에서 깊이 잠든 아들과 딸이 아빠 엄마의 숨죽인 통곡을 눈치 채지 못하는 게 참 다행이다. 행여나 몸 어느 한군데가 아들과 딸에게 닿을세라 멀리 떨어져 등을 보이고 누워 버린 추강민은 베갯잇이 촉촉이 젖을 때까지 안으로 숨는 울음을 운다. 눈물이 입술을 타고 내려와 입 속에까지 흘러든다. 너무도 참혹했던 나머지 실성한 놈처럼 속으로 울다가 속으로 웃기를 반복한다.

징검다리 투자노트 |

:: 대우그룹의 몰락이 던지는 메시지

– 일본계 은행은 단 한 푼도 물리지 않아

1997년. IMF 외환위기가 오기 직전 노무라증권이 대우그룹에 문제가 있다고 지적한다. 대우그룹에선 아무런 문제가 없다며 세계를 경영하겠다고 호언장담하다 장렬히 산화한다. 갑자기 남대문이 생각난다. 속으로는 화마가 활활 세력을 키워 가는데 천장의 기와에만 물을 뿌리다가 와르르 무너진다.

1995년부터 2년 동안 일본 금융기관들은 대우그룹 계열사에 빌려준 돈을 경쟁하듯 회수해 갔다. 한국 금융기관들이 우물쭈물하며 정부와 정권의 눈치를 보고 있을 때였다.

마침내 대우그룹이 공중 분해되자 아주 특이한 현상이 나타났다. 거액의 부실 채권을 끌어안은 대우그룹의 해외 채권단 중에서 일본계 금융기관은 포함되지 않았던 것이다.

그 이유를 알고 채권단 관계자들은 혀를 내둘렀다. 일본 금융기관들은 무엇보다 대우그룹의 현금흐름을 중시하면서 분식회계 여부를 과학적으로 탐지했고 서둘러 발을 뽑았기 때문이다.

:: 대우에게 안 물린 국내 은행 딱 한 곳

1995년부터 대우그룹은 현금흐름이 나빠지면서 단기차입금이 급격히 증가했다. 이를 눈치챈 몇몇 금융기관들이 발 빠르게 움직였다. 민첩한 대응을 보인 것은 하나같이 일본계 은행들이었다.

하지만 일본 금융기관처럼 대우로부터 대출금을 회수한 국내 은행이 아주 없지는 않았다. 대우그룹의 관계회사라고 할 수 있었던 한미은행이 바로 그 주인공이었다. 대우가 지분을 갖고 있던 한미은행이 일본 금융기관들처럼 단 한 푼을 물리지 않은 것도 대우그룹의 현금흐름을 잘 파악하고 순발력 있게 먼저 움직였기 때문이다.

:: 현금흐름을 모르면 당하게 돼 있어

회계 전문가들 사이에 익히 알려진 공지의 사실이 한 가지 있다. 재무상태표와 손익계산서는 대체로 쉽게 조작할 수 있지만 '현금흐름표'의 조작은 거의 불가능하다는 점이다.

이미 장부 조작을 시도했더라도 현금흐름표를 작성하거나 분석해 보면 분식회계 사실, 재무구조의 허점, 유동성 악화, 부실화 가능성, 도산 가능성 등이 쉽게 드러난다.

기업이 부도 위기에 몰리면 들어오는 현금보다 나가는 현금이 많아진다. 그 현금흐름의 공백을 메우기 위해서는 단기차입금을 늘리거나 보유 중인 자산을 급히 매각할 수밖에 없다.

이처럼 위급한 상황을 일목요연하게 체크하려면 다소 시간이 걸리더라도 현금흐름표를 작성하거나 분석해 봐야 한다. 현금흐름표는 포괄손익계산서와 재무상태표를 통해 파악하기 곤란한 문제점들을 명쾌하게 드러낸다.

:: 제2의 대우그룹, 여전히 존재

이자, 법인세, 감가상각비 등을 차감하기 전의 순이익이 아무리 증가하더라도 영업 활동으로 수반되는 현금이 줄어들면 도산 가능성이 높아진다. 장부상 가공 이익만 대단한 규모일 뿐 현금흐름이 원활하지 못한 회사일수록 분식회계로 근근이 버텨야 한다.

믿기 어렵겠지만, 예전의 대우그룹처럼 분식회계와 장부조작으로 목숨을 유지하는 회사가 적지 않을 것이다.

02

불가피한 퇴장

　　한양은행 재직 시절 추강민의 직급은 대리였고 박상호의 형 박두호는 과장이었다. 죽이 척척 맞았던 그들은 서로 연대보증인이 되어 기업은행에서 각각 1천 5백만 원의 대출을 받는다. 그런 식으로 빚을 얻어서 주식투자에 나섰다가 실패를 거듭한다. 마침내 엄청난 빚에 몰려 쫓기던 추강민은 뾰족한 탈출구가 없어 명예퇴직을 자청했고, 수많은 빚쟁이들을 피해 숨어살던 중에 너무도 반갑지 않은 소식을 듣는다.

　"사모님, 분명히 기억해 두세요. 남편의 기업은행 차입금을 내 동생이 대신 갚았답니다."

　어느 날 박두호 과장이 추강민의 아내에게 위협하듯 전화를 걸어온다. 추강민은 그 점잖은 으름장을 전해 들으면서 일거수일투족이 박두호, 박상호 형제에게 감시당하고 있다는 느낌을 버리지 못한다.

약 2년 전 그 당시, 한양은행 박두호 과장도 추강민처럼 주식투자에 실패하여 궁지에 몰린 데다 모두 4억 원이 넘는 빚을 진다. 불가피하게 동병상련의 정을 느낀 그들은 동지의식으로 똘똘 뭉칠 수밖에 없다. 서로 맞보증을 서 가며 여러 은행에서 대출을 받아낸다.

둘이 작당하여 금융기관 세 곳에서 각각 4천 5백만 원씩 대출을 받은 것까지는 그런 대로 다행스런 일이지만, 추강민이 퇴직금 한 푼 못 건지고 잠적해 버리자 연대보증인 박 과장에게 모든 책임이 돌아갈 수밖에 없었다.

기업은행을 비롯해 동양생명보험과 신한생명보험 등지에서 채권 회수 절차를 밟기 시작할 때, 박 과장도 요즘 세상의 신용불량자들처럼 거꾸러지기 일보 직전이었다. 급한 불을 꺼 보겠다는 생각에서 박 과장은 자기 동생 박상호한테 사정사정하여 우선 추강민의 차입금 1천 5백만 원을 대신 갚는다.

그뿐이 아니다. 동생까지 동원하여 추강민의 차입금과 이자 등 금융기관 연대보증 대출금 5천여 만 원을 대신 변제한 박 과장은 나머지 자기 빚 4억여 원만큼은 도저히 감당할 수 없었던지 추강민처럼 명예퇴직을 신청했고, 생계 대책이 없는 실업자가 되면서 추강민에게 빚 독촉을 하기 시작한다.

얼마 지나지 않아서 실업자 박두호도 예외 없이 신용불량자 명단에 자기 이름을 올리게 된다. 그 때부터 연대보증인 박두호 대신 그의 동생 박상호가 전면에 나서서 추강민을 괴롭히기 시작한다.

" 추강민! 우리 형만 사기를 당한 게 아냐. 이 몸도 당신에게 된통 물렸어. "

어느 날, 박두호의 친동생이란 녀석이 전화를 걸어온다. 박두호의 동생 박상호가 추강민 대신 갚은 기업은행 대출 원리금 1천 6백여 만 원이 목에 걸린 가시처럼 추강민을 고문한다.

" 어쨌든 오늘 중에 당신 쪽 좀 봐야 쓰겠다. 한 시간 안에 나타나지 않으면 오늘 밤 일개 소대 병력이 당신 처갓집으로 쳐들어갈 거야. 각오해! "

그 협박에 놀란 추강민은 가리봉동 단란주점을 물어물어 찾아간다. 그런데 그 날 '어깨' 다섯 명이 입회한 단란주점 구석방에서 당장의 안전을 위해 각서 한 장을 써 준 뒤가 더 고통스럽다.

박상호는 걸핏하면 술집 종업원들과 폭력배들을 동원했고 추강민의 아내가 근무하는 대학병원으로 쳐들어가 소란을 피운다. 그마저 별다른 효과가 없다고 판단되었는지 결국은 추강민이 얹혀살던 구파발 처갓집으로 몰려온다.

폭력배들은 대문에 발길질을 해 대고 온갖 욕설을 퍼부으며 소란을 피우기 일쑤다. 하루가 멀다 하고 새벽 시간을 골라 기습하는 바람에 처가 식구들은 번번이 밤잠을 설쳤고, 공포에 질려 벌벌 떨던 아내가 재빨리 추강민의 신발을 숨기거나 추강민을 헛간으로 밀어 넣은 게 수십 차례다. 그 아수라장을 견디다 못해 가장 먼저 발끈한 사람은 추강민의 처형이다.

" 이거 왜 이래! 나도 피해자야. 이곳은 내 집이야. 당장 꺼져! "

분노를 억누르며 식식거리던 추강민의 막내 처형이 두 눈에 불을 켜고 나선다. 막내 처형이 악다구니를 쓰거나 112에 신고 전화를 걸어도 해결사들은 순순히 물러가지 않는다. 신고를 받고 패트롤카가 출동한 뒤에야 감쪽같이 사라지곤 한다.

ℓ ℓ ℓ

추강민과 더불어 신용불량자로 전락했고 추강민의 뒤를 이어 명예퇴직으로 물러난 박두호 과장. 한양은행 안에서 능력을 인정받아 해외점포만 옮겨 다니던 그 친구, 조직관리 능력이 뛰어나 노조 집행부에서 활약했고 노조위원장 물망에 오르던 그가 몰락한 이유는 반드시 추강민의 탓만은 아니다.

"네가 사표 안 내고 그럭저럭 버텼다면 내 꼴이 이 지경까지는 안 됐을 거야. 최소한 이자를 낼 능력은 있었다고."

무모한 주식투자가 직접적인 파멸의 원인이었어도 박두호는 추강민을 먼저 원망하고 추강민을 먼저 저주한다. 추강민은 비참한 심정으로 쫓겨 다니면서도 그 상스러운 욕설과 비난을 감수해야 한다. 지금 이 시간에도 박두호는 술 취한 사람들을 태우고 갖은 주정을 받아 주며 대리 운전한 대가로 월 60만 원 가량을 번다. 그의 아내는 한양은행 노조의 텔레마케팅 사업을 돕는 일용직 아르바이트에 매달리고 있다.

"만약 네가 우리 어머니 빈소에 오지 않았다면 진짜 용서하지 못했을 거야."

생계유지를 걱정해야 할 처지에 빠진 박두호가 추강민을 용서했다지만 그건 그저 말뿐이다. 지금도 두 사람은 악순환의 연결 고리를 끊지 못한 채 악감정만 쌓아 가고 있다. 오뚝이처럼 재기하겠다고 호언하던 추강민은 여전히 약속을 지키지 못하고 산다. 매달 지원하기로 했던

20만 원을 박두호에게 송금할 수 없기 때문에 월말이 되면 불쑥불쑥 악몽을 꾸듯 독촉 전화를 받아야 한다.

" 네가 쉽게 포기하는 바람에 나도 망했어. 그런데 이 새끼야, 20만 원도 안 보내? 개자식! 네놈이 우리 형제에게 갚아야 할 돈이 얼만 줄 알아? 자그마치 5천만 원이야. 그런데 껌 값에 불과한 20만 원도 송금 못 해? 정말이지, 넌 인간도 아냐 "

박두호가 그렇게 씨부렁거리면 추강민은 중상을 입은 짐승처럼 끙끙 앓는다.

∅ ∅ ∅

1998년 1월 17일, 한양은행 본점 인사부에 사표를 던지던 날 밤, 추강민은 자살을 결심한 중늙은이 노숙자처럼 안주 없는 강소주를 폭음한다. 후미진 공터의 어둠 속에 홀로 쪼그리고 앉아 병 나팔을 불기 시작한다.

얼떨결에 주식에 손을 대기 시작하면서 항상 불안감을 안고 서성거려야 했다. 속으로는 늘 '본전만 찾고 손을 떼야지.' 하고 중얼거렸지만 결국 악마의 덫에 걸려들고 말았다. 날이 갈수록 본전을 찾기는커녕 빌린 돈에 대한 이자를 갚기도 어려워지고 있었다.

아내를 속이고, 장모와 처가 식구들을 속이고, 홀어머니와 형제들을 속이고, 친구들을 속이고, 직장 동료들을 속이고, 교회 신도와 목사님들을 속이고, 가까운 이웃들을 속여 가며 가진 돈을 모두 탕진한 뒤, 11억 원대의 빚더미 위에 올라앉게 되자 추강민은 부도덕하고 무책임한 신용불량자로 낙인찍혀 버렸던 것이다.

명예퇴직금 1억 7천만 원, 이제는 더 이상 이자를 감당할 수 없는 빚 11억 원, 빈털터리가 짊어진 순수 부채 원금 10억 원…. 한양은행에서 20년 4개월 동안 청춘을 바쳐 가며 근무했던 추강민의 '결산 보고서'는 부실하다 못해 엉망진창이었다.

1959년 충북 청주 출생, 1977년 10월 한양은행 특채 입사, 1978년 2월 상업고교 졸업, 1978년 3월 한양은행 정식 입사, 민국대학교 야간부 회계학과 졸업, 세연대학교 경영대학원 졸업, 한양은행 을지로 지점 대리, 주식투자 실패로 파산, 1998년 2월 한양은행 퇴사…. 어느 누가 봐도 지극히 단순하고 서글픈 이력서 한 페이지만 달랑 기록해 둔 채, 추강민은 진저리를 치며 그 안정된 세상으로부터 등을 돌린다.

🍃 🍃 🍃

1998년 1월, 한양은행 본점 인사부 여직원에게 떨리는 손길로 사표를 내밀던 순간, 추강민은 죽을병에 걸린 말기 환자처럼 진땀을 흘린다. 1997년 12월 IMF 구제금융 사태, 한양은행 내부 구조 조정의 신호탄은 기회이자 위기다.

8천만 원 가량의 퇴직금을 더 받을 수 있으리라는 일말의 기대감, 빚잔치를 벌여 가며 급한 불을 끌 수 있을 것이라는 한 줄기 어두운 소망이 지지리도 못난 추강민을 막다른 구석으로 밀어붙이고 있다. 나중에 알고 보니, 한양은행 안에서 명예퇴직을 신청한 직원은 입사 동기 200

여 명 중에서 추강민이 처음이다.

" 이제 모든 게 끝났다. 사실상 이 도시의 허공에서 공중 분해되었고 철저히 빈털터리가 되었다. 따라서 지금부터는 지나치게 고통스러워하거나 낙담할 필요가 없다. 40년 전 이 세상에 알몸으로 던져지던 탄생의 순간처럼 새로 시작하는 거다. "

추강민은 연신 가슴을 쓸어내리며 두 주먹을 불끈 쥔다. 완벽한 빈손이 되고 나서야 과거를 차분히 되돌아본다.

03

파멸의 조건

추강민은 30대 초반이 되어서야 비로소 주식시장에 발을 들여놓는다. 남의 돈 5백만 원을 빌려, 그것도 한양은 행 신용협동조합의 소액 대출금과 친동생이 빌려 준 돈을 보태어 시작한 주식투자다.

1989년 3월, 세연대학교 경영대학원에서 마주친 대한증권 명동 지점 펀드 매니저 김종철 대리와의 인연은 정말이지 질기고 질긴 악몽의 출발이다.

" 선배님, 저는 남들보다 많은 정보를 알고 있어요. 저를 통해 주식투자를 하면 유리할 겁니다. "

나이로 따져 6년 연하인 김종철 대리와 추강민은 경영대학원 입학 동기여서 어느 정도 마음을 나눌 수 있는 사이다. 더구나 명문 세연대 경영학과를 졸업한 수재인 데다 촉망받는 펀드매니저여서 추강민은 김 대리를 무조건 믿어도 좋은 대학원 동기라고 생각한다.

" 더도 덜도 말고 5백만 원만 투자해 보세요. "

자신감이 넘쳐흐르던 펀드매니저 김 대리의 유혹은 의외로 자극적이고 달콤했다. 이른바 작전이 걸린 주식 '작전주'에 투자하면 손해 볼 것이 없다는데 귀가 솔깃해질 수밖에 없다. 추강민은 김 대리의 진지하며 호의적인 눈길과 동지애에 감동하고 그 사탕발림에 쉽게 넘어가 버린다.

" 선배님, 대학원 등록금 정도야 못 벌겠어요? "

그 말 한마디에 추강민은 군침을 삼킨다. 1989년 3월, 결혼하기 석 달 전부터 5백만 원으로 주식투기의 첫 포문을 연다. 그 해 1월 대학원 등록금을 납부한 터여서 경제 사정이 좋지 않았던 추강민은 한양은행 신용협동조합 대출금 3백만 원과 동생이 빌려 준 2백만 원 등 5백만 원을 투자 재원으로 삼는다.

신용으로 주식을 매수할 수 있는 금액이 투자원금의 1.5배였기 때문에 신용 거래 7백 50만 원을 포함하여 1천 2백 50만 원의 투자가 가능하다.

1989년 3, 4월 그 시절만 해도 꽤 재미를 보았다. 많은 수익은 아니었어도 몇 백만 원의 시세 차익을 얻은 추강민은 비로소 주식투자의 즐거움을 만끽한다. 두 달 동안 2백만 원을 벌었으니 수익률은 투자금액 5백만 원 대비 40%에 이른다.

하지만 그 해 5월부터 본격적으로 주식거래에 매달린 게 화근이다. 급히 2천만 원을 마련했고 김 대리가 관리 중인 작전주 로케트전자를 매수하기 위해 5천만 원을 쏟아 붓는다. 투자 원금 2천만 원에 그 1.5배인 신용 거래 3천만 원을 포함하여 도합 5천만 원으로 주식을 사들인다. 자본금이 작은 소형주인 데다 이동통신 관련 배터리 생산에 주력하여 고소득을 올린다는 소문이 퍼지면서 한창 상승하던 주식이다.

" 일단 저를 믿어 보세요. "

김종철 대리는 추강민을 꼬드겼다. 꾸준히 오름세를 탈 것이라는 단순한 낙관론이 아니고 상승 가도를 달리게 될 것이라는 확신이 담긴 추천이다. 그 말을 믿었던 추강민은 그가 시키는 대로 로케트전자 주식에 운명을 맡긴다.

그러나 작전주를 매수했다는 즐거움은 잠시다. 김 대리의 주장대로라면 연일 상한가를 치는 게 당연했음에도, 추강민이 매수하던 시점부터 로케트전자는 상한가가 아니라 하한가를 기록하기 시작한다. 이른바 상투를 잡았는지 며칠 동안 내리막길을 걷더니 5천만 원의 40% 수준으로 내려앉는다. 반 토막 장사가 아니라 사실상 투자 원금 3천만 원이 단숨에 날아가 버린 셈이다.

" 이번에 다른 종목을 추천하지요. "

김종철 대리는 갖가지 핑계를 대면서 무척 낯선 도선전기를 다시 추천했다. 매연방지 시스템을 개발한 실적이 신문에 보도되더니 지구촌의 미래를 주도할 환경 산업에 주력한다는 소문이 떠돌던 시점이다.

게다가 작전이 걸렸다는 루머가 팽배했고 펀드매니저 김 대리도 자신만만하게 추천한 종목이다. 액면가 5천 원짜리 주식이 7만 원대에 진입했을 때, 추강민은 3천만 원의 원금과 신용 4천 5백만 원을 걸어 도합 7천 5백만 원을 투입한다.

그런데 웬걸, 그 주식 역시 상투를 잡은 격이고 결국 투자 원금 3천만 원을 고스란히 날려 버린다. 겨우 두 달 만에 5천만 원을 손해 본 데다 은행 대출금 3천만 원이 늘었으니 눈앞이 캄캄해질 지경이다. 그 때부터 오기가 머리끝까지 치밀어 올랐던 추강민은 김 대리를 배제한 채 오직 자기 판단에 따라 움직여 보기로 한다.

하지만 연전연승이 아니라 연전연패다. 주가가 오르기 시작한 종목을 최대한 빨리 뒤따라 샀는데도 불과 하루 뒤에 주가가 쭉 빠져 버리니 황당하기만 하다. 큰손과 작전 세력들이 주가를 움직이기 쉬운 종목 중의 몇 개를 골라 집중적인 매수와 매도로 주가를 흔들기 때문인 것 같다.

은행 대출금 3천만 원을 모두 날렸을 때는 제정신이 아니다. 도저히 이대로 물러설 수는 없다. 투자 수익은 둘째 치고 갑자기 불어난 빚을 단번에 청산할 길이 있다면 딱 한 번만 더 도전해 보고 싶다. 추강민은 보람은행에서 새롭게 차입한 신용 대출금 2천만 원을 손에 쥔 채 이를 간다.

" 텔레콤 주식과 관련된 좋은 재료가 있습니다. "

김종철 대리가 다시 한 번 꼬드기던 날, 추강민은 어쩔 도리 없이 2천만 원의 운명을 그에게 맡긴다.

신용거래 3천만 원을 보태어 5천만 원으로 텔레콤 사업 진출을 준비 중이라던 창흥물산과 KS 주식을 사들인다. 이동통신 분야에 진출한 KS가 대한통신을 인수할 것이라는 소문이 떠돌던 시점이어서 김 대리의 추천을 믿어도 좋다고 판단한다.

LG증권에 별도 구좌를 개설하고 있던 추강민은 그 날 오후 2시 30분경 상한가로 매수 오퍼를 낸다. 그런데 웬일인지 팔자 물량이 쏟아지면서 상승 장세가 한풀 꺾여 버린다. 놀랍게도 엎친 데 덮친 격으로 해

괴한 소문이 떠돌기 시작한다. 대통령 당선자가 현직 대통령을 찾아가 '이동 통신 관련 사업은 차기 정권에 넘기라.'고 했다는 게 아닌가.

그 이튿날 신문 보도를 통해 모든 게 사실로 드러나고 만다. 아침부터 주식시장의 움직임이 예사롭지 않다. 몇 백만 주의 하한가 매도 오퍼 물량이 쌓이면서 예외 없는 추락의 연속이다.

며칠 동안의 곤두박질은 투자금의 90%를 앗아가 버렸고 5백만 원 남짓의 잔액을 남겨 두었을 뿐이다. 그 때부터는 돈이 돈으로 보이지 않는다. 반 토막 장사를 하던 옛날이 그리울 정도로 추강민은 탈진 상태에 빠져 끙끙 앓는다.

*   *   *

며칠 뒤 은행 대출금과 사채 차입금 등을 총동원하여 7천만 원을 마련했고 배수진을 치듯 부귀건설 주식에 집중 투자했다. 하지만 신용을 포함하여 1억 7천 5백만 원으로 주식을 사들인 지 사흘도 지나지 않아서 충격적인 소식이 전해진다. 부귀건설의 주식이 관리대상 종목으로 지정되었다는 게 아닌가.

" 김 형, 얼마가 깨졌는지 알기나 해? 자그마치 2억이 넘어. 초기에 몇 푼 챙기고 그 뒤로 2억 2천을 날렸어. "

추강민은 똥 묻은 개가 재 묻은 개를 나무라듯 김종철 대리에게 대든다.

" 단기간에 승부를 거는 무리수를 피해 갑시다. 어차피 여유 자금이 없다면 최대한의 신용을 창출합시다. "

" 더 깨지면 어떡할래? 방법은 있어? "

" 증권재형저축이란 제도를 활용하면 돼요. "

김종철 대리가 제시한 시나리오는 추강민을 다시 한 번 붕붕 뜨게 한다.

" 증권재형저축 한 구좌에 최고 천만 원짜리 가입이 가능하니까 10명의 이름을 동원하더라도 1억 원을 만들 수 있습니다. 다시 말해, 10명의 이름을 빌릴 경우 신용 거래 1억 5천만 원을 포함하여 2억 5천만 원의 투자금액을 확보할 수 있어요. 거기다 증권재형저축 가입 후 1년 동안 안정적인 신용 거래가 가능하기 때문에 그처럼 훌륭한 장기 투자의 발판도 없습니다. "

" 금융실명제 관련 법률 위반인데 그게 가능하겠어? "

" 차명(借名) 거래야 제 전공 아닌가요? 10명이 아니라 20명을 목표로 잡고 뛰어봅시다. 가족 친지를 모두 동원하면 되겠네요. 그 사람들 모르게 진행하면 그만입니다. "

" 그보단 자금 마련이 문제야. "

" 지금 이 상황에서 더 이상 뭘 망설이세요? 한양은행 책임자라는 신분이 곧 신용이 아닙니까? 각 은행에서 신용 대출을 받아 시작합시다. "

대형 부실의 단초를 제공한 증권재형저축 전략은 10개 은행에서 신용 대출 1억 5천만 원을 받는 데서 출발한다. 신용 대출이 곤란할 때는 한양은행 동료들과 맞보증을 서는 조건으로 돌파구를 연다. 그렇게 마련한 자금을 다시 15명의 명의를 차용한 증권재형저축에 가입하려면 각각의 주민등록증이 필요하다. 장모, 아내, 처형, 동서 등을 감안해도 목표 인원에 턱없이 모자라자 교회 신도들에게 시선을 돌린다.

" 우리 한양은행에서 예금 계좌 증강 캠페인을 벌이고 있습니다. "

그 한마디에 말려든 신도들이 주민등록증과 도장을 맡겼고 추강민은 실제로 한양은행 통장을 개설하여 돌린다. 이와 별도로 15명의 이름을 차용하여 15개의 증권재형저축 통장을 개설하면서 15개의 거래 인감을 새긴다.

가입자 15명 × 재형저축 한도 1천만 원 × 2.5배(신용거래 한도 1.5배 포함) = 투자 가능한 금액 3억 7천 5백만 원….

" 어차피 2억 원이 넘는 돈을 날린 이상 4억 원을 더 투자한다고 해서 더 두려워질 이유가 없다. 죽기 아니면 살기다. "

발광체 신기술을 개발했다고 알려진 작전주 우명포리머를 사들이면서 추강민은 더 골병들기 시작한다. 액면가 5천 원짜리 주식이 4만 5천 원까지 폭등했을 때 상투를 잡은 투자자는 추강민처럼 어리석은 개미들뿐이다.

" 대박을 그리며 루머를 쫓기보다는 우량주를 잘 구별해 진득하게 보유하세요. "

다른 펀드 매니저가 보다 못해 충고했지만 추강민은 귀를 막았고 그렇게 패가망신의 지름길을 걸어간다.

🌿 🌿 🌿

" 다시 한 번 도전합시다. 매일 깨질 수야 없지요. "

마치 김종철 대리는 추강민을 희생양이나 모르모트 삼아 몸을 푸는 것만 같다.

" 이제 낭떠러지 끝에 매달린 알거지 신세가 돼 버렸어. 난 개만도 못한 놈이야. "

김 대리와 만나던 순간마다 추강민은 지독한 자기모멸을 느끼며 자조를 즐긴다.

" 선배님, 포기하긴 일러요. "

" 뜨겁게 달아오르던 증시가 내가 손을 대면 늘 싸늘하게 식어 버리는 이유가 뭐야? 앞으로 순항을 계속할 수 있을 거라는 당신의 예상이 늘 빗나간 이유를 알고 싶어! "

" 단기 이익에 몰두하느라 넓은 시야를 못 가진 때문이죠. "

" 김 형, 그런 말을 할 자격이 있어? "

" 분위기를 급반등시킨 데는 루머가 한몫을 했어요. 부화뇌동 매매를 지양하고 정석 투자로 가야 합니다. "

말은 그토록 번드르르하게 내뱉으면서도 김 대리는 아주 정반대로 움직인다. 삼성전자, 포항제철, 국민은행 등 한국 증시를 대표하던 세칭 우량 안정주는 단 한 번도 추천한 적이 없다. 다만 자본금이 적고 작전이 걸렸다고 판단되는 '루머주'를 권유하는 게 그의 일관된 조언이다.

대한증권의 펀드매니저 김종철 대리로서도 날고뛰는 재주는 없어 보인다. 재형저축에 가입한 지 6개월도 안 되어 새로운 투자금액 4억 원 중에 절반 이상이 거털 나고, 지급한 이자까지 감안하면 그 손실 누적 규모는 이미 5억 원을 육박하고 있다. 바닥 모르고 추락하는 주가를 보며 한숨짓는 건 어느 새 추강민의 일상이 되어 버린다.

재형저축의 형식을 빌린 투자가 벼랑 끝에 몰리자 김 대리와 추강민의 사이도 격조해지기 시작한다. 그 시기부터 올가미에 걸려든 추강민은 약 8년 뒤 결국 10억 원이 넘는 빚을 지고 만다. 오죽하면 김 대리가 돈을 내놓았을까. 어려운 지경에 빠진 추강민을 보다 못한 그가 다소 양심의 가책을 느꼈던지, 아무 조건 없이 선심을 쓰듯 1천만 원의 개평을 던져 줄 정도였으니까.

징검다리 투자노트

:: 분식회계 가능성 체크리스트

1. 현금흐름표 분석

- 조작 가능성이 거의 없다.
- 영업활동으로 인한 현금흐름이 상승하는 기업이 우량기업이다.
- 현금흐름의 공백은 차입금 증가나 자산 매각을 통해서만 가능하다.

2. 특별이익 분석

- '당기순이익 – 특별이익 = 마이너스'인 기업은 분식회계 가능성이 높다.
- 적자 기업들은 기업의 영업활동과 관계없는 자산 매각을 통해 흑자를 유지한다.

3. 대주주 대여금 비율 분석

- 재무상태표(대차대조표) '자산' 항목에서 대여금 내역 확인이 가능하다.
- 대주주 대여 비율이 높을수록 분식회계 가능성이 높다.

4. 재무비율 분석

- 외형적 규모인 매출액 증가율과 총자산 증가율보다 영업이익 증가율과 당기순이익 증가율이 더 중요하다.
- 매출액 대비 재고자산 비율이 높은 기업은 분식회계 가능성이 높다.
- 매출채권 회전율과 재고자산 회전율이 높지 않은 기업은 분식회계 가능

성과 유동성 악화로 도산 가능성이 높다. 장사가 잘 안 된다는 뜻이기 때문이다.

■ 매출채권 비율이 높은 기업이나 전기 대비 당기 매출채권이 높은 기업은 분식회계 가능성이 높다.

■ 재고자산 비율이 높은 기업이나 전기 대비 당기 재고자산 비율이 높은 기업은 분식회계 가능성과 유동성 악화로 도산 가능성이 높다.

■ 유동비율(유동자산/유동부채)이 낮은 기업은 흑자도산 가능성이 높다.

■ 부채비율이 높으면서 유동비율이 높은 기업은 분식회계의 가능성이 높다.

※ 유동비율(%) = 유동자산 ÷ 유동부채 × 100

　부채비율(%) = 부채 ÷ 자기자본 × 100

　– 이자보상배율이 연속으로 1 이하인 기업은 감자, 도산 가능성이 높다.

※ 이자보상배율(배) = 영업이익 ÷ 이자비용

04

코 묻은 돈 절도

" 비록 네 비즈니스모델 특허권이 사업화에 성공하더라도 살아생전에 짊어진 빚을 청산하기는 어려울 거다. "

누군가 코웃음 치며 추강민을 비난한다.

" 개차반 신용불량자가 감당하기엔 너무 엄청난 빚을 졌어. 넌 짐승만도 못한 놈이야! "

누군가 격렬하게 나온다.

대한민국의 코스닥 시장이 활활 타오르던 시절, 허무맹랑한 벤처기업 사업계획서를 들고 다니며 수백 명을 만났지만 대체로 헛걸음이다. 그렇게 비틀거리던 방황의 그늘 속에서 추강민은 선량한 피해자들을 저벅저벅 밟고 지나간다. 그런 사기행각을 통해 어쩌다 가끔 목돈을 만들 수 있다. 투자 명목으로 5천만 원을 끌어들인 경우도 있고 적게는 몇 백만 원을 가끔 우려내어 악성 부채의 일부를 갚기도 한다.

" 당신, 가질 수 없는 걸 모두 가지려다가 이 꼴이 됐어요. 당신의 무책임한 사기행각 땜에 고통을 당하는 선량한 이웃들, 그 피해자들의 신음 소리가 결국 당신의 목을 조르고 말 거예요. 정말이지 그 죄의식의 덫을 빠져나오려면 평생 걸려도 모자라겠지요. "

아내가 뱉은 말이다.

*   *   *

" 저는 보기보다 가난한 여잡니다. "

추강민이 연애 감정을 토로하자 처녀 시절의 아내가 긴 침묵 끝에 꺼낸 말이다.

" 제가 그대의 가난을 말끔히 씻어 주고 싶어요. 사랑이란 또 다른 길을 찾아 두리번거리지 않고 두 사람이 함께 같은 길을 걷는 것입니다. 저와 함께 우리만의 길을 갑시다. "

아주 세속적이고 천박한 놈의 입에서 그처럼 멋지고 달콤한 표현이 흘러나오다니! 추강민 스스로도 놀란다.

" 그 말씀, 진심으로 받아들이겠어요. "

그녀는 추강민의 헛된 수사에 감동하여 흐느꼈고 추강민 품안으로 비에 젖은 토담처럼 무너진다.

*   *   *

" 죄송합니다. 소매치기를 당하고도 한동안 몰랐어요. "

그녀가 한양은행을 방문하던 날, 추강민은 첫눈에 반해 버린다. 가지런히 자른 앞머리와 곧고 길게 뻗은 검은 생머리, 새하얀 피부, 작고 갸름한 얼굴에 큼직큼직한 이목구비까지 추강민의 눈길을 잡아끌기에 충분하다.

어떤 소매치기 녀석이 그녀의 카드를 훔쳐 함부로 쓰는 바람에 생긴 손실을 한양은행 계열의 대한카드사 대신 추강민이 개인 돈으로 보상해 주면서, 명문 S대를 졸업하고 S대학병원에 근무하던 미모의 간호사를 유혹하는 작전은 성공한다. 신용카드를 할인하는 방법으로 고리의 사채를 얻어 그녀의 빈 예금통장을 채워 줌으로써 그녀의 마음을 사로잡는다.

" 너무너무 고마워 몸 둘 바를 모르겠습니다. 이렇게 자상한 분은 만나기는 난생처음예요. 어떤 방법으로 이 은혜를 갚아야 할지 모르겠어요. "

한양은행 앞 커피숍에서 만나던 그 날 저녁, 그녀는 신선한 충격을 받았는지 감동에 겨운 표정을 짓는다.

" 함께 갈 데가 있습니다. "

그녀가 기독교 신자란 사실을 알게 된 추강민은 더 용기를 얻었고, 그 날 밤 그녀와 함께 명동 교회로 달려가 기도를 올린다.

" 두 사람 다 크리스천이라니…. 하나님께서 인연을 만들어 주신 느낌이 듭니다. "

추강민은 기도실 안에서 얼떨결에 거짓말을 한다. 일단 시작하고 보니 거짓말들이 걷잡을 수 없이 쏟아진다.

" 같은 신도라는 걸 알고 가슴이 뭉클했습니다. "

그녀가 상기된 표정으로 입을 다문다.

" 지금은 비록 말단 은행원에 불과하지만 오래 전부터 자아실현에 젊음을 불태울 준비를 하고 있습니다. 안정된 은행원으로 적당히 안주할 순 없지요. 시골에서 상고를 졸업한 녀석이 야간 대학을 나고 야간 대학원에 진학한 것도 그 때문입니다. "

추강민은 목청을 높인다.

" 차근차근 준비하다가 40대 중반이 되면 전인미답의 비즈니스를 개척할 생각입니다. 그저 막연한 계획이 아닙니다. 이미 몇 개의 프로젝트를 중심으로 본격적인 준비 작업에 들어갔습니다. "

" 두고 보세요. 강 선생님의 의지와 능력으로 미루어 볼 때 그 계획은 반드시 성공할 거예요. "

그녀가 두 눈을 반짝이며 신뢰감을 표시한다.

" 그대를 행복하게 해 줄 의무가 제게 있습니다. 또 그만한 자신도 있고요. 성공한 비즈니스맨! 그게 제 인생의 목표입니다. 마스터플랜의 가닥을 잡은 지 오래입니다. "

추강민은 후끈거리는 열기를 맛보며 책을 읽듯 또박또박 말한다.

" 당신을 만났으니 행복해질 거라는 예감이 들어요. "

그녀가 먼저 손을 내밀고 추강민이 그 따스한 손을 꽉 쥔다. 그녀가 두 팔을 추강민의 목에 감는다.

◢ ◢ ◢

호주머니에 단돈 400원이 남아 있다는 것을 기억해 낸 것은 그 날 아침 아홉시. 추강민은 이불 속에 드러누운 채 난감해져 있다가 벌떡 일어난다. 딸아이의 빨간 돼지저금통이 눈에 띄었기 때문이다. 그 저금통이 가득 차 있다는 걸 묵직한 느낌으로 확인한 적이 있으니 몇 만 원은 되겠거니 짐작한다. 적어도 3만 원이라면 지하철 정액권을 끊고도 보름은 견딜 수 있는 교통비다.

청계천 세운상가 8평 사무실에 숨어 있다가 새벽을 틈타 귀가하여 도시락을 싸 들고 나와야 하는 신세. 사무실 전화는 물론이고 휴대폰 전화마저 끊기고 컵라면 한 개 살 돈이 없는 형편일지라도 채무자들의 과격한 공격을 피할 수 있다는 게 그나마 행복하다. 전화카드 한 장, 전철 정액권 한 장조차 스스로 살 수 없는 사실상의 거지 신세에 단돈 3만 원은 아주 큰돈이다.

'그래. 3만 원을 가지고 열흘 가량 버텨 보는 거야. 점심은 설렁설렁 때우거나 남들에게 얻어먹으면 된다.'

추강민은 어렵게 결심을 굳히고 딸아이의 책상 위에 놓인 빨간 돼지저금통 앞으로 다가간. 하지만 결심하던 순간의 심정과 다르게, 마음 약한 절도범처럼 가슴이 두근거린다. 이윽고 눈물이 왈칵 쏟아지기 시작한다. 돼지저금통을 집어 든 왼손과 커터 칼을 쥔 바른손이 부르르 떨리고 있다.

추강민은 잠옷 소매로 눈물을 훔치며 한참 동안 망설인다. 소위 아비라는 놈이 딸아이의 코 묻은 돈을 가로챈다는 게 인간적으로 용납되지 않는다. 플라스틱 돼지저금통이 찢겨지고 아껴 모은 동전들이 감쪽같이 사라진 현장을 목격한 딸아이가 과연 어떤 표정을 지을까….

동전이 생길 때마다 마른침을 삼키며 돼지저금통으로 달려가던 딸아이, 하루에도 몇 번씩 돼지저금통을 흔들어 보이며 초롱초롱한 눈동자를 빛내던 딸아이의 얼굴이 떠올라 견딜 수 없다.

" 아빠, 저금통이 가득 차면 어디에 쓸까? "

딸아이는 돼지저금통을 귀에 대고 동전이 달그락거리는 소리를 즐긴다.

" 네 마음대로 쓰렴. "

" 난, 아빠에게 드릴 선물을 살 거야. "

추강민이 연민의 시선을 던져도 딸아이는 알아채지 못한 듯 맑은 눈망울만 반짝인다.

" 어떤 선물인데? "

" 아빠의 구두를 사고 싶어요. "

" 그보단 너를 위해 써라. 평소에 먹고 싶던 걸 실컷 사먹어도 괜찮아. "

콧날이 시큰해진 추강민은 딸아이를 꼭 끌어안는다. 저금통을 빨리 채워 주지 못하는 무능력한 아버지의 처지가 서글퍼 눈물을 흘린다. 그런데 딸아이의 아주 작은 소망이 담긴 그 돼지저금통을 뜯고 동전을 꺼내야 하다니….

호주머니에 달랑 남은 400원을 떠올리며 추강민은 오래도록 머리를 저어댄다. 길고 긴 망설임 끝에 결국 돼지저금통을 뒤집고 커터 칼로 힘껏 배를 가른다. 울컥울컥 치미는 자기 모멸감 때문에 눈물이 앞을 가린다. 딸아이의 배를 가르는 것만 같아 입술을 깨문다.

하지만 추강민은 끝내 실망하고 만다. 돼지저금통의 내용물을 모두 꺼낸 뒤 실성한 사람처럼 고개를 갸우뚱거린다. 1천 원권 지폐, 5백 원짜리 동전, 심지어 10원짜리 주화까지 모두 헤아려도 1만 7천 3백 원에 불과하다.

추강민은 밑바닥이 찢어진 플라스틱 돼지저금통을 처연한 눈길로 바라보면서 학교에 가고 없는 딸아이에 대하여 연민이 치솟는 걸 느낀다.

05

양아치의 방황

　　　　　딸아이의 코 묻은 돈을 쥐고 고민하던 추
강민은 은행원 명단이 담긴 대학노트를 펼친다. 20년 넘도록 가깝게
어울려 지냈던 은행원 100여 명의 명단을 손보면서 소풍을 하루 앞둔
코흘리개처럼 설렘을 이기지 못한다.

　　100명이 10만 원씩 지원해 준다면 적어도 천만 원을 마련할 수 있을
것이고, 자린고비처럼 아껴 쓴다면 그 돈으로 1년을 버틸 수 있을 것이
다. 최악의 경우에도 1인당 2, 3만 원씩 갹출이 가능하다면 몇 달 정도
연명하는 거야 어렵지 않을 것이라고 생각한다.

　　딸아이의 돼지저금통을 뜯어 마련한 1만 7천 3백 원으로 외출한 그
날, 가장 먼저 접촉한 사람은 한양은행 명동 지점의 이용준 차장이다.
그 선배는 추강민을 보자마자 못된 빚쟁이를 만난 채무자처럼 미간에
주름을 잡는다.

" 추 대리, 넌 어리석게도 단칼에 모든 것을 해결하려고 덤볐어. 더 많은 것들을 움켜쥐려다 모든 걸 잃어버렸으니 안타깝다. 하지만 내가 보기에 네 파산은 당연한 결과였어. "

점심을 굶은 추강민에게 섞어찌개 한 그릇 사 먹인 것까지는 고마웠지만 식후의 긴 설교는 영 마음에 들지 않는다.

" 선배님, 깊이 반성하며 참회하고 있습니다. "

" 은행원 주제에 그건 과욕이었어. 과욕은 늘 화근을 불러오게 돼 있지. 네 차입금에 보증을 섰다가 작살난 한양은행 직원이 자그마치 30명이 넘는다며? "

이 차장은 커피를 마시는 둥 마는 둥 하더니 찻잔을 내려놓는다. 곁눈질로 살펴보건대 겸손과 소박함이 느껴지던 옛날의 그가 아니다.

" 예, 압니다. 하지만 맞보증 땜에 무너진 사람이 더 많아요. "

추강민은 다소 겸연쩍게 대답한다.

" 그 말이 어떤 의미인지 알겠네. 그 놈이 그 놈이란 뜻이겠지. 나를 찾아온 이유가 뭐야? "

그 질문 속엔 심한 짜증과 거부감이 담겨 있다.

" 용돈 차원의 도움을 받고 싶어 창피를 무릅쓰고 찾아왔습니다. "

" 이 사람아, 나도 당신 못지않게 비참한 인생을 살고 있어! 건설업을 하던 형이 부도를 내는 바람에 우리 형제들이 조카의 대학 등록금을 갹출하고 있단 말야. "

" 형님, 어려운 줄 압니다만 용돈 차원의…. "

" 부디 재기에 성공하거라. 그리고 인연이 되면 우리 다시 만나자. "

이 차장의 그 매정한 말이 추강민을 어리둥절하게 한다.

" 선배님, 구좌번호를 적어 드릴까요? "

" 좋아. "

이용준 차장의 대답은 명쾌하기까지 했다. 많은 돈은 아니지만 도움을 줄 것만 같아서 추강민은 고개를 깊숙이 꺾었다.

그 날 오후, 서둘러 통장 입금 내역을 확인한 추강민은 전신에서 맥이 빠져나가는 걸 느낀다. 놀랍게도 이 차장이 송금한 돈은 1만 원, 아무리 두 눈을 비비고 다시 봐도 10만 원이 아니라 틀림없는 1만 원이다.

추강민은 좌절을 딛고 일어서기 위해 한양은행 홍천 박 지점장에게도 전화를 건다.

" 저, 추강민 대립니다. 기억하십니까? "

" 기억하고 말구. "

윤 지점장의 부드러운 말투가 추강민을 조바심의 나락으로부터 건져 올린다.

" 저, 얼마 전에 명예퇴직을 했습니다. "

" 잘 알아. 주식투자 실패로 수많은 보증 피해자를 만들었다는 사실도 잘 알고 있어. "

" 진심으로 참회하고 있습니다. 입이 열 개라도 드릴 말씀이 없어요. "

" 자네, 무슨 용건으로 전화했어? "

박 지점장은 상대편의 기를 죽이려고 차갑게 돌변한다.

" 여러 사람들에게 도움을 요청했지만 소득이 없었습니다. "

" 물론 그랬을 거야. 자라 보고 놀란 가슴 솥뚜껑 보고 놀랄 수밖에…. 그래서 얼마를 지원해 달라는 거야? "

말허리를 자른 박 지점장의 그 질문에도 짜증이 묻어난다.

" 선배님, 금액에 관계없이 도움을 주시면 그 은혜 잊지 않겠습니다. "

" 구좌번호 불러. "

그러나 박 지점장도 말로만 그랬을 뿐 감감무소식이다. 두 차례 더 독촉 전화를 했지만 박 지점장이 송금한 돈 역시 1만 원이다. 그래도 인정이 많은 편이다. 그 뒤로 몇 차례 더 전화를 걸었더니 3만 원을 더 보내주었으니까….

∅ ∅ ∅

" 형, 요즘 제 꼴이 엉망입니다. "

한양은행 손 과장을 찾아가 호소한다.

" 어, 그래? 그럴 만도 하지. "

" 다만 얼마라도 도와 주셨으면 해서요. "

" 알았어. 구좌번호 적어 놓고 가. "

구좌번호를 불러 주던 순간에도 손 과장은 전혀 떨떠름한 반응을 보이지 않는다. 하지만 웬걸, 그 이튿날부터 열심히 통장 잔액을 조회해도 송금 내역이 찍히지 않는다.

" 형, 자꾸 전화 드려 죄송합니다만… 용돈 차원의…. "

다시 전화한다.

" 무슨 얘긴지 알았어. "

하지만 손 과장은 단돈 1만 원도 송금하지 않는다.

∅ ∅ ∅

부명상고 출신이자 입사 동기인 김성관에게 사정해도 마찬가지다. 그 냉담 속에는 추강민에 대한 증오와 환멸이 깃들여 있다.

" 네 보증 채무를 갚아야 할 놈이 나야. 넌 간도 쓸개도 없는 새끼냐? "

" 하지만 워낙 상황이…. "

" 어이! 벼룩도 낯짝이 있다고 했어. "

" 지금 추진하는 사업이 성공하면 꼭 몇 배로 갚을게. "

" 나 참, 오래 살다 보니 별 후레자식 같은 놈이 전화를 다 거네. 네 사기 땜에 치명타를 입은 놈이 나뿐인 줄 알았는데 그게 아니더라. 더 이상 이 세상을 어지럽히지 마. 네가 물을 흐리지 않아도 이 동네는 이미 썩어 버린 지 오래야. "

" 정말 미안해. "

" 남들은 퇴근 후에 자신의 경쟁력과 재테크를 찾아 나섰지만 너는 그렇지 않았어. 근무 중에 많은 시간을 할애하여 빚을 얻어 다른 빚을 갚는 데 열중했고, 그 와중에서 당신만 살겠다며 수많은 동료들을 구렁텅이로 쑤셔 박았지. 너같이 멍청한 놈에게 어이없게 당한 친구들이 불쌍하다. 결국 너 같은 놈들 때문에 우리 은행도 망하고 나도 망하게 생겼어. "

" 미안해. 죽을죄를 졌어. "

일부러 울먹이는 소리로 대꾸해도 김성관 대리는 화살 쏘기를 멈추지 않는다.

" 나를 어수룩하게 보지 마. 그 돈 안 갚으면 지옥까지 쫓아가 받을 거야. 너 같은 사기꾼들 때문에 우리 한양은행도 쓰러져 가고 있어. "

" 작은 도움을 주시면 반드시 은혜를 갚겠습니다. "

한양은행 지점장을 또 만난다. 단순한 용돈 차원의 구걸이 아니라 특허 출원 경비와 회사 설립 비용이라는 이미지를 풍기기 위해 사업계획서를 브리핑한 끝에 손을 벌린다.

" 많은 돈이 필요한 것도 아닙니다. "

지점장의 무표정이 맘에 안 들어 추강민은 공격하듯 서두른다.

" 넌 아직 젊어. 한창 땀 흘려야 일할 나이야. "

" 선배님, 명심하고 있습니다. 청계천 파이낸스 설립과 비즈니스모델 특허의 사업화가 성공하면 꼭 보답하겠습니다. "

" 제발 헛소리하지 말고 정신 좀 차려! "

추강민이 '국내 최초의 제4금융, 벤처 파이낸스' 창업 계획서와 '신용불량자 갱생 프로그램'을 열정적으로 설명해도 지점장은 오직 시큰둥한 표정만 흘린다. 또 다른 사기행각의 피해자가 될지 모른다는 우려 때문인지 그는 때때로 경계의 눈빛을 번득이곤 한다.

" 너 같은 몽상가로 인해 얼마나 많은 한양은행 동료들이 죽을 쑤고 있는 줄 알아? 당신 가족을 위해 땅을 파거나 리어카를 끌 각오가 없다면 한강에 뛰어들어 죽는 편이 백 번 나아! "

그러면서 봉투를 건넨다. 추강민은 다시 봉투 안을 들여다보았고 예상보다 적은 5만 원에 실망한다. 지난번에는 20만 원을 주더니…. 추강민은 이를 악물고 봉투를 구긴다.

:: 타짜^(고수)들에게 탈탈 털리기

오늘도 인터넷 사기도박 사이트의 수많은 사기꾼 아르바이트생들이 이메일로 유혹한다. 수신 차단과 영구 삭제로 대응하지만 아무 소용이 없다. 같은 놈들이 다른 이메일 주소로, 다른 아이디로 공략하기 때문이다.

이런 사기꾼들은 증시에도 의외로 많다. 높은 수익률을 올려 주겠다며 이메일로 접근한다. 하나같이 고수, 타짜들임을 자부하며 꼬드긴다. 연간 수익률 1,000%(10배)는 아무 것도 아니다. 며칠 만에 200%(2배)의 고수익을 올렸으니 연간 10,000%(100배)도 가능하다.

그렇다면 개미들의 경우엔 사정이 어떨까? 주식이 상승할 때는 꾸준히 오를 것 같다. 증시가 하락할 때는 끝없이 내릴 것만 같다. 이럴 때마다 수많은 허언들이 정보로 둔갑되어 다가온다.

코스피지수가 2000을 넘어서면 수많은 전문가(?)들이 3000, 5000까지 간다고 떠들어댄다.

코스피지수가 1000을 깨고 추락하면 과연 어떨까? 한국에 부도 위험이 있다느니, 회복하기 힘들다느니, 모두 팔아버리라느니, 현금 보유가 장땡이라느니, 급락한 부실 테마주에 베팅하라느니 하는 주장들이 시장을 온통 점령하곤 한다.

어떤 사람은 증시 폭락 앞에서 확실한 근거나 명쾌한 분석 데이터도 없이 그저 차트를 들먹이며 '지지선 1700'이라고 주장한다. 아직 기다려야 한다고 점잖게 일갈한다.

재무제표, 현금흐름표 등도 볼 줄 모르면서 도사처럼 예언하듯 떠든다. 그러면서 폭락했다가 움직이는 싸구려 부실 테마주에 베팅하자고 부추긴다. 결국 자기도 말아먹는다. 수익이 난 종목은 내세우고 깨진 종목은 뒤로 감춘다.

조정, 하락, 폭락 때 중요한 사실은 그런 게 아니다.

- 관심 대상 종목이나 우량 종목의 가격이 다시 오를 것이라는 확신이 있느냐, 없느냐?
- 상승할 때까지 버틸 수 있느냐, 없느냐?
- 여유자금으로 베팅했느냐, 빚을 얻거나 신용으로 베팅했느냐?
- 현금이 있느냐, 없느냐?
- 적립식 투자자라면 계속 적립할 정도의 여유자금이 있느냐, 없느냐?

그런 질문이 더 중요하다.

나름대로 공부하고 분석한 끝에 관심 대상 종목에 대한 확신이 없다면 베팅을 유보해야 한다. 공부하고 분석하기 싫다면 주식시장에서 아예 물러나는 게 바람직하다.

하지만 그저 남들의 추천과 전망을 듣고 코스피지수 2000 때 랩어카운트에 거액을 투입한 사람들, 종합주가지수 1700 때 무섭다고 펀드를 환매한 사람들, 금과 은이 유망하다는 말을 듣고 빚 얻고 대출까지 받아 금과 은을 구매했다면 더 볼 것도 없다.

이 사람들은 점점 더 흔들릴 것이다. 시장이 출렁거릴 때마다 부화뇌동할 것이다. 양치기 개 몇 마리에 이리저리 휘둘리며 몰려다니는 양떼에 지나지 않기 때문이다.

고수들의 털어먹기 대상으로 딱 어울리는 사람들, 이런 부류의 개미들일수록 주식투자나 펀드투자만큼은 제발 하지 말라. 예금, 적금에나 신경을 더 쓰는 게 좋다.

주식투자와 펀드, 금과 은에 대한 투자로 당장 작은 이익을 본다고 치자. 하지만 언젠가는 주식시장의 고수와 타짜들에게 탈탈 털리고 말 것이다.

스스로 게으르고 무책임하고도, 빚 얻어 투자하고도, 부실 테마주에 베팅하고도, 무지갯빛 신기루를 좇았다는 사실을 인정하지 않으면서 오직 시장과 세상을 원망할 것이다.

06

탈옥

한양은행 을지로 지점의 추강민 대리.

자기 자리에서 전화벨이 울던 순간, 나무토막처럼 뻣뻣하게 굳어 버린다. 아무래도 빚쟁이가 건 전화 같아서 잠시 머뭇거리다가 송수화기를 든다.

" 너, 나한테 말 한마디 없이 사표를 던질 수 있어? "

본점 외환업무부 한 대리다.

" 인사명령지를 보고 비로소 알았다. 너, 진짜 이래도 되는 거니? "

어찌나 흥분했던지 한 대리의 목청은 거칠게 떨리고 있다. 스산한 느낌의 공포가 전신을 덮쳐 오자 추강민은 진저리를 친다.

" 대출 보증 땜에 그러는 모양인데 걱정하지 마. 퇴직금 나오면 다 갚아 버릴 거야. "

추강민은 놀란 가슴을 다독거리며 짐짓 아무렇지도 않다는 듯 대꾸한다.

" 너 이 자식, 구차스럽게 변명하지 마! 네가 핀치에 몰려 있다는 거 나도 잘 알아! "

그 말에 추강민은 식은땀을 흘리기 시작한다.

" 지금 그리로 갈 테니 기다려! "

한 대리의 분노에 젖은 목소리가 다시 한 번 추강민을 긴장시킨다.

" 지금 바빠. 이따 저녁에 만나자. "

앞뒤 안 가리고 서둘러 도망치고 싶었지만 마땅히 갈 곳도 없다. 한 대리가 을지로 지점으로 허겁지겁 들이닥친다. 그는 추강민의 손목을 단단히 틀어쥐고 지점장을 찾는다.

" 지점장님, 추 대리 퇴직금 나오면 대출금 완제(完濟)하는 데 협조해 주세요. "

" 글쎄, 다른 부채가 많아서…. "

지점장이 암담한 표정으로 얼버무리자 한 대리가 핏발 선 눈으로 추강민을 쩨린다.

" 너, 도대체 빚이 얼마니? "

" …. "

추강민은 딱히 할 말이 없다.

" 우리 은행에서 취급한 대출금만 합쳐도 3억 원이 넘어. 한 대리가 보증한 대출금은 신경을 쓸 겨를이 없어 걱정이네. "

추강민이 말문을 열지 못하고 전전긍긍하는 걸 지켜보던 지점장이 대신 대답한다.

" 추 대리 본인, 부인, 장모, 동서 등의 이름으로 대출을 받은 게 자그마치 3억 원이야. 퇴직금 1억 7천만 원 중에 채권 확보가 가능한 금액은 그 절반인 8천 5백만 원이 고작이라구. 이런 상황에서 무슨 재주로 한 대리의 연대보증 대출금을 갚을 수 있겠나? 내 판단으론 도대체 방법이 없어. "

미간을 좁히고 앉아 있던 지점장이 한 대리에게 연민의 시선을 보낸다.

" 정말 몰랐다. 퇴직금을 몽땅 털어도 모자란다는 걸. "

한 대리가 한숨을 길게 내쉬다 말고 추강민의 멱살을 잡은 것도 그 순간이다.

" 개자식, 이건 사기다! "

한 대리에게 멱살을 잡힌 추강민은 깊은 절망감을 이기지 못하고 울먹인다.

" 걱정하지 마. 그 대출금 정도야 못 갚겠니. 예금과 대출을 상계하면 얼마든지 여유가 있어! "

" 그 말 믿어도 돼? 소문 들어 보면 너 빈털터리가 됐다던데? "

" 유언비어야. 그런 소리 함부로 하지 마! "

" 앞으로 자빠진 놈이 뒤로 넘어진 놈보고 걱정하지 말라구? 누가 그 말을 믿겠어? "

" 내수가 자빠졌다니? 그건 오해야. 어쨌든 이따 퇴근 후에 다시 만나자. "

아무리 추강민을 붙들고 사정해도 해결 방법이 없다고 판단했던지, 한 대리는 축 쳐진 어깨를 보이며 발길을 돌린다.

⟋ ⟋ ⟋

" 빌어먹을! 완벽하게 당했군. "

1998년 3월, 명예 퇴직금 1억 7천만 원이 나오던 날, 한양은행 을지로 지점장은 길길이 날뛴다. 일산 화정 지구 18평 아파트를 담보 제공하고 동생이 연대보증인이 되어 장모 명의로 대출받은 5천만 원이 가장 먼저 애를 먹인 것이다. 담보 제공된 그 아파트는 돌아가신 장인의 유일한 유산으로 얼마 전까지 추강민의 가족이 의탁하는 곳이다.

" 근저당권 설정 등기 이전에 전세 입주한 사람이 있어도 이를 숨겼으니 아무리 생각해도 당신을 사기 혐의로 형사 고소해야겠다. "

지점장이 아랫입술을 잘근잘근 씹으며 줄담배를 피워 댄다.

" 죄송합니다. "

" 당신을 믿은 내가 바보다. 당신의 사기 때문에 여러 명이 인사상 불이익을 당해야 해. "

지점장이 원한에 사무친 눈으로 추강민을 째린다.

" 피해가 가지 않도록 최선을 다하겠습니다. "

" 빈털터리가 무슨 재주로 그 빚을 다 갚아? 말도 안 되는 소리! 본점 인사부에서 미리 절반을 공제한 뒤 남은 퇴직금은 8천 5백여 만 원에 불과해. 반 토막이 된 퇴직금 8천 5백만 원으로 여러 금융기관의 대출금을 모두 상환한다는 것은 사실상 불가능하다. 너무나 많은 채권자들의 압류 조치를 견디지 못할 거다. 결국 그 8천 5백만 원을 관할 법원에 공탁해 버리는 수밖에 없어. "

징검다리 투자노트 ┆┄┄

:: 우량 종목 선택 10계명

워런 버핏의 투자 철학에 숨어 있는 기업 선택 기준을 10가지로 요약할 수 있다.

① 자기자본이익률(ROE)이 높아야 한다.

※ 당기순이익 ÷ 자기자본 = ROE

자본 투자 금액, 즉 납입자본금에 이익잉여금과 자본잉여금을 보탠 것이 자기자본이다. 이 자기자본에 대한 이익률이 높을수록 우량기업이다.

② 투명하게 경영하는 기업이어야 한다.

이익을 아무리 많이 내더라도 최고경영자나 대주주가 분식회계, 횡령, 배임 등으로 물의를 일으키면 투자 대상에서 제외해야 한다. 머잖아 시장에서 소비자들의 외면받을 수 있기 때문이다.

③ 현금화가 가능한 이익을 창출해야 한다.

아무리 높은 이익률과 수익성, 아무리 많은 장부상 이익을 올리더라도 매출채권(외상매출금, 받을어음)이 상대적으로 높거나 증가하면 흑자도산이 우려되기 때문이다.

④ 독점적 사업 분야로 가격 선도자의 입장에 서야 한다.

　지금 당장 매출과 이익이 대단하더라도 경쟁 기업이 많거나 기술적 우위를 점령하지 못하면 언젠가 도태되기 때문이다.

⑤ 천재가 아니라도 경영할 수 있는 사업이어야 한다.

　기업 경영 활동의 내용이나 기술력 등을 외부에서 쉽게 알 수 없는 기업은 위험할 수도 있다. 그 기업의 고객(소비자) 대부분이 쉽게 알 수 있는 품목이나 서비스가 주종을 이루어야 바람직하다.

⑥ 향후 기업 실적을 예측할 수 있어야 한다.

　향후 전망 등을 쉽게 알 수 없는 기업의 미래 역시 불투명하다.

⑦ 정부 규제를 받지 않는 사업이어야 한다.

　정부의 통제를 받는 기업이라면 맘대로 가격을 올릴 수도 없고 시장 확대도 쉽지 않다.

⑧ 재고 수준이 낮고 자산 회전율이 높아야 한다.

　재고자산 비중이 높고 자금(자산) 회전이 느리면 도산 가능성이 높아지기 때문이다.

총자산회전율 = 매출액 ÷ 총자산

자기자본회전율 = 매출액 ÷ 자기자본

매출채권회전율 = 매출액 ÷ 매출채권

재고자산회전율 = 매출액 또는 매출원가 ÷ 재고자산

⑨ 주주 중심으로 경영해야 한다.

　　주주 이익을 무시한 경영은 시장에서 투자자들의 외면을 받기 십상이다.

⑩ 최고의 사업이란 다른 기업의 매출이 증가했을 때 그 이익을 수입으로 얻는 것이다.

　　예컨대 잘 나가는 지주회사들은 우량기업에 대한 투자자산으로 주식투자 시세 차익과 배당금을 챙긴다.

07

신용카드 돌려막기

파산의 위기감에 허덕이던 약 4년 동안
의 비밀 장부를 추강민은 지금도 차마 버리지 못하고 있다. 대학노트에
무질서하게 기록되어 있지만 스스로 쉽게 알아볼 수 있도록 날짜별로
깨알같이 쓰인 문제의 장부 제목은 이른바 '채무관리대장'이다. 본디
간첩의 난수표 같은 메모들이지만 괄호( ) 안은 독자들이 알기 쉽게 풀
어서 설명한 내용이다.

* 월 * 일	1차(부도) 막고 WF(와이프) 신설동(한양은행 신설동 지점) 해결.
* 월 * 일	P과장(박 과장) 연락 요망, 상대편(신용 불량) 위험.
* 월 * 일	L사장(이 사장)에게 (이자) 송금. (가계수표 결제 기일) 연장 약속.
* 월 * 일	L사장(이 사장) 3m(가계수표 3백만 원) 돌리지 않기로.
* 월 * 일	HI(한일은행) 중도 상환, (가압류) 해결.

* 월 * 일	CH(조흥은행) 법적 구제를 위한 해결 강구.
* 월 * 일	SA(상업은행) 연체 정리.
* 월 * 일	BO(보람은행) 연체 개시.
* 월 * 일	WF(와이프) 의심하기 시작.
* 월 * 일	동생 전화 옴. 둘러댐. (연체) 해결이 관건.
* 월 * 일	SS(삼성생명보험) 만기 연장 요망. (맞보증) 해결.
* 월 * 일	7월 25일부터 현재까지 DH(동해생명보험) 미정리(연체).
* 월 * 일	D(대한)비자, 조치(고발)하겠다고 나옴.
* 월 * 일	C과장(최 과장 봉급) 가압류. SH(신한생명보험) 전화 옴.
* 월 * 일	P사장(박 사장) 5m(5백만 원), 약간(이자)만 해결.
* 월 * 일	NH(농협) (연체) 원리금 중 80(80만 원) 결제.
* 월 * 일	WF(와이프) 명의로 보증보험증권 발급 가능하다는 유권 해석.
* 월 * 일	P사장(박 사장), (만기) 연장해 주기로.
* 월 * 일	C사장(조 사장), 미납 (이자) 50(50만 원). 독촉 전화 옴.
* 월 * 일	SE(서울은행) 미해결(연체 중). 보증인(추강민) 전화 요망.
* 월 * 일	그 사람들(해결사) WF(와이프) 찾아감.

빨간 볼펜으로 휘갈긴 글씨만 훑어봐도 그 시절의 절박한 상황이 영화의 한 장면처럼 선명히 떠오른다. 근무 시간에 집중되어 걸려오던 전화, 그 전화의 벨 소리들이 얼마나 괴롭혔던가. 전화를 걸어 온 사람들 중에 은행 고객은 극히 일부였고 십중팔구 빚쟁이들이다. 벨 소리만 울려도 가슴이 철렁철렁 흔들리면서 등줄기에 식은땀이 흐른 것도 그 때문이다.

" 추강민 대리, 전화 좀 받아! "

빗발치는 전화벨 소리에 쫓기며 정신없이 며칠을 보낸 적이 많았던 그 당시, 사람 좋기로 정평이 나 있던 지점장의 목소리는 나날이 격앙되어 간다. 막 승진한 신참 대리가 은행을 위해 하루 종일 온몸을 바쳐 일해도 부족한 상황에서 요상한 전화가 너무 자주 걸려오다 보니 화가 머리끝까지 치솟을 만도 했을 것이다.

" 사장님, 다시 전화 드리죠. "

" 하루만 기다려 주시면 해결됩니다. "

" 걱정하지 마세요. 곧 정상화됩니다. "

해야 할 말도 제대로 못한 채 당황하는 기색이 역력한 추강민을 보고 지점장과 동료들이 수군거리기 시작한 것은 너무도 당연하다. 노골적으로 물어오는 사람들은 없었지만 하나같이 추강민에게 부닥친 절망과 파멸의 그림자를 충분히 읽고 있는 눈치다.

" 도대체 웬 전화가 그렇게 많이 걸려 와? "

뭔가 피치 못할 범죄를 저지르고 수습하지 못해 쩔쩔매는 듯한 인상을 받았는지 지점장이 퉁명스럽게 캐묻곤 한다.

" 마치 내가 추강민 장군님의 전화 당번병이 된 기분이군. 우라질! "

짬이 날 때마다 업무에 바쁜 직원들을 대신해 전화 교환원을 자청하던 지점장이 수시로 투덜거린다.

" 사장님, 근무 중이라서 자세한 말씀드리기 곤란합니다. 기간을 연장해 주시면 밀린 이자 바로 송금하겠습니다. "

" 입금한 뒤 전화 올리겠습니다. 저 지금 바쁘거든요. "

" 사장님, 지금 수표를 돌리면 진짜 곤란해집니다. 이따 점심시간에 꼭 들르겠습니다. "

남들이 알아들을까 봐 소곤거리며 적당히 얼버무린다. 급히 화장실에 가는 척 위장하고 은행 근처 공중전화 부스로 달려가 다급하게 다이얼을 누르는 게 다반사다.

" 아까는 사무실이라서 제대로 말씀 못 드렸습니다. 며칠만 봐주시면 반드시 종결 짓겠습니다. 받아야 할 돈이 있는데 지금 그 채무자가 해외 출장 중이거든요. "

말 몇 마디로 그럭저럭 때우기 어려운 상황이 더 많았기 때문에 점심시간이 되면 더욱 바빠진다. 점심 약속이 있다는 핑계를 대고 외톨이 신세가 되어 빵과 우유로 끼니를 때우는 게 예사다. 와이셔츠와 슬리퍼 차림으로 근무지를 슬며시 벗어난 추강민. 단거리 경주 선수처럼 전속력으로 달리며 급하게 택시를 잡아탄다.

" 내일까지 이자를 송금할 테니 가계수표 돌리지 마세요. "

사채업자 사무실로 직접 찾아가 사정한다. 근무 시간 중에 증권사 직원들과 통화하랴, 여러 금융기관의 대출 담당자에게 전화하랴, 사채업자들에게 전화를 걸어 사정하랴, 빚쟁이들의 빚 독촉 전화에 시달리랴, 친지들에게 급전을 부탁하랴, 밤에는 세연대학교의 대학원 도서관으로 달려가 비밀 장부를 정리하랴….

아마 이런 식으로 8년 동안 치열하게 공부하며 근무했더라면 분명히 경쟁자들에 앞서 일찍 승진했을 것이고, 석 박사 학위도 단기간 내에 아주 쉽게 취득했을지도 모른다. 맑지 못한 머리로 은행에 출근했고 답답한 가슴으로 대학원 강의에 출석했으니 제대로 풀릴 일이 단 한 가지도 없다.

입사 동기들 중에서 진급이 가장 늦었던 이유는 단지 하나, 춘하추동 밤낮을 가리지 않고 그토록 대책 없이 우왕좌왕 갈팡질팡하며 살았기 때문이다. 남들은 내 속사정을 어느 정도 짐작하고 있는데, 빗장 걸고 숨어사는 것이 얼마나 비열하고 가슴 답답한 일인지 나는 비로소 알게 되었다.

비루하기 짝이 없는 거짓말이 나중에 큰 재난으로 다가온다는 사실을 알면서도 너저분한 거짓말쟁이로 버텨 온 세월이 혐오스럽다. 지점장과 직장 동료들에게 내 절박한 사정이 야금야금 알려지면서 왕따 신세를 면치 못했고, 감당할 수 없는 부채 규모만이 산더미처럼 커져 갔다. 더 이상 탈출할 길이 막막해진다. 결국 명예퇴직의 탈을 쓴 '불명예퇴직'을 결심할 때가 된 것 같다.

✿ ✿ ✿

'이러다간 알거지가 되기 전에 인격도 무너지고 영혼마저 부서져 버릴 거야!'

추강민은 머리를 거칠게 흔들며 속으로 울부짖는다. 한양은행 을지로 지점 사무실은 텅 비어 있고 혹한의 날씨임에도 무덥다.

추강민은 현기증을 느끼며 비밀 장부를 닫았다가 다시 그 장부 안으로 들어간다. 난수표처럼 복잡하고 어지럽게 널려 있는 숫자들을 더듬어 가는 순간부터 등줄기와 이마에 식은땀이 흐른다.

지금 당장 과연 얼마를 갚아야 이토록 질기고 질긴 악몽에서 해방될 수 있을까. 이제는 부채 원리금이 5억 원, 아니 6억 원을 넘지 않았을까. 죽이 되건 밥이 되건 다시 한 번 짚어 보고 싶다.

◢ ◢ ◢

아내 이름으로 신용대출을 받은 2천만 원, 대학병원에 근무하는 아내가 차주(借主), 정유회사에 적을 두고 있는 동생이 연대보증인으로 나선 대출이다. 차주의 남편이 은행 책임자로 근무한다는 이유로 한양은행 을지로 지점에서 속전속결로 취급한 것이어도, 물론 순진한 아내가 그 진상을 알 리가 없다.

한양은행 영등포 지점에서 아내 명의로 대출한 5백만 원도 한양은행 입사 동기가 보증을 섰지만 이를 상환하지 못할 경우 아내에게 치명적인 부담이 갈 수도 있다. 한양은행 안암동 지점에서 아내 명의로 대출한 무보증 신용대출 5백만 원도 언젠가 아내를 무차별적으로 공격할 것이다.

크건 작건 아내의 이름을 앞세워 대출받은 각종 차입금이 또 다른 빚을 갚는 데 쓰이고 있다. 낯가죽 두꺼운 나로서도 양심의 가책과 조바심을 느끼지 않을 수 없다.

그뿐이 아니다. 하루가 다르게 불어나는 주식투자 손실금을 벌충하기 위해 장모도 예외 없이 속였다. 장모가 소유하고 있던 18평 아파트를 담보로 잡히고 한양은행 을지로 지점에서 5천만 원을 대출받았다.

취득 당시부터 전세 보증금이 낀 아파트였지만 이 사실을 은행 측에 숨겼고, 이리저리 둘러대어 장모의 인감증명서를 발급받으며 대출

약정서에 장모의 인감도장까지 눌렀다.

전세권 설정 등기를 하지는 않았지만 채권 확보를 위해 경매를 실행할 경우 임차인의 확정 일자가 앞서는 등 문제의 여지가 충분한 부동산을 담보로 제공한 것이다. 발등에 떨어진 불을 끄려면 은행 안의 동료 선후배들을 궁지에 빠트릴 만한 속임수를 꾀하는 길밖에 없다.

그 와중에서도 손실을 만회한답시고 변칙적인 부동산 재테크에 눈을 돌렸다. 7천만 원을 주기로 하고 신촌 이화여대 앞의 땅 20평을 취득했는데, 그 계약금 7백만 원도 은행 대출금으로 충당했다. 장모를 차주로 손위 동서를 연대보증인으로 내세워 한양은행 을지로 지점에서 1천만 원을 대출받았다.

몇 백만 원이 아쉬운 처지였기 때문에 차입금 1천만 원 중 3백만 원을 헐어서 다른 부채의 이자를 갚는 데 감쪽같이 써 버렸다. 어찌 보면 그 부동산 투자도 부채 원리금 상환과 만기 연장의 악순환을 헤엄치던 과정에서 착안한 음모의 하나에 지나지 않았다.

낡아빠진 건물을 헐고 그 땅에 원룸 빌딩을 짓겠다는 청사진을 제시하자 가족 친지들이 쌍수를 들고 환영했다. 실로 본격적인 사기 행위는 그 때부터 시작이었다. 계약금 7백만 원만 지급된 상황이어서 중도금과 잔금 결제를 핑계로 자금을 조달해야 했다.

부동산 투자 전문가로 자처하던 한양은행 을지로 지점장은 부동산 등기부 등본과 매매 계약서를 면밀히 검토하더니 전망이 아주 좋다면서 대출을 적극 주선했다. 나는 그 절호의 기회를 놓치지 않았다.

동생이 연대보증을 섰고 아내를 차주로 내세워 2천 5백만 원의 대출을 받아 내는 데 성공했다. 그 차입금의 상당 부분은 취득 예정 부동산의 중도금 결제에 사용되지 않고 다른 차입금의 이자를 갚거나 가계수표를 결제하는 데 충당되었다.

온 가족 친지를 동원하여 1억 6천여 만 원의 대출을 받는 것으로 끝나지 않았다. 한양은행 책임자라는 신분을 앞세워 가며 각종 금융기관에서 신용 대출을 받기 시작했다. 시중은행과 지방은행 대출 창구를 싹쓸이하듯 돌아다니며 빌린 금액이 1억 5천만 원을 넘어섰다. 신한생명보험, 삼성생명보험, 동양생명보험 등지에서 각각 1천 5백만 원씩 신용으로 대출받은 것도 원금만 4천 5백만 원에 이르렀다.

계산기를 두드리지 않아도 산더미처럼 불어난 빚을 어림짐작할 수 있다. 제도권 금융기관의 대출 창구를 활용한 차입금 규모가 4억 원을 넘어섰으니 간질 환자처럼 발작해도 부족할 지경이다.

몇 백만 원의 월급을 받는 은행원이 그 돈을 갚으려면 정년퇴직 전에는 사실상 불가능한 일이다. 그 정도로 그쳤다면 그나마 불행 중 다행이다. 카드 대출과 카드 깡(할인), 현금 서비스, 가계수표 할인 등을 포함할 경우 빚의 규모가 5억 원이 될지 6억 원이 될지 도대체 알 수가 없다.

밀려오는 차입금 이자의 납입 기일을 지키려는 노력은 누가 봐도 절박하고 처절했다. 대한민국 안에서 발급이 가능한 신용카드를 모두 거머쥐어 최대한의 신용을 창출하겠다는 각오로 덤볐다. 은행원 신분을 내세웠더니 그리 어려운 일은 아니었다.

비자카드, 다이너스 카드, 아메리칸 익스프레스 카드는 기본이고 시중은행과 지방은행의 신용카드를 모조리 발급받았다. 외환은행, 국민은행, 신한은행, 한미은행, 하나은행, 강원은행, 축협 등지에서 비자카드를, 상업은행, 한일은행, 조흥은행, 평화은행, 농협 등지에서도 비씨카드를 발급받을 수 있었다.

신용카드가 늘어날수록 날이 갈수록 나는 깊은 수렁에 빠져들었다. 각종 신용카드사용 내역을 나름대로 철두철미하게 관리하기 위해 별도의 비밀 장부를 만들었으나, 22개의 신용카드를 유기적으로 짜임새 있게 관리하는 것도 쉽진 않았다. 여기저기서 쥐어짜듯 발급받은 신용카드들을 모두 지갑에 넣을 수는 없는 일이었다. 스물두 개의 신용카드를 고무 밴드로 묶어 가방에 따로 보관하지 않으면 곤란할 정도였다.

신용카드를 최대한 확보한 나는 그 때부터 자금 조달에 혈안이 되었다. 현금 서비스 50만 원, 100만 원은 지극히 당연한 것이었고 카드론(대출)을 절묘하게 수시로 활용했다. 신용 구매 전표를 악용하여 불법적인 할인(카드 깡)도 서슴지 않았다. 그렇게 조달한 빚 역시 늘 5천 만 원 수준을 유지하고 있었다.

코털이 셀 지경으로 달라붙는 빚쟁이들의 등쌀을 견딜 수 없었던 나는 결국 사채 시장으로 눈을 돌리기 시작했다. 한양은행에서 인수한 가계 수표를 명동, 을지로, 시청 앞, 강남 등지의 사채업자들에게 월 5%, 9%로 할인하여 급한 불을 끄다 보니 그 빚 또한 3천 5백만 원을 넘어서고 말았다. 가계수표 한 매의 발행 금액은 오직 100만 원이었고, 가계수표는 사실상 사채를 조달하기 위한 [융통 어음] 성격에 지나지 않았다.

비밀 장부를 펼치고 앉아 장작 패듯 계산기를 두드려도 희망의 불빛은 그 어디에서도 보이지 않았다. 그래서 비밀 장부를 정리하다가 맥을 놓기 일쑤였고 혼미해진 정신을 추스르기 어려웠다.

정말이지, 차입금의 규모를 파악하는 일은 삭신이 쑤시는 고통이었다. 아니, 언제부터인지 모르게 그 짓을 포기하려고 작심한 지 오래였다. 빚더미가 얼마나 불어났는지 따져 보는 순간마다 공포가 엄습해 왔다. 부채의 원리금 규모를 어림짐작할 때마다 두통과 어지럼증이 밀려왔으므로, 갚아야 할 부채의 원리금을 차라리 모르는 게 뱃속이 편하다고 생각하기에 이르렀다.

매일 매일이 끔찍한 생존과 공포의 악순환이었다. 차입금 만기 일자, 이자 지급 일자, 가계수표 결제 일자, 신용카드 결제 일자 등 결제 기일 관리에만 총력을 기울였을 뿐 부채 원금 상환은 엄두도 낼 수 없었다. 눈덩어리, 눈덩어리….

그랬다. 빚의 눈덩이를 굴리며 쉴 새 없이 불어나는 부채를 악몽처럼 끌어안고 벌벌 떠는 것이 일상의 전부였다. 몇 백만 원, 몇 천만 원, 아니 1억 원, 2억 원이 당장 하늘에서 떨어지거나 몇 억 원짜리 1등 복권에 당첨되어도 빚을 청산하는 데 턱없이 모자랐다.

나 같은 바보가 이 세상에 또 있을까. 세상의 질서가 부여한 온갖 윤리 의식과 사회적 약속으로부터 벗어난 나의 하루는 악마의 몸부림 그 자체였다. 돈, 돈이 필요했다. 무엇보다 돈이 필요했다.

사기를 쳐서라도 돈을 만들어야 했다. 돈이 되는 일이라면 살인, 강도, 절도 등 극악무도한 범죄를 제외하고 어떤 짓이라도 하지 않으면 안 되었다.

결국 내수 급전 조달 행각에 쉽게 말려든 사람은 순진한 가족과 친구들, 나를 믿던 장모와 처가 식구들, 나를 신뢰하던 직장 동료 선후배들 뿐이었다. 돈이 넘치도록 많아서 몇 푼 우려먹어도 괜찮지 싶은 졸부들을 상대로 저지른 죄가 아니고 오직 가까운 친지들만 골탕 먹이는 짓이었다. 아무리 곱씹어 봐도 내가 저지르는 짓이 너무 안타깝고 너무 한심했다.

언제나 어설픈 곡예가 들통 날까 봐 두려웠다. 나를 믿고 돈을 빌려 주거나 보증을 서 준 이웃들의 의혹 어린 눈초리가 두려웠다. 어느 누구보다 아내가 진짜 무서웠다. 가장 가까운 거리에서 위로를 받고 함께 고민해야 할 아내에게 고통스러운 현실을 꼭꼭 숨기고 있자니 애간장이 탈 수밖에 없었다.

그래도 오늘 당장 주저앉긴 싫었으므로 나는 평상심을 가장하면서 아무 일 없는 것처럼 근무했다. 아내는 내가 주식투자로 약간의 손실을 입고 있다는 걸 눈치 챘지만 정확한 진상을 알지 못했다. 그 정도 손실쯤이야 곧 만회하겠지 하는 막연한 기대감 때문이었는지도 모른다.

:: 투자 대상 6단계

워런 버핏 투자 대상 6단계를 살펴보자.

① 시가총액 상위 30% 종목이다.

② 최근 3년 동안 자기자본이익률(ROE) 15% 이상이다.

③ 매출액 대비 순이익률이 해당 업종 평균 이상이다.

④ 주당 잉여현금흐름이 3번까지 통과한 종목 상위 30% 이내다.

⑤ 시가총액 증가율이 자본총계 증가율 이상이다.

⑥ 향후 5년 동안 현금흐름의 합계가 현재 시가총액 이상이다.

워런 버핏 스타일의 비즈니스모델은 세 가지로 분류된다.

① 자신만의 고유한 제품을 판매하는 기업.

　　코카콜라, 펩시콜라, 리글리, 허쉬, 버드와이저, 쿠어스, 크래프트, 워싱턴포스트, 프록터&갬블, 필립모리스 등

② 자신만의 고유한 서비스를 판매하는 기업.

　　무디스, H&R블록, 아메리칸 익스프레스, 서비스마스터, 웰스파고 등

③ 사람들이 지속적으로 필요로 하는 제품이나 서비스를 저가로 구매해 저가에 판매하는 기업.

　　월마트, 코스트코, 네브래스카 가구점, 보르스하임 보석상, 벌링턴 노던 산타페 철도 등

08

해결사들

스포츠 일간지 구석의 쪼가리 광고를 보고 찾아간 곳은 서울시청 앞 사채업자 사무실이다. 6층 빌딩에 자리 잡은 그 사무실은 부둣가 후미진 골목의 보세 창고를 연상시킨다. 철제 출입문을 밀고 실내 풍경을 훔치던 순간부터 발을 잘못 들여놓았나 싶기도 하다. 오래 된 건물의 낡고 비좁은 공간이 아니더라도 직원들의 무표정이 추강민을 한결 주눅 들게 한다.

" 가계수표 할인하러 왔는데요. "

추강민은 몸을 한껏 움츠린다.

" 얼마나 필요한데요? "

살이 오른 아랫배를 떡두꺼비 같은 손바닥으로 두드리던 중년 사채업자가 앉은자리에서 눈만 살짝 치켜뜨고 묻는다.

" 얼마까지 가능합니까? "

기분을 잡쳐 버린 추강민은 대거리하듯 되묻는다. 당장 발길을 돌리고 싶은 생각이 굴뚝같아도 도무지 몸이 말을 듣지 않는다.

" 5백만 원! "

사채업자가 벌떡 일어서며 잘라 말한다.

" 한양은행에 근무하고 있거든요. "

추강민은 얼른 말머리를 돌렸고 몇 걸음 앞으로 나가 명함을 건네면서 사채업자의 눈치부터 살핀다.

" 음, 신분이 확실하네. 특별히 할인 한도를 늘려 줘도 되겠어. "

명함을 흘낏거리더니 목소리와 표정이 한결 부드러워진다.

" 할인 가능한 금액은 얼맙니까? "

" 8백까지 해 드리죠. 그 대신 재직 증명서를 내일 중에 보완하는 조건입니다. "

사채업자는 드디어 자신의 명함을 건넸고 대단한 선처라도 베풀 듯 미소를 베어 문다.

" 사장님, 적어도 천만 원은 있어야 합니다. "

" 안 됩니다! 싫으면 돌아가세요. "

사채 사무실 사장이 풀썩 주저앉으며 한 손을 내젓는다.

" 아닙니다. 해 주세요. "

맥 빠진 표정의 추강민이 100만 원짜리 가계수표 여덟 매를 급히 내민다.

" 은행원만 아니었으면 그냥 돌려보냈을 거야. 무슨 뜻인지 알아요? "

한양은행 인사부와 을지로 지점에 전화를 걸어 추강민의 인적 사항을 확인한 사장은 거들먹거리며 생색부터 낸다. 추강민의 이마는 식은

땀으로 흠씬 젖어 있다.

" 월 5% 선이자와 수수료 15% 등 20%를 떼고 6백 40만 원이오. 신용을 안 지키면 그 땐 우리가 어떻게 해야 하는지 잘 아시겠지요? 한 방에 날리는 방법을 모르진 않겠지요? "

" …. "

말문이 턱 막힌다.

" 6개월 동안 분할 상환하는 조건입니다. 첫 달에 3백만 원을 갚고 나머지는 5개월 동안 백만 원씩 갚으세요. 이자 입금이 하루라도 연체될 경우 그 날로 즉시 여덟 장을 모두 돌리겠습니다. "

이만갑 사장도 다른 대금업자 못지않게 냉정하고 단호했다.

Ø Ø Ø

" 8백만 원에 대한 매월 5%의 이자 40만 원을 송금해야 하는데 원금은커녕 이자도 입금이 안 되네? 추강민 씨! 더 이상 못 기다려. 오늘 오전 중에 수표 돌릴 거야. "

" 사흘만 기다려 주세요. "

" 우선 두 장만 돌릴 테니 그리 알아! "

사채업자의 으름장이다.

" 정 이런 식으로 나오면 당신 마누라 직장 대학병원부터 방문할 거야. 우리 같은 놈들의 확인 사살 방문은 대체로 예의를 차리지 않거든. 손톱만큼의 인정머리도 없다는 점에 특히 유념하라구. "

" 당신, 나 모르게 악덕 고리대금업자의 돈을 썼지? "

잔뜩 겁에 질린 아내의 목소리다.

" 미안해. "

" 도대체 빚이 얼만데 이 난리를 쳐? "

" 얼마 안 돼. 곧 갚을 테니 며칠만 참아. "

추강민은 가능한 한 빨리 전화를 끊고 싶어 급하게 둘러댄다.

" 사모님, 그래도 여자라서 봐주는 겁니다. 남자라면 벌써 주먹이 수십 차례는 날아갔을 거야. "

머리를 짧게 깎은 어깨 몇 명이 아내의 직장 사무실 출입구에서 기다리다가 퇴근 무렵 동행했고 집에까지 쫓아와 고함을 내지르며 협박한다. 매일같이 현관을 가로막고 모여 앉아 술판을 벌이는 깡패들을 보며 이웃 사람들이 혀를 차기 시작한다.

" 이러시면 곤란해요. 그러지 말고 추강민 씨 직장으로 가 보세요. "

동네 사람들과 직장 동료들 보기 부끄러웠던 나머지, 아내가 그 해결사들을 자근자근 달래지만 속수무책이다. 말로 부드럽게 설득할수록 그들의 언행은 더 억세진다. 그 이튿날부터 대문과 담벼락을 가리지 않고 구둣발로 화풀이를 해대기 시작한다. 비라도 내리는 날이면 집 안 거실에 쳐들어와 술 냄새를 풍기며 밤늦도록 죽치기 예사다.

" 사모님, 한양은행에 달려가 그 놈을 병신으로 만들어 드릴까요? "

형님으로 불리던 해결사가 협박한다.

" 차라리 그 방법이 좋겠어요. "

지친 아내가 인생을 포기한 듯 대꾸한다.

" 우리도 최소한의 예의는 갖추고 싶어요. 당신 남편이 직장에서 쫓겨나는 걸 원치 않거든요. "

가장 젊은 막내 해결사가 술 취한 목소리로 말을 잇는다.

" 솔직히 말씀드릴까요? 저희들은 돈을 받는 게 목적이 아녜요. 사기꾼의 버릇을 고쳐 인간으로 만들려고 이 고생을 하는 겁니다. 마음 같아선 그 사기꾼의 발목쟁이를 왕창 부러트리고 싶어요. "

아내는 더 이상 말문을 열지 못한다. 그런 와중에서도 추강민은 비겁하게 처신한다. 해결사들의 폭행과 폭언이 두려워 밤 12시가 넘을 때까지 귀가하지 않는다. 고주망태가 된 몸으로 야음을 틈타서 집에 들어가는 게 고작이다.

" 여보, 미안해. 곧 해결될 테니 조금만 참아. "

추강민은 술기운을 빌어 그렇게 둘러대곤 한다.

" 믿을 수 없어! "

아내는 추강민을 한사코 밀쳐 내며 발악한다.

" 내일 당장 경찰에 신고하지 않으면 사람이 아냐! 이 사기꾼아, 이번만 내가 해결하는 거야. 앞으로는 예외 없어. 당신이 싼 똥은 당신이 치워! "

무지막지한 해결사들에게 시달려 온 아내는 이제 옛날의 요조숙녀가 아니다. 조직폭력배처럼 말투도 거칠어졌고 표정도 험악해져 있다.

신병 확보

스포츠 일간지 광고를 훔쳐보는 추강민. '직장 확실하면 대출 가능'이란 광고 문구가 눈에 뜨이자 남몰래 그 광고를 스크랩한다. 커터 칼로 오려내 구멍이 뻥 뚫린 신문지는 범행 흔적을 지우듯 휴지통 속으로 들어간다.

추강민은 약간 한가해진 틈을 노려 여직원에게 책임자 도장을 맡기고 무슨 급한 일이라도 생긴 것처럼 은행 밖으로 뛰쳐나온다. 신문지 쪼가리에 적힌 전화번호를 확인하며 휴대폰의 번호 판을 누른다.

" 안녕하세요. 근면상사입니다. "

너무 섹시하고 너무 아름다운 목소리다.

" 돈을 쓰고 싶어 전화 드렸습니다. "

" 직장을 말씀하세요. "

" 은행에 근무 중입니다. "

" 은행 이름을 말씀해 주세요. "

" 한양은행입니다. "

" 어느 지점인가요? "

" 을지로 지점입니다. "

" 직급을 말씀해 주세요. "

" 과장대리입니다. "

" 담보 제공 가능한 물건은 가계수표인가요? 부동산인가요? "

" 신용 취급은 안 됩니까? "

" 예외적으로 가능할 때도 없진 않아요. "

" 제 퇴직금이 얼만데 그러세요? "

" 전화 거신 분의 이름과 주민등록번호, 연락 가능한 전화번호를 불러 주세요. "

" 제 이름은 추강민⋯. "

" 추강민 대리님, 한 시간 내에 연락이 갈 거예요. 만약 한 시간 안에 통지가 없으면 대출이 부결된 것으로 아시기 바랍니다. "

◿ ◿ ◿

사채업자의 사무실 정문 앞에 붙은 명판은 유명 보험회사의 대리점인 '근면상사'다. 겉모습은 보험회사 대리점 사무실이지만 진짜 본업은 사채놀이임을 쉽게 짐작할 수 있다. 조심스럽게 출입문을 열던 추강민은 그 자리에 우뚝 서 버린다. 참으로 난감하다.

비교적 호화롭게 꾸며진 사무실 안에서 대충 십여 명이 넘는 사내들이 북적대고 있다. 소파에 앉아 있거나 엉거주춤 서서 사장을 기다리는 그 사람들은 짐작컨대 보험회사 대리점 직원들은 아니고 사채 거래를 위해 방문한 채무자들 같다.

" 오전에 전화 드렸던 사람입니다. "

추강민은 겸연쩍은 표정을 애써 감추고 여직원에게 다가간다. 상상했던 것과 다르게 그녀는 미인이 아니다. 30대 노처녀처럼 보이는 그녀는 지나치게 펑퍼짐하면서 뚱뚱하고 얼굴엔 기미와 여드름 자국들이 가득하다.

" 기다리세요. "

여러 대의 전화기가 놓인 책상 앞에 홀로 앉아 있던 여직원이 전화 속에서처럼 사무적으로 응수한다. 대기하던 사내들의 호기심 어린 시선이 정장 차림의 추강민에게 쏠린다.

🌿 🌿 🌿

비로소 얼굴을 내민 사람은 형사 반장처럼 생긴 50대 후반의 중늙은이다.

" 그쪽은 은행 대리라고 했지요? "

" 네. "

중늙은이의 존댓말에 적이 안심하면서도 추강민은 주변을 두리번거린다.

" 얼마를 쓰고 싶나? "

존댓말이 갑자기 반말로 변하자 추강민은 움찔한다.

" 천오백만 원 정도면 가능할까요? "

" 가계수표 용지는 여유가 있어? "

목덜미에 힘을 주고 거들먹거리던 중늙은이가 피의자 신문하듯 캐묻는다.

" 없습니다. 그렇지만…. "

" 뭔 얘긴지 알겠어. 먼저 온 사람들부터 상담하고 나서 다시 얘기하자구. "

그 중늙은이는 자기 집무실로 들어가면서 도착한 순서에 입각하여 입장시킬 것을 지시한다. 여직원은 사장이 시킨 대로 채무자들에게 면담 순서를 말해 주고 자기 자리에 털썩 주저앉는다. 연신 한숨을 끄며 오만상을 찌푸리던 고객 하나가 사장실에 들어가고 얼마 지나지 않아서 호통 소리가 흘러나온다.

" 이봐요! 그러니까 내가 지난번에 뭐라고 그랬어? 상환 능력에 비해 너무 많은 돈을 쓰지 말라고 했잖아! "

중늙은이 고리 대금 업자의 목소리다.

" 사장님, 딱 한 번만 도와주시면 무난히 상환할 수 있습니다. "

피치 못할 사정을 주절거리러 온 고객은 쩔쩔매는 말투로 용서를 빈다.

" 마지막 기회를 더 주겠어. 그래도 약속 이행이 안 되면 그 땐 법적 조치밖에 없어! "

" 사장님, 고맙습니다. "

" 너무 불쌍해 보여 인간적으로 도와 줬더니 이젠 배짱이야. 칼로 배를 째려면 째라! 그 말이지? 용무가 급해 뒷간 갈 때 다르고 뒷간 갔다 와서 다르다면 내가 어찌 믿을 수 있겠나? 돈 거래에선 그저 신용이 최고야. 우리 서로 얼굴 붉히며 살지 말자구! "

" 가계수표 용지가 없다? "

" 네. "

" 알아, 알아. 무슨 소린지. "

그 중늙은이는 책상 위에 널려 있던 서류를 주섬주섬 챙기며 말을 잇는다.

" 가계수표나 담보를 받지 않고 돈 빌려 주긴 난생 처음이야. "

" 사장님, 전 은행원입니다. 그게 제 신용…. "

" 자금 용도를 알고 싶네. "

그 중늙은이가 자기 명함을 내밀며 추강민의 말허리를 툭 끊는다.

" 아파트를 한 채 장만하려고 하는데 돈이 부족하거든요. "

" 거짓말! 솔직하게 말하지 않아도 난 다 알아. "

" 아닙니다. "

" 아니긴 뭐가 아냐! 당신은 지금 궁지에 몰려 있어. "

" 퇴직금만 해도 얼만지 아실 텐데요…. "

추강민은 기겁하며 얼버무린다.

" 다 쓸데없는 소리! 당신의 관상이 워낙 좋아 보여 결심한 거니까 신용을 지켜야 해. "

생색과 으름장을 반복하던 중늙은이 최 사장이 상의를 벗던 순간 추강민은 깜짝 놀란다. 와이셔츠 위를 대각선으로 가로지른 밴드에 매달린 것은 분명히 권총 케이스다. 강력계 형사도 아닌 민간인이 권총을 소지할 수 있다는 게 그저 놀랍기만 하다. 하지만 잠시 뒤 추강민은 그

것이 권총처럼 생긴 가스총인 줄 알고 속으로 실소한다. 호신용이라기보다는 어수룩한 채무자들에게 위압감을 주기 위한 가스총 같다.

" 서류가 준비되는 대로 돈을 주지. "

채무자의 관상만 보고 대출을 결심한 사람답지 않게 최 사장은 갖가지 서류를 요구한다. 한양은행에서 발행한 근로소득원천징수영수증과 재직증명서를 비롯해 신분증 사본, 인감증명서 등 기본 서류 외에 공증한 어음과 각서가 필요하다는 것이다. 1천 5백만 원을 빌리면서 발행하는 약속어음의 액면 금액이 자그마치 1억 1천 7백만 원이었지만 추강민은 물어 볼 엄두도 내지 못한다.

𝄌 𝄌 𝄌

" 추강민 씨, 만나자! "

휴대폰에서 쩌렁쩌렁한 목소리가 튀어나온다. 가스총을 차고 다니는 그 사채업자다.

" 사장님, 오늘은 바쁩니다. 내일 오전 중에 뵈면 어떨까요? "

" 너, 지금 나를 바보로 알고 있지? "

" 아닙니다. "

" 지금 당장 혜화동으로 달려오지 않으면 어떤 조치가 떨어질지 정말 모르는가? 패가망신은 당연한 일이고 일가친척 모두 개차반 신세를 면치 못할 것이다. 제한 시간은 30분! "

한참 동안 호통을 친 끝에 일방적으로 전화를 끊는다. 추강민은 주술에 걸린 듯 지체 없이 사채업자 집으로 달려간다. 승용차에 동승하여 변호사 사무실과 법원 등지를 끌려 다니며 법적 조치에 적극 협조한다.

" 사장님, 50만 원만 도와주세요. "

채권 확보 조치가 끝나자, 추강민은 내친 김에 사채업자의 옷소매를 잡고 굶주린 거지처럼 매달린다.

" 적어도 50만 원은 있어야 한 달을 버틸 수 있습니다. "

추강민은 눈물을 글썽거리기까지 한다.

" 협조한 대가를 달란 말이지? "

그토록 거만하고 잔인했던 빙그레 웃더니 뒤로 돌아선다. 지갑에서 돈을 꺼내 헤아리는지 한참 동안 추강민을 등지고 서 있다.

" 자, 수고비를 못 줄 이유가 없지. "

이윽고 다소 얇아 보이는 돈 다발을 내민다. 추강민은 그가 보는 앞에서 염치 불구하고 돈을 헤아린다. 참으로 실망스럽게도 50만 원이 아니라 30만 원이다.

" 사장님, 20만 원만 더 주세요. "

추강민은 자존심을 팽개치고 애절한 표정을 짓는다.

" 당신, 이런 식으로 나오면 그 30만 원도 빼앗아 버릴 거야. "

그가 눈을 부라린다.

" 사장님…. "

추강민이 인간적인 연민의 정을 유발하기 위해 슬픈 표정을 날렸지만 사채업자는 조금도 흔들리지 않는다. 추강민이 다시 최 사장의 앞을 가로막았고 그의 옷소매를 힘껏 틀어쥔다.

"사장님, 20만 원만 더 주시면 군말 않고 물러나겠습니다. 네? 사장님…. "

"어허, 정말 귀찮게 굴지 마! 그 30만 원도 큰맘 먹고 적선한 거야. "

"더도 말고 20만 원만…. "

"더 이상 내 속을 긁지 마. 임마, 너 땜에 내가 얼마나 마음고생을 했는지 알아? 사기 혐의로 집어넣고 손해 배상을 청구해도 성이 차지 않아! "

사채업자가 거칠게 추강민의 손을 뿌리친다.

"사장님, 제발 도와주세요. "

"너, 나보다 인간적인 놈 있으면 데려와 봐. "

사채업자가 찬바람을 일으키며 돌아선다. 추강민은 장승처럼 굳어진 자세로 울컥울컥 올라오는 목울음을 삼키며 눈시울을 붉히기만 한다.

징검다리 투자노트 |··

:: 주식투자 전 체크포인트

주식투자를 결정하기 전에 다음과 같은 질문을 던져 보자.

- 앞으로 몇 년 동안 주식을 매도하지 못해도 안절부절못하는 경우가 없는 종목일까?
- 투자금액 10% 이상을 베팅해도 좋을 만큼 안전하고 매력적인 주식일까?

이런 질문을 던진 뒤 즐겁게 선택할 수 있는 종목이 20개 이상이라면 좀 곤란하다. 투자금액의 10% 이상 베팅하는 종목이 10개를 넘으면 결코 바람직하지 않다. 스스로 길게 보고 즐길 수 있는 가치투자가 아니라, 그 생명을 자르는 칼날이 될 수도 있기 때문이다.

맹목적인 묻지 마 투자, 추천 종목에 의존한 분산투자는 정말 어리석고 위험한 행위다. 최상의 우량기업 주식에 최적의 가격으로 주식을 매수하려는 노력은 가치투자자의 생명이다. 아니 초보자일수록 기업(재무) 분석, 경영(경영진의 도덕성 포함) 분석, 업종(업황) 분석 등에 집중해야 한다.

10
집중 포화

　　공부밖에 모르는 학생, 성실한 수재라는 소리를 귀가 닳도록 듣던 아내가 S대학교 간호학과로 진학한 것은 가난한 가정 형편 탓이다.

　　1남 4녀 중 막내임에도 가족들에게 의존하기보다 노부모를 모셔야 할 처지라는 걸 절감하고 취업하기 쉬운 학과를 지원한다. 4년 동안의 학비도 대부분 아르바이트를 하거나 주변 친지들의 크고 작은 도움을 받아 가며 어렵사리 조달할 수 있게 된다.

　　아내가 본격적인 고난의 길을 걷게 된 것은 군 출신 장인의 사업 실패 때문이다. 일본 와세다대 법과를 졸업한 장인은 육이오 전쟁의 와중에서 중령 계급을 달고 참전했다가 구이팔 서울 수복 때 인민군의 흉탄을 맞는다. 예편 후 정부에서 지급하는 연금이 유일한 생계 수단이었지만, 장인은 그대로 눌러앉는 게 죽기보다 싫다. 장인은 미군용 중고 트력과 시발 택시 몇 대를 사들여 작은 운수 업체를 차렸고 스스로 사장에 취임한다.

군 출신이 아니랄까 봐 지나치게 고지식했던 장인은 성실하게 일만 할 줄 알았지 약간의 변칙 경영도 용납하지 못하는 사람이다. 정직한 삶이 평소의 소신이었으므로 공무원들에게 뇌물을 주고 탈세를 한다는 건 상상하기 어렵다.

그러다 보니 동종 업계에서 가장 많은 세금을 납부했고 그것이 빌미가 되어 견제해야 할 대상으로 떠오른다. 사소한 일로 경찰서와 세무서의 조사를 받는 사례가 잦아지자 장인은 실의에 빠진다. 유난히 독야청청했던 장인은 경쟁 관계에 있던 동종 업계 종사자들의 모함과 투서에 두 손을 들었고 마침내 사업체의 문을 닫는다.

운수업을 하다가 도산한 장인은 서울 변두리 구파발 지역으로 밀려난 뒤 남의 땅을 빌려 채소 농사를 지으며 늙어 간다. 장인의 사업 실패로 가세가 기울다 보니, 아내는 가능한 한 빠른 취업을 위해 간호학과에 진학할 수밖에 없었다.

S대학교 졸업과 동시 젊은 나이에 간호사로 취업한 아내는 친정 부모를 봉양하며 갖은 풍상을 겪는다. 실의에 젖은 노후를 그럭저럭 견디던 장인이 화병에 걸려 별세했을 때, 당신이 물려준 재산은 18평 아파트가 전부였고 아내와 막내 처형은 사실상의 공동 가장 노릇을 감당해야 했다.

🍃 🍃 🍃

" 오늘 시내 나간 길에 우리 집을 보고 왔어요. "

아파트 공사 현장 근처를 다녀온 아내가 꺼낸 말이다.

' 그건 우리 집이 아냐! 남들이 입주할 아파트 공사 현장을 보고 온 것에 지나지 않아! '

그 때마다 하늘이 무너지는 듯한 충격을 받은 추강민은 아내를 외면하면서 속으로 외칠 따름이다.

" 입주 시기가 빨리 왔으면 좋겠어. 공사가 너무 더딘 느낌이에요. "

그렇게 들뜬 아내의 맑은 미소와 마주칠 때면 추강민은 온몸이 저리도록 가슴이 아프다. 어떤 방법으로 아파트 입주금을 조달할 것이며 어떤 핑계거리로 아내에게 변명할 것인가. 하늘에서 돈벼락이 떨어지지 않는 한 내 집 마련은 사실상 허망한 꿈이었다. 시간이 흘러 아파트 골조가 한 층 한 층 올라갈수록 추강민은 초조감에 시달렸고 자책감에 빠져 허우적거린다.

아파트 공사가 순조롭게 진행되고 있었지만 단 한 푼도 불입하지 못했다. 한일은행 을지로 지점 대출금으로 계약금이 자동 결제되었으나 이자 불입은 엄두도 낼 수 없었다. 정말이지 그랬다.

내 집 마련은 기대에 한껏 부풀어 지내던 아내의 신기루에 지나지 않았다. 토지 대금과 건축비 등이 장기 연체되는 상황에서 주택조합 아파트 입주권을 상실한 건 너무도 당연한 일이다. 수십 차례의 독촉장만 받으며 지내다가 눈물을 머금고 내 집 마련의 꿈을 포기해야 했던 것이다.

🍃 🍃 🍃

" 비로소 알았네요. 당신이 이처럼 야비하고 무능한 사람인 줄 상상도 못 했어요. "

추강민이 거짓말쟁이에 불과한 녀석이란 걸 알아차리던 날, 아내는 허물어지듯 주저앉는다.

" 당신이 너무 안이하고 미련하게 과욕에만 집착했던 나머지 우리 가족은 이제 부터 지긋지긋한 나날을 보내게 생겼어요. 허망하게 무너지고 나서야 다시 일어서 려고 몸부림치는 당신이 원망스러워요. 당신처럼 현실에 둔감한 몽상가 남편을 둔 덕분에 나 역시 환상을 꿈꾸는 데 급급하다 보니 정작 소중한 인생이 뭔지 잊고 살 았어요. "

희망이 환멸로 바뀐 사실을 확인한 아내가 맥없이 중얼거린다.

" 여보, 미안해. 3년 안에 뭔가를 보여 줄게. "

추강민은 무릎을 꿇는다.

" 당신은 만날 희떠운 소리만 해서 믿음이 안 가. 이제 헛소리 그만 해! "

" 아냐, 두고 봐. 3년 안에 내 집을 장만할 거야. "

추강민은 무릎을 꿇은 채 하염없이 운다.

" 아, 철두철미한 사람인 줄 알았는데, 알고 보니 미련 곰통이었어. 이젠 직장이 전부인 사람들이 부러워 죽겠어. 당신은 이것저것 한 눈 팔다가 결국은 모두 실패 할 사람이야. 솔직히 말할까. 총 있으면 쏴 죽이고 싶어! "

◢ ◢ ◢

" 여보, 나 사표 냈어. "

" 사표? 사표라니? 그게 무슨 뜻이야? "

가계부를 정리하다가 꾸벅꾸벅 졸던 아내가 아닌 밤중에 홍두깨라는 식으로 잠시 어리벙벙한 표정을 짓는다. 눈동자가 휑하니 풀어져 초점이 없는 데다 도무지 믿을 수 없다는 듯 고개를 젓는다. 그처럼 맥 놓은 표정에 가늠하기 어려운 미소가 겹친다.

" 여보, 나 사표 던졌다니까. "

추강민은 엉겁결에 아내의 옆구리를 쿡 찔렀고 이내 숨죽여 운다.

" 말도 안 돼! 당신, 아무런 대책도 없이 멋대로 그럴 수 있어? "

금방이라도 분노가 폭발하여 아내의 두 눈에서 푸른 불꽃이 일 것만 같다.

" 여보, 흥분하지 말고 내 말부터 들어 봐. "

" 흥분 안 하게 생겼어? 한마디 상의 없이 그래도 되는 거야? 당신 멋대로 사표를 던져도 되는 거냐구! "

가쁜 숨을 몰아쉬던 아내가 게거품을 문다.

" 명예퇴직을 신청하면 퇴직금은 더블 수준이야. "

" 당신, 주식투자를 한답시고 덤비다가 왕창 들어먹었지? 바른대로 말해! "

아내는 멱살을 잡는 대신 두 손으로 추강민의 한쪽 손목을 꽉 틀어쥐고 바들바들 떤다.

" 앞으론 절대 주식투자 안 할 생각이야. "

" 까먹은 돈, 빚진 돈이 도대체 얼마야? "

추강민의 눈을 들여다보던 아내의 얼굴에 소름이 끼칠 정도로 오싹한 미소가 번진다.

" 얼마 안 돼. 그 빚 좀 갚고 다른 금융기관에 취직해서 새롭게 출발하고 싶어. 20년 넘도록 한 우물을 팠더니 이젠 지긋지긋해. 새로운 돌파구가 마련되지 않으면 미칠 것만 같았어. "

" 거짓말! "

" 아냐, 진짜야. "

추강민은 궁지를 모면하기 위해 적당히 둘러댄다. 어느 정도 눈치를 챈 아내는 주식투자 손실이 그리 심각한 수준은 아니라고 생각했던지 흥분을 겨우겨우 가라앉힌다.

" 퇴직금은 언제 나와? "

" 3월 중에. "

" 빚 청산하면 남는 게 있겠어? "

" 1억 7천만 원에서 세금 빼고 총액의 90% 이상은 받을 수 있어. "

" 진짜 믿어도 돼? "

" 그럼! "

거짓말로 때우기도 한계점에 이르던 어느 일요일 아침, 지레 겁부터 먹은 추강민은 아내 앞에서 또 한 번 무릎을 꿇는다.

" 여보, 살려 줘. 단 한 푼도 받지 못했어. "

추강민은 사시나무처럼 오들오들 떨며 더 심하게 훌쩍거린다.

" 난 오래 전부터 이미 알고 있었지. 당신 같은 얼간이에게 사기를 당해 결혼한 년인데 어떤 행운을 바라겠어? 당신, 나를 행복하게 만들어 주겠다고 철석같이 약속했지? 이게 행복한 거야? 너무 행복해서 미칠 지경이네! "

충격에 휘말린 아내의 눈에서 눈물이 끓어오른다. 눈빛에서 깊은 절망과 지독한 살기와 뜨거운 분노를 읽을 수 있다.

" 여보, 다시 한 번 기회를 줘. 나, 당신 없인 못 살아. "

" 다 털어놔 보시지. 빚이 몇 억인지 몇 십억인지 실토하란 말이야! "

눈동자가 횅하니 풀어져 초점이 없는 표정으로 잔뜩 웅크린 채 앉아 있던 아내가 드디어 추강민을 윽박지른다. 거의 반나절 동안 부채 현황을 설렁설렁 체크한 끝에 짊어진 빚의 규모가 5억 원을 넘어선 것이 확인되던 순간, 아내의 얼굴색이 노래졌고 급기야 둘은 멀찌감치 떨어져 앉은 채 눈물바다를 만든다. 추강민을 증오의 눈빛으로 째려보던 아내는 결국 지쳐 버렸는지 머리를 싸매고 몸져눕는다.

⌀ ⌀ ⌀

" 그동안 당신에게 철저히 유린당했어. 우리 더 망가지기 전에 찢어지자! "

아내의 결론이 떨어지던 그 날 저녁, 네 식구가 살던 단칸방 안으로 처가 식구들이 들이닥친다. 동서와 처형들이 떼거리로 몰려온다. 추강민은 안경을 미리 벗어 두고 난폭한 무법자들의 난동에 대비한다. 그 직접 피해자들은 추강민의 멱살을 틀어쥐거나 주먹을 휘두른다.

" 네가 결국 우리 집안의 작은 꿈을 앗아가는구나. "

추강민은 세 처형들에게 멱살을 잡힌 채 두 동서들의 주먹세례를 받는다.

" 은행 대출금 3천만 원에 연대보증을 선 내가 미친놈이지. "

큰동서의 주먹이 유난히 매섭고 가장 심한 타격을 준다.

" 퇴직금을 쏟아 부운 나는 정상인가? "

막내 처형이 앙칼진 고양이처럼 손톱을 세우고 달려든다. 막내 처형이 추강민의 얼굴을 할퀴고 동서들이 여러 차례 추강민의 뺨과 어깻죽지를 때려가며 온몸에 발길질을 했어도 추강민은 피하지 않는다.

" 개자식, 이건 사기 결혼이야! 1남 4녀 중에 유일하게 대학을 졸업한 동생, 그것도 S대학교를 나온 아이에게 사기를 쳐? 이런 놈은 때려죽여야 해! "

큰 처형이 씨근벌떡거린다.

" 불알 두 쪽만 달랑 달고 다니던 주제에 사내새끼라고 불쌍한 여자에게 사기를 쳐? 개자식! "

분을 못 이겨 두 주먹을 불끈 쥐던 큰동서는 추강민의 얼굴에 침을 뱉는다. 욕설과 폭력이 난무하는 회오리바람 속에서 추강민은 손가락 하나 까딱하지 못하고 그냥 당한다. 기물이 날아가 깨지는 소리가 요란했지만 어느 누구도 막지 못한다. 미리 알아서 자리를 피했는지 추강민의 자식들과 장모의 얼굴은 그 어디에서도 보이지 않는다.

추강민의 이마와 입술이 찢어져 피가 흐르고 온몸에 피멍이 맺혀서야 일방적인 전투가 끝난다. 추강민은 방바닥에 엎어진 채 소리 죽여 꾹꾹 울면서도 그 단칸방을 떠나지 못한다. 사실상 막내 처형 소유의 무허가 단독 주택 단칸방을 벗어나면 갈 곳이 없다.

" 언니, 진정해! "

가재는 게 편이라고 했던가. 그제야 아내가 추강민의 편을 들기 시작한다.

" 너, 지금 뭐라고 주둥이를 놀렸어? 나더러 진정하라구? "

큰 처형이 쏜 화살은 마침내 아내에게로 날아갔다.

" 내가 몰락하면 너를 포함해 누구도 살아남을 사람은 없어. 온 가족이 거리에 나앉게 된단 말이야. 이, 등신 같은 년아! "

" 언니, 내가 다 책임지면 되잖아? "

" 무슨 수로? "

" 내게 맡겨! "

그 한마디에 막내 처형의 분노가 폭발한다.

" 이제 보니 두 놈이 작당했구나? 이 지경이 되도록 네가 몰랐다니 말도 안 돼! 너도 똑같은 년이야! 공범이 아니라면 뭐야? 사기를 친 놈이나 그걸 모른 체하고 사기를 치게 내버려 둔 년이나 같은 공범이야! 주둥이를 놀릴 자격도 없는 년이 어디서 대들어? "

아내마저 막내 처형에게 머리칼을 잡혔고 나중에는 방구석으로 내동댕이쳐진다. 누가 말릴 여유도 없이 아내와 막내 처형은 서로 머리채를 감아쥐고 나뒹군다.

" 혼자 발버둥치는 년의 돈을 등쳐먹고도 뻔뻔스럽게 나는 년! 너, 오늘 진짜 임자 만났다. 너 죽고 나 죽자! "

노처녀인 막내 처형은 조금도 밀리지 않는다. 이 핑계 저 핑계로 뜯긴 돈을 생각하면 치가 떨리는지 거품을 물고 헐떡거린다.

" 나도 저 머저리 같은 놈한테 사기를 당한 년이야. 제발 더 이상 이러지들 마! "

아내도 악에 바쳐 소리쳤다. 싸움을 말리려고 막아서는 사람은 아무도 없었다. 추강민 역시 온몸을 결박당한 포로처럼 옴짝달싹하지 못한 채 그 난장판을 외면해야 했다.

" 모두 내 탓이야, 내 탓이야 "

자매들의 처절한 악다구니가 끝났을 때, 아내가 두 주먹으로 방바닥을 치며 통곡하기 시작한다. 남편과 두 자식을 데리고 들어와 친정 언니의 무허가 주택 단칸방에 얹혀살면서 친정 부모를 부양해야 했던 세월이 억울한 듯 마음껏 울부짖는다.

◢ ◢ ◢

" 미친년아, 어서 빨리 이혼해. "
아내가 고집을 꺾지 않자 처형들이 혀를 끌끌 찬다.
" 언니 미안해. 내 잘못이야. 내가 운명으로 알고 감수하면 되잖아? "
목숨 걸 듯 발악하던 아내는 어느 새 수그러들고 긴 통곡 끝에 터지기 시작한 그녀의 딸꾹질은 멈출 줄을 모른다. 아내는 그 날 밤 처형과 동서들이 돌아가자마자 난장을 당한 사람처럼 쓰러져 일어나지 못한다. 밤새도록 흉몽에 시달리는지 연신 비명을 질러 대고 분노를 이기지 못하는지 사지를 버둥거린다.
추강민은 벽에 몸을 기댄 채 울며 졸며 밤을 지새운다.

11

이혼 사유

" 네가 선택할 수 있는 길은 이제 이혼밖에 없어. "

" 네 처자식이 고통에서 벗어나면 이혼만이 최선책이다. "

" 이혼한 부부가 함께 살지 말라는 법은 없다. 빨리 협의 이혼해야 서로에게 도움이 돼. "

과거 행적과 돌아가는 경제 사정을 적나라하게 확인한 친지들은 하나같이 발끈하고 나선다.

" 당장 이혼하는 게 상책이여! "

청주에서 날아온 형들의 의견도 다르지 않다. 협의 이혼 절차를 밟아서 가족과 추강민을 떼어놓는 것만이 가장 원만한 해결책이라 믿고 있다.

" 추 서방, 뭘 망설이나? 서류에 도장 찍어! "

벼르고 벼르던 처가 식구들도 자기 일처럼 나선다.

" 도장 안 찍으면 모두 망해! "

무지막지한 협박은 억장을 무너지게 한다.

" 채권자들의 법적 대응과 해결사들의 횡포를 피하고 처자식을 보호하려면 이혼밖에 없다. "

" 추 서방, 어서 도장 찍어! "

가족회의 끝에 처형과 동서들이 닦달하고 나선다.

" 이 사기꾼 망나니야! 내가 보증 선 대출금 2천만 원은 가장 먼저 갚아야 해! 나마저 당신의 물귀신 작전에 말려들면 가만두지 않을 거야. "

큰동서가 금방이라도 잡아먹을 것처럼 추강민의 멱살을 잡고 으르렁거린다. 추강민은 처가 식구들에게 대거리 한번 못 하고 눈물만 찍어 댄다.

* * *

" 멋진 교향악을 연주하겠다고 굳게 약속한 당신이 먼저 배신했어. 좋은 일을 남이 모르게 해야 한다고 속삭이던 당신! 알고 보니 형편없는 사기꾼이었어. 나를 유린하고 이웃들을 속여 가며 파렴치한 짓만 해 왔어. 일고 보니 당신은 마귀였어. "

이미 가슴이 황폐해질 대로 황폐해진 아내가 신음하듯 중얼거렸다.

" 당신 앞에선 고개를 들 수가 없어. 평생 뼈아프게 참회할게. "

" 참회는 아무나 하는 게 아냐. 비록 가진 건 없지만 이웃들과 함께 나누는 행복한 삶을 살자던 당신! 지금까지 이웃들에게 베푼 일이 도대체 뭐야? 당신을 믿던 이웃들의 발등을 찍은 게 전부였어. "

사기꾼 남편에게 질려 버린 아내는 온몸을 바들바들 떨며 입에 게거품을 문다.

" 제발, 장난치지 마! 이혼해 주면 될 거 아냐! "

마음의 평정을 잃은 추강민은 극악한 심성을 드러내며 헐떡거린다.

" 난 비로소 깨달았어. 이혼만이 악순환의 고리를 끊어 버릴 수 있는 길이라는 걸⋯. "

잠을 자던 아내의 잠꼬대다.

_ _ _

" 이혼해도 득 될 게 없어요. 경제적 실익이 없기 때문이죠. 채무자들에게 쫓기며 살던 고통이 다소 없어져 당장은 속이 편할지 모르지만 나중에 반드시 후회하게 됩니다. 함께 살면서 견디는 게 좋아요. 극한 상황 속에서 공생할 수 있어야 그게 부부애랍니다. "

모 대학 재단 이사장의 말이다.

" 사정을 모르는 사람들이 형식적이라는 이유만으로 법적 절차를 결심하죠. 하지만 다시 합친다는 건 현실적으로 불가능해요. 많은 부부들이 형식적으로 이혼하지만 결국 재결합한 사례는 극히 드뭅니다. 서로 사랑한다면 고통스럽든 즐겁든 이혼 절차를 밟아서는 안 됩니다. "

잘 아는 변호사의 의견이다.

마침내 법원에 출두해야 하는 날. 법원에 도착하여 추강민이 혼자 차례를 기다리고 있을 때 휴대폰이 드르륵 떤다.

" 여보, 저예요. 이혼 철회하는 게 어떨까요? "

아내의 목소리는 떨리고 있다.

" 그게 무슨 뜻이야? "

추강민은 아내의 갑작스런 변신 앞에서 허둥대기 시작한다. 마치 꿈을 꾸는 순간처럼 안개 같은 것이 시야를 부옇게 가로막는다.

" 당신의 재기를 위해 한번만⋯. "

아내의 코맹맹이 소리였다.

" 당신도 알다시피 난 참회할 자격도 용서받을 자격도 없는 놈이야. 당신 계획대로 밀고 나가! "

추강민은 떨리는 가슴을 억누르기 위해 목청을 높였다.

" 아냐. 당신에게 기회를 주고 싶어. 그래도 당신의 본심은 선량해요. 성실하고 의지가 강한 사람예요. 당신은 기본적으로 열심히 노력하는 인간형예요. "

아내는 절망의 나락으로 떨어진 추강민에게 용기를 심어 주려고 안간힘을 썼다. 그렇게 뜨거운 감정을 주고받으면서 추강민도 울고 아내도 울었다. 전화를 끊은 뒤에도 추강민은 한참을 멍하니 서 있다가 법원 정문을 나섰다. 절망만이 가득하던 가슴 안에서 희망의 기운이 조금씩 퍼지는 것 같았다.

◦ ◦ ◦

신용불량자.

막다른 구석에 몰린 경제적 금치산자를 다르게 부르는 이름이다. 신용불량자의 하루는 서글프고 인생은 참혹하다. 파국을 자초했다는 이유만으로 일상은 무덤 속에서처럼 답답하게 지나가고 삶은 무거운 바위를 머리에 인 것처럼 버겁기 짝이 없다. 추강민의 경우도 그랬다. 단하루라도 절망적인 상황을 피하거나 잊어버리면서 그럭저럭 지나갈 순 없을까, 아내가 행복하게 미소 짓는 모습을 단 한 번이라도 볼 수는 없을까…. 그것만이 매일 매일의 작은 소망이었다.

그동안 악성 채무 해결 문제를 둘러싼 우리 부부 사이의 신경전은 일일이 열거할 수 없을 정도로 잦았다. 아내의 직장으로 진격해 들어오는 해결사들에게 싹싹 빌어도 땜질식 처방은 되나 근본적인 무마책은 될 수 없었다. 아내는 끊임없이 추강민을 의심하며 고문했고 추강민은 끝없이 아내에게 용서를 빌었다. 인내심을 유지하기 위해 입술을 깨문 채 버티던 아내는 웃음을 잃어버린 지 오래였고 추강민에게 직격탄을 날리기 일쑤였다.

" 도저히 안 되겠어요. 우리 헤어집시다. "

채권자와 해결사들의 공갈 협박이 거세질 때마다 아내는 버릇처럼 이혼을 요구했다. 아내의 직장에 죽치고 앉아 횡포를 부리는 해결사들도 적지 않았으니, 아내의 참담한 심정을 충분히 이해할 수 있었다. 따라서 둘 사이처럼 사회 통념상 용납하기 어려운 부부 관계는 아내의 포용력과 인내가 아니면 불가능하다고 추강민은 생각했다. 정말이지 악몽의 나날을 벗어나려면 극약이라도 먹고 죽어야 할 것만 같았다.

아내의 봉급에 대한 가압류 조치가 처음 시도된 것은 1998년 6월이었다. 한양은행 양평동 지점의 대출금 5백만 원의 이자 납부가 3개월 이상 연체되었다는 이유로 봉급 압류 관련 서류를 관할 법원에 접수시켰다는 소식을 잘 아는 법무사로부터 입수했다. 그 순간부터 추강민은 펄펄 끓는 물에 빠진 짐승처럼 안절부절못했다.

아내가 근무하는 직장의 경리부로 가압류 통지서가 날아간다면 과연 어떤 사태가 벌어질까, 아내는 과연 어떤 반응을 보일까? 보나마나 다시 한 번 이혼을 들먹이거나 법적 이혼을 확정하자고 나올 게 불을 보듯 뻔했다.

마침내 초읽기에 들어간 추강민은 대학원 동기가 마련해 준 돈 몇 십만 원으로 밀린 이자를 겨우 납입한 뒤 연체금 정리 확인서를 들고 관할 법원으로 달려갔다. 그곳에서 법무사 사무소의 여직원을 만나서 법원에 접수하려던 봉급 가압류 신청서를 회수하기 무섭게 안도의 숨을 몰아쉬었다.

그러나 한 차례의 임기응변이 우리 가정에 평화를 안겨 줄 수는 없었다. 일단 위기를 넘겼다곤 하지만 진짜 고난은 며칠 뒤에 다시 들이닥쳤다. 장기 연체중인 이자 상환 독촉 전화가 빗발친다 싶더니 몇 건의 봉급 압류 조치가 새롭게 시작되었던 것이다.

" 사흘 안에 반드시 해결하겠습니다. 부장님께 결재 올리지 마세요. "

아내는 압류 통지서가 날아올 때마다 경리부 담당자를 찾아가 손이 발이 되도록 빌어야 했다. 봉급 압류 사실이 직장 상사들에게 알려지면 인사상 어떤 불이익을 받을지 모르기 때문이었다.

" 언니, 이번 한 차례만 봐 드릴게요. 또 압류 통지서가 날아오면 그 땐 어쩔 수 없어요. "

" 걱정 말아요. 곧 해결됩니다. "

워낙 신용이 두터웠던 아내는 말 몇 마디로 위기를 모면할 수 있었다. 하지만 대학병원 경리부 직원들로서는 아내의 간청을 여러 번 들어주는 것도 한계가 있었다. 아내가 주변 사람들에게 부탁해 고리의 사채를 얻어 연체 이자를 갚았어도 다시 3개월 연체가 이어지면서 상황은 걷잡을 수 없이 악화되었다. 압류 통지서들이 연이어 접수되자 경리 담당자도 마침내 두 손을 들고 말았다.

" 언니, 이젠 방법이 없네요. 법적 절차에 협조하지 않으면 제가 다쳐요. "

" 알았어요. 법대로 진행하세요. "

안타까운 표정을 짓던 경리 담당 여직원 앞에서, 아내는 봉급 압류가 불가피한 선택임을 다시 한 번 확인했고 그 불행한 사태를 운명으로 받아들였다. 모든 부채를 갚을 길이 없다면 압류 조치를 받아들이거나 퇴직금을 감쪽같이 빼돌리는 방법밖에 없다는 현실을 절감했던 것이다.

" 쪽팔려서 도저히 근무할 수 없어요. 이혼부터 합시다. "

드디어 월급의 절반이 가압류되던 날, 굳은 얼굴의 아내가 모종의 결단을 내비쳤다. 이제 조금씩 숨통이 트이나 싶었는데 더 절절한 고통의 세월이 남아 있다는 사실을 확인한 모양이었다. 한 달에 한 차례 이상 봉급이 가압류되는 바람에 은행으로 달려가 원금과 이자를 납부한 뒤 가압류를 풀어놓으면 다른 금융기관에서 다시 법적 조치를 취하곤 했기 때문이다.

/ / /

" 원리금 전액을 상환하지 않으면 가압류의 해지는 불가능합니다. "

한양은행의 최후 통보가 있던 날, 아내는 직장을 드나들던 일수놀이 할머니에게 고금리 사채를 빌렸다. 그렇다고 고민거리가 어느 정도 해소된 것은 아니었다.

남편의 고통이 아내에게 옮겨지던 그 날부터 아내는 구조 조정 1순위 퇴직이라는 악몽에 시달리며 갈팡질팡하기 시작했다. 전에 없던 신용카드가 하나씩 늘어나더니만 아내도 추강민처럼 고리의 사채를 쓰기 위해 카드깡을 일삼는 것 같았다.

악순환의 연결 고리는 아내의 직장생활뿐만 아니라 양아치 같은 추강민의 일상마저 야금야금 좀먹고 있었다. 아내가 친정어머니와 식구들을 부양하면서 고리의 사채 이자까지 부담해야 했으므로 추강민에게는 몇 천 원의 용돈도 마련할 길이 없어졌다. 결국 추강민은 몇 만 원의 거마비를 조달하기 위해 옛날 은행 동료들을 상대로 구걸행각에 나서야 했다.

" 금융기관 대출금 연체를 하루 빨리 해결하세요. 도와주는 것도 한두 번이지. "

대학병원 경리부장의 전화 한 통이 아내를 극심한 조바심 속으로 몰아넣었다. 정말이지 한두 번이 아니었다. 아내의 봉급에 붙은 가압류를 풀고, 풀고 나면 다시 가압류가 붙고…. 그러기를 수십 차례 반복하며 봉급이 가압류되자 아내는 다시 한 번 결단을 내리는 듯싶었다. 아내 명의로 대출해 준 한양은행은 물론이고 여러 금융기관의 법적 조치를 바라보고만 있을 수 없었던 아내는 사표를 내는 것만이 해결책이라고 믿었던 것이다.

" 퇴직금을 하루라도 빨리 빼돌리는 게 우리 가족이 사는 길 같아. 직장을 옮기면 그만이거든. "

어렵게 가압류를 풀던 그 날, 아내가 실성한 사람처럼 중얼거렸다.

" 어떻게 올라간 수간호사 자린데…. 아이고, 환장하겠네! "

치열한 경쟁을 뚫고 수간호사가 된 지 2년도 안 되어 안정된 자리를 박차고 나가야 하는 신세가 아내는 안타까웠다. 사정을 꿰뚫어 본 간호

부장의 추천으로 다른 대학병원에 원서를 냈지만 조건이 맞지 않아 직장 이전을 포기했을 때도 아내는 절규했다.

" 나마저 신용불량자가 되면 그 날로 우리 가족은 모두 죽는 거야. "

탈출구 없는 시궁창의 어둠 속에서 아내는 몸져누운 환자처럼 신음했고 길 잃은 아이처럼 발버둥을 쳤다. 장모, 처형과 동서들, 온 가족이 나서서 아내만큼은 신용불량자가 안 되도록 대신 빚을 갚아 주려고 노력했으나 그마저 쉽지 않은 일이었다. 직장 이전과 퇴직금 **빼돌리기**를 시도하던 아내는 어쩔 수 없이 그대로 주저앉아 근무하기로 결심했다.

그래서 요즘도 변함없이 아내는 생활고에 허덕대며 숨 막히게 산다. 오전 7시까지 출근하려면 늦어도 6시 이전에 집을 나서야 하기 때문에 새벽같이 일어난다. 그 시간부터 고난의 연속이다. 몇 차례의 봉급 가압류를 해결하던 과정에서 급전을 빌려 준 사채놀이 할머니와 신경전을 벌이는 것도 고역이다.

근무 시간 내내 다른 빚쟁이들에게도 시달리다가 오후 4시경 귀가하면 마찬가지 상황이 기다린다. 정신없이 집안일에 매달려야 하는 시간에도 집으로 찾아오는 빚쟁이와 해결사들의 기습 공격까지 받아야 한다.

" 이 악몽을 잊게 해 주는 쥐약이라도 먹어야 할 것 같아. "

내일에 대한 희망도 없이 고단한 일상에 지쳐 버린 아내가 버릇처럼 뱉던 말이 지금 이 순간에도 추강민의 가슴을 찢는다. 추강민 하나로 인해 상처받고 괴로워하는 가족을 생각하면, 사실 극약을 먹고 죽어야 할 놈은 추강민 말고 또 누가 있겠는가.

징검다리 투자노트 ┃

:: 저평가 종목을 고르는 4가지 방법

　'일본 증시 최후의 승부사'로 불렸던 고레가와 긴조의 '거북이 3원칙'이 있다. ▲ 상승할 만한 주식(저평가 우량 종목)을 바닥에서 매수하여 시세가 날 때까지 차분하게 기다려라. ▲ 경제와 시세 동향에서 눈을 떼지 말고 꾸준히 공부하라. ▲ 과욕을 버리고 자신의 자금 범위 안에서만 투자하라.

　어떤 애널리스트들이 이렇게 말한다. ▲ 주가순자산비율(PBR)이 낮으면서 자기자본이익률(ROE)이 높은 종목에 관심을 가질 필요가 있다. ▲ 주식투자자들은 내재가치가 높지만 저평가된 주식을 선호한다. 저평가 우량주를 매입해서 장기간 보유함으로써 기업의 수익을 꾸준히 배당 받는 안전노선을 걷는다.

　그들은 하나같이 저평가 우량 종목을 예로 든다. 그렇다면 저평가 우량 종목을 어떻게 골라야 할까? 가장 먼저 재무제표 읽는 요령을 터득하라. 재무제표 학습이 끝나면 ROE, PER, PBR, EPS, 매출액 증가율, 영업이익 증가율, 순이익 증가율 등 기본 용어를 공부해야 한다. 그런 다음 증권회사나 전문가들이 추천하는 저평가 우량주들을 살펴라. 무조건 추천에 의존하지 말고 스스로 내공을 쌓아라. 그래야 스스로 정한 기준에 대입하여 분석 평가한 후 투자할 수 있게 된다. 그렇게 되려면 많은 공부와 긴 시간이 필요하다.

〆　〆　〆

- 자기자본이익률(ROE : Return on equity) → (총자산수익률 : ROA/Return on assets)
- 주가수익비율(PER : Price earning ratio) → (주당순이익 : EPS)

■ 이브이에비타(EV / EBITDA : Enterprise value)

■ 주가순자산비율 (PBR : Price book -value ratio)

:: 해석

① 총자산수익률(ROA)

기업이 이익을 낼 수 있는 힘은 보통 총자산수익률로 나타낸다.

② 자기자본이익률(ROE)

투자한 돈으로 회사가 돈을 얼마나 벌고 있는지 나타내는 지표다. ROE 수치가 높을수록 좋은 회사다.

※ ROE = (당기순이익 ÷ 평균 자기자본) × 100

③ 주가수익비율(PER)

국제적으로 주가 수준을 가늠하는 가장 대표적인 지표 비율이다.

주가수익비율이 낮을수록 더 좋은 회사다. 주가나 시가총액은 매일 시장에서 정해지지만, 주당순이익이나 순이익은 PER을 계산하는 필요나 논리에 따라 달라질 수 있다. 순이익과 주식 수에 어떤 수치를 사용하느냐에 따라 PER이 달라지기 때문이다. 하지만 우량기업의 대부분은 어떻게 구하더라도 PER 수치에 큰 차이가 없다.

※ PER = 주가 ÷ 1주당 예상순이익 = 주가 ÷ 주당순이익 = 시가총액 ÷ 순이익

④ 이브이에비타(EV/EBITDA)

영업으로 돈을 얼마나 벌 수 있는지, 기업의 가치인 현금 창출 능력이 시

가총액에 비해 얼마나 평가되고 있는지 나타내는 지표다. PER와 마찬가지로 기간이 짧을수록, 즉 숫자가 낮을수록 저평가되어 있다고 간주된다.

⑤ 주가순자산비율(PBR)

주가를 1주당 자산 가치로 나누어 볼 때 몇 배나 되는지 나타내는 것으로 기업의 청산가치(장부상의 가치)와 시장가치를 비교하는 방법으로 쓰인다. PBR은 낮을수록 주가가 저평가된 것이다.

결론적으로 ROB만 높고 PER, EV/EBITDA, PBR은 낮을수록 좋다. 아래와 같이 다시 한 번 정리해 보자.

〃 〃 〃

:: 주당순자산(BPS, Book-value Per Share)

순자산(자산 - 부채 = 자본금과 자본잉여금, 이익잉여금의 합계)을 발행주식수로 나눈 것이다. BPS가 1,000원이라면 회사가 문을 닫고 모든 자산을 처분해도 1주당 1,000원씩 돌려줄 수 있다는 의미다. BPS가 높다는 것은 자기자본의 비중이 높고 실제 투자가치도 높다는 뜻이다. BPS가 높을수록 기업 내용이 충실한 편이다.

:: 주가순자산비율(PBR, Price Book-value Ratio)

주가를 주당순자산가치(BPS)로 나눈 비율이다. 주가가 순자산에 비해 1주당 몇 배로 거래되고 있는지 측정하는 지표다. PBR이 2라면 회사가 도산했을 때 10원을 받을 수 있는 주식이 20원에 거래된다는 의미다. 다시 말해 PBR이 1 미만이라면 주가가 장부상 순자산가치(청산가치)에도 못 미친다는 뜻이다.

PBR가 1이라면 특정 시점의 주가와 기업의 1주당 순자산이 같은 경우다. 이 수치가 낮으면 낮을수록 해당 기업의 자산가치가 증시에서 저평가되고 있다고 볼 수 있다.

PBR은 보통 주가를 최근 결산재무제표에 나타난 주당순자산으로 나눠 배수(倍數)로 표시하므로 주가순자산배율이라고도 한다.

※ PBR = 주가 ÷ 주당순자산가치(BPS)

※ 순자산 : 재무상태표의 총자본 또는 자산에서 부채(유동부채 + 비유동부채)를 차감한 후의 금액.

:: 주당순이익(EPS, Earning Per Share)

당기순이익을 발행주식수로 나눈 것이다. 1년 동안 장사해서 벌어들인 돈이 한 주당 얼마인지 나타내는 지표다. 1년 순이익 1,000원이고 총 주식수가 100주라면 EPS는 10원이 된다. 따라서 EPS가 높을수록 주식의 투자가치는 높다고 볼 수 있다. EPS가 높다는 것은 그만큼 경영실적이 양호하다는 의미이고 배당 여력도 많아서 주가에 긍정적인 영향을 미친다.

※ EPS = 당기순이익 ÷ 발행주식수(가중평균주식수)

:: 주가수익비율(PER, Price Earning Ratio)

주가를 EPS로 나눈 값이다. 주가를 EPS로 나누면 주식 하나가 1년 동안 벌어들인 돈에 비해 얼마나 높게 팔리는지 나타낸다. PER이 10이라면 주식 한 주가 수익에 비해 10배 비싸게 거래되고 있다는 의미다. 물론 PER 값이 낮을수록 주가가 오를 가능성이 높아진다.

※ PER = 주가 ÷ 1주당 예상순이익

:: 매출액이익률

경영분석에 쓰이는 관계 비율 중 하나로 영업활동의 효율을 나타낸다. 이 비율은 어떤 이익 수치를 사용하느냐에 따라 매출액순이익률, 매출액영업이익률, 매출액총이익률 등으로 분류될 수 있다. 순매출액을 분모로, 각종 이익을 분자로 표시하여 산출된다.

※ 매출액 순이익률 = (당기순이익 ÷ 순매출액) × 100

:: 매출액영업이익률

매출액에 대한 영업이익의 관계를 나타내는 비율. 영업이익을 매출액으로 나눈 수치로 얼마나 장사를 잘 했는지 살펴볼 수 있는 지표다. 매출액이 1,000원인 회사가 영업이익을 100원어치 냈다면 영업이익률은 10%가 된다.

영업이익은 매출이익에서 영업비를 공제하여 계산한다. 따라서 영업외활동(재무활동)의 영향을 받지 않고 영업활동만의 성과를 나타내는 것으로 중요시된다.

※ 매출액영업이익률 = 영업이익 ÷ 순매출액 × 100

구 분	2008년	2009년	2010년	2011년
매출액	11,137억	10,696억	11,692억	11,086억
영업이익	1,720억	1,819억	2,099억	1,429억
영업이익률	15.4%	17.0%	18.0%	12.9%

:: 자기자본이익률(ROE, Return On Equity)

수익 관련 대표적 지표다. ROE는 당기순이익을 자기자본으로 나눈 것으로 주주들이 투자한 돈을 얼마나 잘 굴렸는지 나타내는 지표다. 자기자본이 1000원이고 당기순이익이 100원이라면 ROE는 10%가 된다. 쉽게 말해 주주들이 1,000원을 투자한 회사에서 100원을 벌었다는 의미다.

※ ROE = (당기순이익 ÷ 평균 자기자본) × 100

※ 평균 자기자본 = (기초자본 + 기말자본) ÷ 2

:: 총자산이익률(ROA, Return On Assets)

당기순이익을 총자산으로 나눈 수치다. 자산은 자본과 부채를 합한 값이다. 쉽게 말해 주주의 돈과 은행에서 빌린 돈 등을 모두 이용해 얼마나 벌었는지 나타내는 값이다. 주식과 관련된 지표들은 대부분 상대적인 것들이다. 동종 업계나 관련 산업과 비교해야 한다.

※ ROA = 당기순이익 ÷ 총자산 × 100

※ 총자산 = (기초자산 + 기말자본) ÷ 2

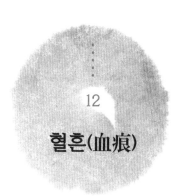

12

혈흔(血痕)

한양은행 근무 시절의 어정쩡한 사기행
각을 돌이켜보면 추강민처럼 추잡한 녀석도 보기 드물었다. 더 이상 돈
을 우려낼 만한 대상자 없다고 판단되자, 추강민은 아주 가까운 가족들
에게 관심을 돌리기로 작심했다. 여전히 추강민을 믿거나 인간적인 동
정심을 베풀어 줄 만 한 사람은 오직 핏줄밖에 없다고 생각했던 것이다.

그 때 막내 동생이란 존재가 뇌리를 스쳤고 음흉한 마귀의 손길은 마
침내 다섯 형제 중의 막내에게도 뻗쳤다. 형제들에겐 가능한 한 피해를
주지 않겠다던 각오가 스르르 허물어지던 날, 추강민은 더없이 비겁한
모사꾼이 되었으며 남다른 우애를 보여 주던 동생을 찾아갔다. 아무리
낯가죽 두꺼운 사기꾼일지라도 자기 친인척에겐 상처를 주지 않는다지
만 추강민이란 이름의 마귀는 지극히 예외적인 존재였다.

" 목돈 좀 마련할 수 있겠니? "

주식 투기에 실패하여 한창 바닥을 기고 있던 추강민은 하나밖에 없는 동생을 감언이설로 꼬드겼다. 수중의 쌈짓돈은 이미 바닥을 드러냈고 빚의 원금이 모두 5억 원인지 6억 원인지 헷갈릴 지경으로 급격히 늘어나던 시기였다.

" 형, 어디다 쓸려고? "

동생은 얼마가 필요하냐고 묻기 전에 목돈의 용도부터 물었다. 여차하면 능력이 닿는 범위 안에서 필요한 돈을 모두 꿔줄 기세였다.

" 주식투자 좀 하게. "

" 주식투자? 우리 같은 초보자들은 함부로 덤빌 게 아냐. "

" 나만 믿어. 화끈하게 한방 터뜨리는 방법이 있으니까. "

" 형도 알다시피 나는 주식에 문외한이잖아? "

" 내가 잘 아는 펀드매니저에게 맡기면 조금도 문제가 없어. "

" 형, 착각하지 마. 펀드매니저라고 백전백승은 아니거든. "

" 작전에 걸린 주식에 편승하면 안전할 뿐더러 대박 터뜨리는 것도 얼마든지 가능해. "

" 형, 방금 대박이 가능하다고 말했어? "

" 그래. 왕창 벌 기회가 있단 말야. "

" 주식투자란 손해만 안 보면 다행이야. 과욕을 부리면 반드시 문제가 생긴다고 알고 있어. "

" 반드시 그런 건 아냐. 그 사람이 완벽하게 관리해 주면 사실상 안전빵이야. "

" 그렇다면 형을 한번 믿어 봐? "

때를 기다리며 하루하루 최선을 다하던 동생의 평범한 일상이, 물려받은 재산 없이 오직 월급만으로 생활하던 동생의 삶이 갈가리 찢기기 시작한 것은 그 순간이었다. 소규모 부동산 투자와 은행 저축 외엔 도무지 재테크에 관심이 없던 동생이 추강민을 믿고 주식에 손을 댔으니 그 결과는 불을 보듯 뻔했다.

바닥을 알 수 없는 파멸의 늪에 빠져 허우적거리던 추강민에게 말려들었으니 그보다 불행한 예고편은 없었다. 하지만 추강민은 동생의 파산은 안중에 없을 정도로 제정신이 아니었고 끝장을 보겠다는 오기로 들끓었다.

" 나를 믿지 말고 펀드매니저 김종철을 믿어. 작전의 대가 김종철을 신뢰할 수 있다면 그걸로 족해. 형을 믿어 보라는 얘기는 아냐. 믿을 사람은 그 사람밖에 없어. "

" 형, 그 사람을 끝까지 믿을 수 있겠어? "

" 대학원 동기 중에 가장 가까운 사이거든. 우린 죽마고우처럼 서로 마음이 통해. "

대한증권 명동 지점 펀드매니저 김종철을 내세우자, 동생은 유혹에 쉽게 넘어갔고 7천만 원을 추강민에게 맡겼다. 호북정유 런던 지사장을 거쳐 본사 국제부 차장으로 근무하던 동생은 아파트를 팔아 부동산을 마련해 두었는데 그 땅 200평이 자금 조달의 원천이었다. 경기도 고양시 대화동 부근의 대지 200평을 담보로 제공하고 삼성화재보험에서 대출 7천만 원을 받았던 것이다.

말이 좋아 펀드매니저 김종철을 믿으라고 했지, 김종철을 믿고 주식에 손을 댔다가 탈탈 털린 뒤여서 사실상 추강민 혼자 결정하고 추강민 혼자 투자하던 시기였다. 워낙 날린 돈이 많았으므로 정신이 헷갈리던 추강민은 오직 단기 이익만 노렸다. 이른바 작전주와 급등주에 관심을 가질 수밖에 없었고, 그토록 불안한 종목에 집중 투자한 결과는 어이없게도 깡통 계좌로 이어졌다.

" 형, 잘 돼 가는 거야? "

" 걱정 마. "

동생이 가끔 전화를 걸어오면 어김없이 등줄기에 식은땀이 흘렀지만, 그 때마다 추강민은 시치미를 떼 가며 새빨간 거짓말로 일관했다. 동생의 투자금액 7천만 원 중 상당 부분은 부채 원리금 상환에 충당되었을 뿐더러, 오래 전부터 남은 투자금마저 바닥을 드러나고 있었기 때문이다.

" 형, 원금만이라도 돌려 줘. 이젠 집을 장만해야 하거든. "

동생은 수시로 전화를 걸어 왔다. 2개월 만에 원금을 몽땅 날려 버려 신세가 처량해진 추강민은 어쩔 수 없이 동생을 찾아갔다. 그 때만 해도 동생은 추강민이 처가살이를 하면서 처가를 돕는 바람에 경제 형편이 어려운 줄만 알았지 주식투자 실패로 궁지에 몰린 현실을 모르고 있었다.

" 다 날렸어. "

그 말 한마디에 동생의 얼굴은 사색이 되었다.

" 형, 그게 어떤 돈인데…. 난 이제 망했다! "

동생은 오래도록 울먹였을 뿐 더 이상 추강민을 원망하지 않았다. 스스로 결정한 일이니 주식투자 실패의 책임을 형에게 돌려서는 안 된다고 말했다.

" 반드시 갚을게. "

" 형, 무슨 재주로 그 돈을 갚겠어? 과욕을 부린 내 책임도 없지 않아. "

" 너까지 시궁창에 몰아넣었으니 면목 없다. "

" 운명으로 생각하고 재기할 거야. 형도 용기를 잃지 마. "

추강민 때문에 전 재산을 날리는 데 그치지 않고 추강민 차입금의 연대보증인으로서 수천만 원의 빚을 지고도 동생은 추강민을 먼저 위로했다.

그 뒤로 일 년도 채 안 되어 호북정유를 사직하더니 싱가포르로 떠났고 스스로도 원하지 않던 오일 딜러가 되었다. 너무도 안정된 직장, 장래가 보장되는 회사를 그만둔 것은 모두 추강민 탓이었다. 동생의 출국은 새로운 변신의 출발이 아니라 도피에 가까운 퇴장이었다.

하지만 그 뒤가 더 문제였다. 싱가포르의 동생은 사업에 실패하여 얼마 안 되는 퇴직금을 대부분 날린 뒤 어렵게 생활한다는 소식이 들려왔다. 체면이 말이 아니게 된 추강민은 싱가포르의 동생 가족에게 국제전화 한번 걸어 볼 엄두도 내지 못한 채 살아가고 있다. 그래서 하루라도 빨리 동생에게 진 빚을 갚고 싶다는 일념이 늘 추강민을 괴롭힌다.

다섯 형제 중 막내인 동생은 부명상고 졸업을 앞두고 S대학교 상과 대학에 합격한 수재였다. 상대를 졸업한 뒤에도 호북정유에 입사하여 고속 승진을 거듭한 끝에 최연소 과장, 최연소 차장의 명예를 지키던 동생이었다. 그런 동생이 젊은 나이에 호북정유 차장이란 직급을 팽개치고 낯선 해외로 떠나면서 밑바닥 인생을 더듬게 된 것은 형을 잘못 둔 때문이지 다른 데 원인이 있지 않다.

◊ ◊ ◊

추강민은 단 한 명인 동생 앞에서 형 노릇을 제대로 한 적이 없다. 대학 초년생 시절에 용돈 몇 만 원을 서너 차례 주었을 뿐 등록금 한번 해결해 준 사실이 없다. 동생은 1학년 초기 석 달 동안 대학 기숙사에 거주하다가 서초동 부잣집의 가정교사로 입주했는데, 그 뒤로 4년 내내 그런 방법으로 대학 등록금과 숙식을 혼자 해결했다.

추강민을 포함하여 형들이 네 명이나 있었지만 어느 누구도 동생의 등록금을 대주지 못했고, 동생 또한 경제적으로 넉넉하지 못한 형들에게 기댈 생각은 눈곱만큼도 하지 않았다.

그나마 추강민이 형 노릇을 한 경우가 있다면, S대학교 로고 마크가 새겨진 놋쇠 접시 한 개를 선물한 게 고작이었다. 한양은행 입사 후배이자 S대 독문과 출신인 동료 직원을 졸라서 공짜로 얻은 그 접시를, 추강민은 충북 청주 부명상고 진학반에 재학 중이던 동생 앞으로 보냈었다.

추강민이 보낸 그 작은 선물은 동생이 S대에 반드시 합격해야 한다는 격려의 표시였다. 뒤늦게 안 사실이지만, 동생은 하루에 한 번씩 그 S대 기념 접시를 타월로 닦아 가며 각오를 굳혔다고 한다.

" 나는 이 기념 접시를 소포로 받았을 때 이를 악물었어. 작은형의 묵시적인 응원에 보답하는 길은 열심히 노력하여 S대에 합격하는 것이라고 다짐했었지. "

S대학교 경영학과에 무난히 합격했던 동생이 언젠가 고백한 말이었다. 그 말을 듣던 추강민은 그럴 듯하게 용돈 한번 보태 주지 못하고 지내던 형으로서 체면이 말이 아니었다. 변변치 않은 선물 한 점을 보낸 게 사실상 지원의 전부였음에도 그처럼 덕담 비슷한 인사말을 들었으니 어리벙벙했다.

" 짝은형, 이 접시 한 개가 나를 바로 세웠어. "

" 정말 그랬어? "

상징적 의미를 담은 것에 불과한 접시 한 개가 동생을 자극시켰다는 말을 듣고 추강민은 그저 고맙기만 했다. 우연히 입수한 기념품 하나가 공부에 몰입할 수 있는 힘을 주었다는 데 놀라지 않을 수 없었다.

솔직히 말해 동생 앞에서 부끄러워 몸 둘 바를 몰랐었다. 안정적인 소득이 보장되는 은행원이 동생의 학비 한번 지원한 적 없으면서도 돈 한 푼 안 들인 작은 기념품 하나로 생색을 내는 것만 같아 미안하기 짝이 없었던 것이다.

동생이 부명상고 졸업을 앞두고 예비고사를 치르던 전날 저녁, 추강민은 서울 명동의 영락교회 앞에서 길 잃은 코흘리개처럼 서성거렸다. 신도도 아니고 더더구나 기도문조차 외울 줄 모르던 추강민은 영락교회 2층으로 올라가 무작정 자리에 앉았다. 동생을 위해 기도를 하지 않으면 견딜 수 없을 것 같아서였다. 자기 자녀들이 높은 점수를 받게 해달라고 울부짖으며 기도하던 중년 부인들 속에서 두 손을 모은 채 눈을 감았다.

'제 동생의 꿈이 모두 이루어졌으면 좋겠습니다. 하나님, 부디 도와주십시오.'

그 기도가 전부였다. 하나님, 주님, 기독교, 영락교회가 어떤 모습인지 알 길이 없으면서도 추강민은 간절한 마음으로 기도했다.

"짝은형, S대 상대와 Y대 상대 중에 어딜 선택해야 할지 모르겠어."

학교장의 직인이 찍힌 원서 두 장을 추강민에게 우편으로 보낸 뒤 걸려온 동생의 전화였다.

"네 목표는 S대 상대잖아?"

" 예상보다 예비고사 점수가 낮아. 그래서 불안해. "

말은 그렇게 하면서도 동생은 재수를 각오하고 S대학교 상대를 선택했다. 추강민은 그 때부터 동생의 장래가 밝게 열리기를 수없이 기도했다.

근무 시간 중에 짬을 내어 S대학교와 Y대학교로 달려가 동생의 원서를 접수시키던 날도, 동생이 재수를 각오한 채 진로를 S대로 결정하던 날도, S대 합격자 발표가 나던 날도, 아내와 처음 데이트하던 날도 추강민은 영락교회 안에 있었다. 지금 생각하면 동생 덕분에 기독교 신도가 되었고 기도에 대한 응답도 동생을 통해서 확인할 수 있었는지 모른다.

하지만 추강민은 하나님의 따스한 응답을 끝내 저버렸다. 승승장구하던 동생은 사기꾼 형 때문에 급격히 몰락해 갔다. S대 상대에 합격하여 집안의 경사, 부명상고의 경사, 청주 우암동의 경사를 만들었던 그 동생이, 호북정유 선두 주자의 자리를 내주고 갑자기 인생행로를 바꾸어 버렸던 것이다.

" 내 걱정하지 말고 형부터 빨리 일어서야 해. "

싱가포르로 떠나던 날, 동생은 추강민을 미워하기보다는 오히려 못난 형을 격려하면서 눈물을 글썽거렸다. 그 한마디 위로가 금강석 알갱이처럼 뇌리에 자리 잡아 이 순간에도 추강민 가슴을 아프게 고문한다. 머리칼을 쥐어뜯고 두 주먹으로 가슴을 두드려도 좀처럼 회한이 풀리지 않는다.

스스로 학비를 조달하면서 가까스로 대학을 졸업하고 결혼한 이래 어렵게 축적한 전 재산을 사기꾼 넷째 형 때문에 몽땅 날려 버린 동생은 오늘도 여전히 고단한 삶에서 탈출하지 못하고 있다.

이 못난 넷째 형이 과욕을 부리다가 넘어지는 바람에 영문도 모르고 마귀에게 발목을 잡히고 만 동생, 지지리도 못난 형을 차마 원망할 수 없다던 동생, 그의 맑은 영혼이 받아야 했던 상처들이 이 순간에도 추강민을 끊임없이 괴롭힌다.

이제는 정말이지 어쩔 것인가. 추강민의 물귀신 작전에 휘말려 몰락한 동생 가족과 어떤 식으로든 화해하지 않는 한, 추강민의 앞날은 어둡고 비관적이다. 못돼먹은 형이 다시 일어설 때까지 더불어 고생해야 할 동생 식구들을 생각하면 황당해진다.

추강민이 재기에 성공하여 빚을 갚지 못하는 한, 두 형제 사이에 가로놓인 갈등의 벽은 점점 견고하게 높아갈지도 모른다. 그런 공포가 수시로 가슴을 때리는 요즘이다. 추강민 때문에 몰락한 동생 가족과의 갈등을 넘어 진정으로 화해할 수 있는 날이 손꼽아 기다려진다.

징검다리 투자노트

:: 가치투자자의 재무제표 활용 원칙
– 차변과 대변, 거래의 8요소를 기억하라

기업 회계와 복식부기에 관한 기본 지식은 차변(借邊)과 대변(貸邊)을 구분하는 데서 출발한다. 기업을 경영할 때 벌어지는 모든 거래가 '차변'과 '대변'으로 나누어지면서 2개 이상의 계정을 나타낸다. 거래(去來)란 자산, 부채, 자본, 수익, 비용의 변동을 가져오는 사건을 말한다. 거래가 이루어지려면 반드시 물건과 돈이 움직여야 한다. 압축하여 설명할 경우 '거래가 없으면 분개도 없다.'는 금언이 만들어진다.

거래가 이루어질 때마다 어떤 계정이 차변이고 어떤 계정이 대변에 속하는지 구분해야 한다. 이렇게 계정과목을 구분 처리하는 작업을 '분개(分介)'라고 부른다. 그렇다면 어떤 방법으로 차변(왼쪽)과 대변(바른쪽)을 구분하여 분개를 하고 회계 처리를 해야 할까.

예컨대 야구 경기를 할 때 오른손잡이 투수가 있다고 치자. 이 투수는 왼손에 글러브를 끼고 오른손으로 공을 던진다. 왼손으로 공을 받고 오른손으로 공을 뿌린다. 다시 말해 왼쪽으로 야구공이 들어오고 오른쪽을 통해 야구공이 나가는 것이다. 그래서 그랬을까. 일본의 경우엔 차변을 좌변(左邊)으로 대변을 우변(右邊)이라고 말한다. 우리나라보다 조금 알기 쉽게 표현한다고 해도 틀린 말은 아닐 것이다.

회계 처리를 할 때도 오른손잡이 투수의 동작을 응응하고 연상하면 쉽게 이해할 수 있다. ▲ 야구공(돈)이 들어오면 왼쪽(차변, 좌변)에 적고 ▲ 야구공(돈)이 나가면 바른쪽(대변, 우변)에 기록하는 것으로 생각하자. 어떤 계정이 들어오고 어떤 계정이 나간 것인지 헷갈릴 때는 오른쪽과 왼쪽 중 쉽게 판단되는 한쪽부터 먼저 결정한 뒤 남는 계정을 반대편에 기록하면 된다. 먼저 들어온 현금(자산)을 왼쪽에 두고 나머지 바른쪽을 고민하는 것이다.

수입이자 1,000원이 현금으로 회수되었다면 들어온 현금 1,000원을 먼저 차변(왼쪽)에 기록한 뒤 생각하자. 이때 나머지 계정인 수입이자 1,000원을 반대편인 대변(오른쪽)에 기록하면 분개가 완성된다. 현금이라는 자산이 증가했으니 왼쪽(차변)에 배치하고 오른쪽(대변)에 수입이자를 배치하면 되는 것이다.

※ 현금 1,000원(자산의 증가) / 수입이자 1,000원(수익의 발생).

'분개'란 차변과 대변이 일치해야 한다는 복식부기의 원리에 따라 모든 '거래'를 8개의 요소로 구분하고 왼쪽(차변)과 오른쪽(대변)에 약속된 이름의 계정과목과 금액을 전표 또는 분개장에 기록(입·출력)하는 행위를 말한다. 분개는 회계의 시작이다. 분개란 결산에 이르는 회계 처리 중에서 매우 중요한 첫걸음이다. 분개가 잘못되면 회계 처리가 엉켜 버리기 때문에 처음부터 다시 시작해야 한다.

특히 거래의 8요소인 ▲ 자산의 증가 ▲ 자산의 감소 ▲ 부채의 감소 ▲ 부채의 증가 ▲ 자본의 감소 ▲ 자본의 증가 ▲ 비용의 발생 ▲ 수익의 발생을 이해할 수 있어야 한다. 회계 처리 작업에서 아주 중요하게 취급되는 요소가 거래의 8요소이기 때문이다.

거래의 8요소란 회계 처리를 위해 상거래를 8가지 요소로 구분한 것이다. 차변과 대변의 금액이 일치해야 한다는 복식부기의 기본 원리에서 출발하기 때문에 기업의 재무제표를 이해하려면 반드시 이해하고 암기해야 한다. 다음과 같은 원칙을 머릿속에 정리해 보면서 거래의 8요소를 기억하자.

차 변	대 변
① 자산의 증가	② 자산의 감소
③ 부채의 감소	④ 부채의 증가
⑤ 자본의 감소	⑥ 자본의 증가
⑦ 비용의 발생	⑧ 수익의 발생

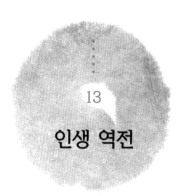

13
인생 역전

요즘 들어서는 막내 처형 소유의 무허가 주택 단칸방에도 들어갈 길이 없어졌다. 빚쟁이나 해결사들에게 시달리던 막내 처형과 아내가 머리를 짜내는가 싶더니, 천하의 애물단지인 추강민을 보증금 없는 월세 21만 원짜리 싸구려 여인숙의 골방에 내팽개쳤기 때문이다.

" 불편하더라도 당분간 이 곳에서 지내세요. "

아내는 막내 처형 명의로 휴대폰을 개통시켜 준 뒤 승용차로 옷가지를 실어다 주며 말했다. 처가 식구와 추강민의 자식들이 평화를 유지하려면 그 방법밖에 없다는 게 그녀의 결론이었다. 매듭이 풀려야 하는데 안 풀리는 결정적 고리가 바로 남편이란 뜻이었다.

골방은 두 사람이 눕기에 딱 좋을 만큼의 크기였다. 바깥세상보다 더 어둡고 더 숨막히는 감옥 같은 광명여인숙의 골방에 유배당하던 그 날부터 추강민은 집에서 밥 한 끼 먹을 수 없는 신세로 전락했으며, 수단 방법을 가리지 않고 끼니를 해결하지 않으면 안 되었다.

" 당신, 내일부턴 제발 사기는 치지 마세요. "

광명여인숙 주인 노파에게 월세 21만 원을 주고 돌아서던 아내가 처갓집 대문 열쇠와 단칸방 출입문 열쇠를 회수하면서 경고했다.

추강민은 그 경고 아닌 경고를 듣고 곰곰이 생각했다. 그동안 남편의 사기행각을 정말 몰랐단 말인가. 아내도 결국 양심의 끈을 놓았고 애물단지인 남편을 방치하면서 남편의 사기행각을 까맣게 모르는 것처럼 지내고 있었던 셈이 아닌가.

끊임없이 구설수에 시달리는 사기꾼 남편을 옆에 두고 모른 척했으니 아내의 잘못이 아주 없는 것도 아니었다. 그런 측면에서 아내는 추강민 사기행각의 방조범이라고 비난 받아도 어쩔 수 없었다.

하지만 사기꾼 남편이 그럭저럭 버티다가 정말 운 좋게 비즈니스모델에 적합한 전문가를 만나서 진실로 업그레이드된 비즈니스를 선보였으면 하는 바람도 없지는 않았을 것이었다.

어쩌면 그녀도 남편의 사기행각을 방조했다는 죄의식 때문에 전전긍긍하고 있을지도 모를 일이었다. 아니, 그렇게라도 하지 않으면 남편이 생존하기 어려운 일이어서 앞으로도 계속 그렇게 방조해 버릴 생각인지 누가 알겠는가.

아무리 선량한 사람일지라도 사면초가에 몰리면 그렇게 이중적으로 변하는 모양이었다. 제아무리 힘든 상황이 닥쳐도 포근한 미소를 잃지 않고 겸손한 자세로 주변 사람들을 일일이 챙기던 아내도 추강민처럼

철면피 인간으로 변해 가고 있었다. 당신, 내일부턴 제발 사기는 치지
마세요…. 추강민은 아내의 그 쓸데없는 경고를 떠올릴 때마다 쓰게 웃
었고 웃는 동안 가슴은 시렸다.

그래도 추강민은 조금씩 안정을 찾아갔다. 집 대문 열쇠와 단칸방
열쇠를 아내에게 빼앗기긴 했으나 처가살이 눈칫밥 먹기에서 해방된
것만도 천만다행이라고 생각했다.

더더구나 가짜의 천국인 서울 한복판에서 오갈 데 없는 사기꾼이 피
곤한 몸을 눕힐 만한 크기의 방 한 칸을 마련할 수 있다는 것은 분명히
행운이었다. 답답한 현실의 도피처로 광명여인숙 골방을 골라 주며 휴
대폰을 개통시켜 준 막내 처형과 아내가 그저 고맙기만 했다.

하지만 광명여인숙 골방에 둥지를 튼 뒤에도 추강민은 온갖 사기를
더 쳤다. 사기를 치지 않으면 주머니가 빌 것 같았고 금방이라도 굶어
죽을 것 같았다. 이따금 자살 유혹에도 시달렸다. 그럴수록 구파발의
단칸방이 그리웠고 가족의 소중함이 느껴질 때가 많았다.

14

숨기 좋은 골방

　　　　40대 중반의 가장인 추강민은 지금도 내 집을 마련하지 못하고 산다. 약 21년 동안 은행원으로 근무했고 아내도 18년 가까이 유명 대학병원에 출근하지만, 여전히 내 집 마련은커녕 끝이 보이지 않는 경제난에서 헤어나지 못하고 허덕인다. 맞벌이를 자처하던 40대 샐러리맨 부부가 작은 집 한 채 없이 빚쟁이들의 공격을 받고 있다니, 이 세상에서 그 말을 믿을 사람들이 과연 몇 명이나 될까.

　두 사람의 월급을 합치면 만만치 않은 수준이어서 그동안 한눈팔지 않고 출퇴근만 착실히 했어도 제법 목돈이 모아졌을 텐데, 추강민이 대박의 꿈에 질질 끌려가면 끌려갈수록 몰락의 징조가 올가미처럼 죄어들었다.

　대학원 진학과 주식투자 등을 핑계 삼아 추강민이 월급을 제대로 입금시키지 않자, 아내는 드디어 결단을 내렸고 자존심 상하는 친정살이가 시작되었다. 나중에는 퇴직금 한 푼 못 받은 신용불량자로 전락하면서 사위 대접도 못 받는 신세가 되었던 것이다.

아내와 두 자식, 장모와 막내 처형 등 다섯 식구가 사는 집은 무허가 주택으로 서울 구파발과 경기도 접경 지역에 있다. 그나마 그 낡아빠진 건평 15평의 한옥이 들어선 땅은 막내 처형 소유일 뿐더러 설상가상으로 개발 제한 구역인 그린벨트에 묶여 있다.

장마철이나 비가 심하게 내리는 날이면 처자식이 사는 단칸방 안은 영락없이 물바다가 된다. 오래된 슬레이트 지붕을 뚫고 흘러내리는 빗물을 받기 위해 드럼통 두 개, 쓰레기통 두 개, 휴지통 두개 등 최소한 여섯 개의 물그릇을 준비해 둬야 다소 안심할 수 있다. 비가 억수같이 쏟아지는 밤에는 잠을 설쳐 가며 여섯 개의 물그릇을 수시로 교체하는 전쟁을 치러야 한다.

추강민 가족의 보금자리는 작은 새 둥지처럼 비좁다. 그래도 그처럼 낡고 허술한 가옥이지만 북한산 줄기의 숲 속에 자리 잡고 있어 전망은 비교적 아름다운 편이다. 방 안 창문을 통해 다람쥐들이 노니는 풍경을 감상할 수 있을 뿐만 아니라 계곡에 들어가면 앙증맞은 남생이들을 노니는 모습을 어렵지 않게 만날 수 있다. 아침저녁으로 계곡 하천 지류를 따라 한두 시간 정도 조깅을 즐기는 시간이면 맑은 공기를 마음껏 들이킬 수 있다. 비록 내 집이 없다뿐이지 자연 환경의 고마움을 만끽하며 살고 있는 셈이다.

추강민의 처자식이 사는 가옥의 외관은 추레하다 못해 흉물스럽지만, 집 안은 추운 겨울을 나기에 부족함이 없을 정도로 아늑한 보금자

리다. 아무리 비좁고 낡아 버린 무허가 주택이면 어떤가. 주민등록마저
말소된 지명수배자이의 처자식이 서울 시내 안에서 그만한 거처를 마
련할 수 있다는 건 천우신조와 다름없는 행운이다. 복잡함과 어수선함
이 없어 자연의 정취를 한껏 느낄 수 있고, 그 모든 것이 평온한 목가적
풍경을 누릴 수 있어 불행 중 다행이다.

그렇다고 추강민의 처자식이 두 개 정도의 방에서 여유를 즐기며 기
거하는 게 아니라, 비좁은 방 한 칸에 세 명의 가족이 어깨를 비비며 살
아가고 있다. 마치 30, 40여 년 전으로 거슬러 올라가 서울 달동네 판
자촌의 단칸방에서 지내는 느낌이다. 초등학교 6학년인 아들, 2학년인
딸아이의 잠든 얼굴과 마주칠 때마다 아내의 눈시울이 뜨거워지는 것
도 그 때문이다.

" 엄마, 우리는 왜 집이 없나요? "

" 엄마, 왜 우리 방은 비가 새나요? "

우리 아이들이 단 한 번도 그런 질문을 한 적이 없어 그나마 고맙고
신통할 따름이다. 두 남매는 알거지 신용불량자인 아빠를 원망하거나
배척하는 일 없이 다른 아이들 못지않게 티 없이 자라는 편이다. 그래
서 그토록 천진난만한 아이들의 얼굴을 떠올릴수록 눈물이 난다.

◊ ◊ ◊

석기 시대를 사는 것도 아닌데 천장에서는 굵은 구렁이가 혀를 날름
거리던 날도 있었다. 서울 시내의 집 안에 검붉은 구렁이가 나타났다

면, 디지털 시대를 사는 사람들 중에 믿을 사람이 과연 몇 명이나 있을까. 할아버지 할머니의 회고담을 통해 전설처럼 들어오던 구렁이 한 마리가 천장에서 똬리를 틀었다니 놀라지 않을 수 없을 것이다.

장대같은 비가 멈추고 여름의 끝에 접어들던 그 해 어느 날 밤, 추강민 아들과 딸 두 녀석은 컴퓨터 게임에 빠져 있었다. 그 때 천장 쪽에서 들려오는 이상한 소리를 포착한 오빠가 여동생에게 속삭였다.

" 네 머리 위에…. "

아들이 가쁜 숨을 몰아쉬며 눈짓으로 천장을 가리켰다.

" 오빠, 뭔데? "

그 말과 동시 고개를 든 딸애가 발견한 것은 징그럽고 흉측한 뱀의 대가리였다. 구멍이 뻥 뚫린 천장 틈새로 비어져 나온 물체는 분명히 배때기가 누렇고 몸피가 굵은 구렁이였다. 꿈에 나타나도 기절할 지경이었지만 추강민 아들은 오빠답게 겉으로는 냉정함을 잃지 않았다.

혼비백산한 아이들은 외할머니에게 달려가 급박한 상황을 전했다. 외할머니는 몽둥이를 들고 대기하면서, 탈출구를 찾지 못해 당황하는 구렁이와 신경전을 벌였다. 스르륵 스르륵…. 밤 10시 넘어 귀가한 추강민도 느릿느릿 움직이는 구렁이의 기척을 귀로 확인하며 치를 떨었다.

추강민은 119 구조대에 전화를 걸었다. 잠시 뒤 중무장 차량이 도착했고 잠자리채 모양의 그물과 작대기를 손에 든 구조대원들이 집 안으로 들이닥쳤다. 구렁이의 모습을 찾을 방도가 없어 대책을 논의하던 대원들은 결국 천장을 부수기로 의견을 모았다.

하지만 천장의 분해 작업이 끝났을 때 그 어디에서도 구렁이를 발견

할 수 없었기 때문에 이미 도망을 간 것으로 결론을 내렸다. 그 날 밤, 방바닥과 천장을 난장판으로 만들고 119 구조대 대원들이 철수한 뒤에도 우리 네 식구는 불안에 떨어야 했다.

" 누구 땜에 이 고생을 사서 해야 하나. "

아이들이 겨우겨우 잠에 빠진 새벽녘, 아내는 머저리 같은 남편을 원망하며 한숨을 내쉬었다. 추강민은 눈을 질끈 감은 채 몇 년 전에 사라진 정든 아파트를 떠올렸다. 아무리 11억 원대가 넘는 빚을 진 처지라지만 장모 소유의 그 18평 아파트라도 끌어안고 있었더라면 얼마나 좋았을까, 그 생각뿐이었다. 지금 살고 있는 낡은 한옥의 비좁은 방 한 칸은 집이 아니라 숲 속에 친 허술한 텐트라고 말하는 것이 전적으로 옳았다.

" 여보, 미안해. 조금만 기다려. "

추강민은 달리 할 말이 없었다.

" 흥! "

아내가 코웃음으로 받아 쳤다. 나란히 눕긴 했지만 묘하게도 부부 관계라는 간절함 같은 것이 느껴지지 않았다. 아내와 추강민 사이에 무너뜨리기 어려운 단단한 벽이 쌓여지고 있었다. 자신의 과오가 빚어낸 가난이 그렇게 영원히 갈라놓을지도 모른다고 생각하니 슬픔이 복받쳐 올랐다.

" 그래요. 조금만 기다려 보지요. 한 30년쯤…. 당신이 70대 중반쯤 되면 방 한 개로도 충분하겠지요. 그 때가 되면 구렁이도 멸종되겠네요. "

추강민은 아내의 그 비아냥거림을 듣고 슬며시 돌아누운 채 소리 죽여 울었다. 참혹해진 기분 때문에 구렁이가 또 출몰할지도 모른다는 공포감을 잊은 지 오래였다. 그것이 추강민이었다. 그런 무책임 위에서 추강민은 소위 남편이라는 이름의 배역을 어렵사리 치러내고 있었다.

구렁이 한 마리가 우리 가족의 위태로운 평화를 뒤흔들어 놓고 사라진 그 날 밤, 추강민은 오래도록 잠들지 못한 채 뒤척였다. 풍비박산된 집안을 꾸려가기 위해 온몸을 내던진 아내는 악몽 속의 가위눌림 때문인지 밤새도록 신음했다. 자식들도 두려움을 떨쳐 버리지 못하고 악몽을 꾸는 듯 연신 비명을 질러댔다.

🍃 🍃 🍃

요즘 들어 추강민은 구파발 쪽으로 갈 수 없어 광명여인숙 골방에 홀로 숨어 지낸다. 그래서 구렁이가 넘나들던 그 단칸방이 너무도 그립다. 오래 버려져 낡아 버린 비닐하우스처럼 너덜너덜해진 한옥의 그 비좁은 공간이 그리워진다. 그 방 안에서 아내와 어린 두 남매가 서로 체온을 나누며 힘겹게 살고 있을 것이다. 자식들은 못난 아빠를 그리워하며 더러는 울먹일 것이다.

가을의 길목에 접어들어 더욱 쓸쓸하고 힘겨워지는 날 밤이면 강소주 몇 잔 들이키고 구파발 그 동네를 찾아간다. 빚쟁이들에게 들킬까 두려워 주변을 두리번거린다. 늦은 밤의 스산한 겨울 풍경을 뒤로하고 멀리서 그 한옥을 바라본다.

따뜻한 불빛이 흘러나오는 집 안을 그리움이 가득한 눈길로 응시한다. 가족에게 의지가 되지 않는 존재여서, 집에 들어갈 엄두도 내지 못하는 무능력한 가장이어서 차마 방문을 열 수 없다.

눈물이 앞을 가린다. 아, 머저리 같은 녀석! 빚쟁이들에게 쫓기며 살아야 하는 추강민은 그 방의 가족을 도저히 찾아갈 수가 없다. 서울특별시 영등포구 구로동 광명여인숙의 비좁고 어두운 골방에 숨어서 영원히 불가능할 것만 같은 해방과 탈출, 그리고 인생 역전의 그 날을 꿈꾸고 있을 뿐이다.

낯익은 사람들과 마주칠까 두렵다. 승용차의 클랙슨 소리도 무섭다. 빚쟁이들이 포위망을 좁혀 오는 것만 같아 가슴이 철렁철렁 내려앉곤 한다. 어쩌다 가끔 터지는 휴대폰의 벨 소리도 공포를 안겨 주긴 마찬가지다. 막내 처형 명의로 마련한 휴대폰을 가능한 한 잠가 두어야 심리적 안정을 유지할 수 있는 것도 그 때문이다.

몇 건의 사기 혐의로 지명 수배중이고 주민등록마저 말소된 상황이어서 살얼음판 위를 걸어야 하는 요즘이다. 가급적 행인이 많은 큰길을 피하고 후미진 골목만을 골라서 잽싸게 걷는 것도 그만한 이유가 있다. 채권자들이 촘촘하게 쳐 놓은 그물과 경찰관들의 불시 검문을 뿌리치려면 어쩔 수 없다.

올 가을밤은 유난히 춥다. 주머니가 텅 비어서 그럴 것이다. 온몸을 짐짓 거칠게 떨어 보며 점퍼의 칼라를 여민다. 지독한 절망이 전류처럼 흐르면서 가슴을 헤집는다. 심호흡하듯 길게 한숨을 뽑는다. 내 인생이 이처럼 참담하게 끝나지는 않을 것이다. 사람이 죽으란 법은 그리 많지 않으니까.

오늘도 밤이 꽤 깊었다. 아내에게 전화를 걸고 나서 하룻밤을 묵기 위해 광명여인숙 골방으로 들어가야 한다. 오늘은 오늘이고 내일은 내일이다. 오늘은 별 볼 일 없는 하루였으나 내일 좋은 일이 벌어질지 누가 알겠는가. 로또 복권 1등에 당첨되어 갑자기 갑부가 될지 누가 알겠는가. 오늘 쓰러지지 않고 견뎌야 할 이유는 바로 내일이라는 이름의 간절한 희망이 있기 때문이다. 오늘 절망을 곱씹으며 버티는 이유는 언젠가 대박이 터질 것이라는 가느다란 희망의 끈이 존재하기 때문이다.

" 살아야 한다! "

" 견뎌야 한다! "

추강민은 광명여인숙 골방의 벽에 그렇게 써 붙여 놓고 원 없이 울었다. 그 표어 아닌 표어 속에는 불필요한 도덕을 벗어 던지고 본능과 악덕에 충실해야 한다는 의미가 담겨 있다. 더 상세히 설명하자면 이렇게 정의할 수 있을 것이다.

" 내 사정권 안에서 얼쩡거리는 사람은 즉시 유혹한다. 감언이설이 먹히지 않을 때는 더 점잖은 신사가 되어 지능적으로 물고 늘어진다. 마침내 물주로 만드는 데 성공하면 개처럼 벌어 정승처럼 산다. 지금은 개망나니로 살더라도 언젠가 대박을 터뜨리는 날이 오면 모든 원망과 비난을 극복할 수 있게 된다…. "

징검다리 투자노트 ┃··

:: 장기적인 경쟁우위를 가진 기업

벤저민 그레이엄은 주가 수준에 초점을 맞추고 저평가 주식을 매수한 후 일정한 가격이 되면 매도한다. 하지만 워런 버핏은 해당 기업이 지속적이고 장기적인 경쟁우위를 가지고 있는 한 그 주식을 지속적으로 보유한다. 그렇다면 장기적인 경쟁우위를 가진 기업이란 어떤 모습일까?

:: 포괄손익계산서

- 매출총이익률이 40%를 넘어야 한다.
- 매출총이익 대비 판매일반관리비 비중이 30% 미만이어야 한다.
- 영업이익 대비 이자비용이 15% 미만이어야 한다.
- 연구개발비와 감가상각비는 없거나 적어야 한다.
- 당기순이익이란 일시적으로 오르내릴 수 있지만, 여러 해를 놓고 봤을 때 당기순이익은 상승 추세여야 한다.

:: 재무상태표(대차대조표)

- 현금 및 현금성 자산이 풍부해야 한다.
- 단기차입금과 유동성 장기부채가 없거나 적어야 한다.
- 유형자산은 적을수록 좋다.

:: 현금흐름표

- 당기순이익 대비 자본적 지출 비율이 50% 미만이어야 한다.
- 영업활동으로 인한 현금흐름이 많을수록(무조건 플러스일수록) 바람직하다.

15

벼룩의 간

'벼룩의 간을 빼먹는다.' '벼룩의 선지를 추강민어 먹는다.'는 속담이 있다. 옹졸하고 인색한 사람이 가난한 사람들을 등쳐먹는 경우를 빗댄 속담이다. 추강민처럼 가슴이 좁고 하는 짓이 단작스러운 사기꾼들이 우리 사회에서 구더기처럼 들끓기 때문에 만들어진 속담일 것이다.

추강민 역시 '벼룩의 간을 빼먹는' 사기꾼에게 지능적으로 당했다. 물에 빠진 놈 지푸라기 잡는 심정으로 이리 뛰고 저리 뛰던 실업자 초기 시절, 매우 치사스럽고 더러운 데가 있는 사기꾼에게 한 차례 말려든 적이 있다. 남들의 기발한 아이디어와 금융기관에서의 경험을 절묘하게 짜깁기하여 이른바 '다국적 도소매 금융 파이낸스'라는 이름의 비즈니스 모델을 특허 출원한 뒤 사람들을 유혹하려고 뛰어다니던 추강민에게 사기꾼 하나가 은근 슬쩍 접근했던 것이다.

1998년 1월, 어쩔 수 없이 한양은행을 그만두고 고향의 친구들에게 경제적 도움을 요청하러 충북 청주에 내려갔을 때였다. 이미 추강민에 관한 악성 소문이 퍼져 있어 친구들의 도움을 받지 못하고 넋을 잃은 채 돌아오던 길에 서울행 고속버스 막차마저 놓쳤으니 참 막막했다.

어머니와 큰형이 거주하는 연립주택에서 하룻밤을 묵으면 그만이었지만 차마 그곳에 들를 염치가 없어 망설였다. 암담하고 울적한 심사를 달래기 위해 아무 생각 없이 흐느적흐느적 걷던 순간이었다.

" 서울! 서울 출발! 말만 잘 하면 공짜! "

고속버스 터미널 옆구리의 택시 정류장에서 서울행 승객을 찾던 운전기사가 있었다. 세월을 잘 만났다면 호기 있게 떵떵거리며 살았을 법한 대머리 호남형인 데다가 이목구비가 준수하여 택시 운전사로 어울리지 않는 타입이었다.

" 서울행 막차는 떠난 지 오랜데 서울 안 가실래요? "

그 대머리 운전기사가 추강민 옆에 바짝 붙어 서며 속삭이듯 말했다.

" 얼마면 되겠소? "

추강민이 물었다.

" 얼마면 가겠소? "

대머리가 되물었다. 몇 푼의 돈을 벌기 위해 호객 행위를 하면서도 그 운전기사는 낙천적인 미소를 흘리고 있었다.

" 비싸게 부르면 안 탈랍니다. 청주에는 하룻밤 묵을 곳이 많거든요. "

추강민은 약간 불어터진 목소리로 대꾸했다.

" 손님이 알아서 주세요. 어차피 오늘 중에 서울로 돌아가야 하니까. "

그의 첫인상이 너무 괜찮아 추강민은 속으로 낙점을 해 두었다. 추강민처럼 고향이 청주라던 그 운전기사와 가벼운 흥정을 벌인 끝에 4만 원을 주기로 합의했다.

경부 고속도로를 달려 서울 변두리의 구파발로 오는 동안, 달변인 그 사람과 제법 많은 이야기를 나누었다. 추강민은 그 와중에서 자신의 근황을 충분히 설명했고 설립 추진 중인 도소매 금융회사 '청계천 파이낸스'에 대하여 상세히 소개했다. 그러자 사람 좋아 보이는 대머리 운전사 장기국 씨가 감격한 표정을 지었다.

" 다국적 도소매 금융기관인 청계천 파이낸스라! 추 사장님, 두고 보세요. 너무도 획기적인 아이템이어서 머잖아 세상을 떠들썩하게 만들 거 같네요. "

" 투자자를 물색하는 중이거든요. 마땅한 사람을 소개하시면 반드시 보답하겠습니다. "

추강민은 딱 알맞은 사기 상대를 만난 것 같은 기쁨에 무척이나 들떴고 군침을 꼴깍꼴깍 삼켰다.

" 직접 투자하고 싶은 생각이 굴뚝같지만 요즘 내 형편은 말이 아닙니다. "

장 씨가 한숨을 크게 내쉬더니 말을 이었다.

" 태국의 방콕 근교에서 대규모 공장을 지으려다가 태국 왕족에게 사기를 당했거든요. 태국 정부 당국에 여러 차례 탄원서를 냈지만 먹혀들지 않았어요. 결국 요 모양 요 꼴로 귀국하여 택시 기사로 전락하고 말았답니다. "

" 쉽게 포기할 때가 아닙니다. 저를 보세요. 멋지게 재기할 기회가 왔잖아요. "

추강민은 참담한 심사를 감추고 호기를 부렸다.

" 하지만 제 누님의 경우엔 달라요. 베트남에서 사업을 하는 누님만큼은 크게 성공했지요. 머잖아 누님이 귀국할 텐데 10억 원 정도 투자할 수 있도록 설득해 보지요. 얼마든지 가능할 겁니다. "

" 언제 귀국하는데요? "

추강민은 치솟는 흥분을 지그시 눌렀다.

" 다음 달 초에 귀국한다고 연락이 왔어요. "

추강민은 장기국 씨의 그 말을 조금도 의심하지 않았다. 밑바닥을 박박 기던 추강민으로서는 불신은커녕 그에게 동병상련의 정마저 느꼈다. 더구나 같은 크리스천이라는 사실이 밝혀지자 우리 사이는 친형제처럼 가까워졌다. 그 날 새벽 구파발에 도착해 교회에 들러 하나님께 기도를 올린 뒤 헤어진 것도 그 때문이었다.

" 선배님, 좋은 소식 기다리겠습니다. "

" 추 사장, 며칠만 기다려요. 누님이 귀국하면 바로 연락하겠습니다. "

장기국 씨의 그 약속을 철석같이 믿었던 추강민은 그와 재회할 때까지 보름 남짓 동안 심한 갈등을 느끼며 허공에 붕 떠서 지냈다. 해가 저문 시간이면 장 씨 자택에 전화를 걸어 통화하면서 기대감을 불태웠다.

날이 갈수록 그 기대감은 초조감으로 바뀌어 추강민을 고문하기 시작했다. 어쩌면 이토록 시간이 늦게 흐르는지 답답하기만 했다. 그러다가 2월 초 학수고대하던 장 씨의 전화를 받았다. 아니나 다를까. 돈 많은 사업가인 누나가 드디어 귀국했다고 알려 왔다.

" 베트남에서 돌아온 누님이 르네상스호텔에 묵고 있거든요. 무려 1년 만의 귀국입니다. "

" 그래요? 언제 볼 수 있을까요? "

" 오늘 오후 두시 정각, 호텔 커피숍에서 만납시다. "

" 알겠습니다! "

어찌나 흥분했던지 가슴과 손발이 후들후들 떨렸다. 최소한의 예상 경비 30만 원을 어렵게 마련한 추강민은 사업계획서와 노트북 컴퓨터를 들고 단숨에 달려갔다. 택시를 타고 가는 내내 장 씨 누나 앞에서 열변을 토하는 장면을 상상했고 마음속으로 브리핑 연습도 부지런히 해 두었다.

" 잠깐 기다리세요. 곧 도착할 겁니다. "

호텔 커피숍에서 만난 장기국 씨는 예전과 달리 말끔한 정장 차림이었다. 약속한 시각이 지나도 누나가 나타나지 않자 장 씨는 엘리베이터를 타고 객실로 올라갔다.

" 손님 때문에 당장 내려올 입장이 아니랍니다. 우리끼리 식사부터 합시다. "

한참 뒤에 내려온 장 씨가 그렇게 둘러댔다.

" 수중에 가진 돈 좀 있소? "

식사를 하던 중에 어디론가 전화를 걸고 온 장 씨가 물었다.

" 왜요? "

사업가 누님을 만나러 온 사람이 알거지에게 돈을 요구하다니, 추강민은 놀라지 않을 수 없었다.

" 누님께서 호텔에 급히 결제해야 할 현금이 필요하답니다. "

" 글쎄요. 식대를 지불하고 나면 25만 원 정도의 여유가…. "

주머니가 두둑하지 않아 불안하고 찜찜했던 추강민은 말끝을 흐렸다.

" 그거라도 잠깐 빌립시다. 30분 안에 누님이 갚을 겁니다. "

" 그러죠. "

추강민은 엉겁결에 알토란같은 돈을 몽땅 내주고 말았다. 하지만 돈을 갖고 호텔 객실로 올라갔던 장 씨는 안타깝게도 다시 혼자 돌아왔다.

" 밀려드는 손님들 땜에 오늘은 도저히 짬을 낼 수 없다네요. "

" 무려 일 년 만에 귀국하셨으니 그럴 만도 하겠지요. "

" 이걸 어쩌지요? 며칠 뒤에 약속 시각을 다시 잡자니. "

" 뭘요, 괜찮습니다. 금싸라기 같은 시간을 쪼개려면 아무래도 쉽진 않겠지요. "

추강민은 떨리는 속을 억누르고 짐짓 태연하게 응수했다.

" 누님과 협의해 오늘 중에 다시 연락을 드리죠. 늦어도 하루 이틀 뒤면 미팅이 가능할 겁니다. "

장기국 씨는 몹시 미안한 듯 머리를 긁적거렸다. 추강민은 잠시 빌려 준 25만 원을 돌려달라는 말도 하지 못한 채, 아니 큰 맘 먹고 건넨 25만 원을 깜박 잊은 채 어리벙벙해져서 발길을 돌렸다.

그렇게 아무 소득 없이 헤어진 뒤 장기국 씨의 연락은 두절되었고, 무작정 기다릴 수 없었던 추강민은 지하철 7호선 종점 부근에 있다는 그의 집을 찾아갔다.

그 날 저녁, 추강민은 장 씨의 근황과 집안 형편을 적나라하게 목격하고 벌어진 입을 다물지 못했다. 전력 공급이 중단되어 촛불을 켜야 하는 비좁은 연립주택 안에서 코흘리개 여자아이 두 명이 라면을 끓이고 있었다.

" 장 씨는 신용불량자여서 몇 달 동안 전기 요금도 못 내고 있어요. 저 라면도 아이들이 불쌍해 내가 사다 준 거랍니다. "

장기국 씨의 딸아이들을 쳐다보며 혀를 끌끌 차던 이웃집 할머니의 설명이 그랬다. 장 씨의 고향집으로 전화를 걸었더니 그의 노모 역시

'그 놈은 사기꾼에 불과하다.'고 내뱉을 따름이었다. 금방이라도 장 씨의 사업가 누님이 구세주처럼 나타나 몇 억 원을 투자하리라던 희망은 덧없이 사라졌고, 추강민은 전 재산이나 다름없던 30만 원까지 탈탈 털린 알거지 신세가 되고 말았다.

이른바 빈털터리 신용불량자인 장기국 씨가 알거지 신용불량자인 추강민을 등쳐먹었으니, 누가 봐도 너무 서럽고 너무 한심한 세상이었다. 차라리 벼룩의 간을 빼먹지…. 한 마리 굶주린 하이에나를 자처하던 추강민은 그 날 밤 그렇게 중얼거리며 쓰라린 가슴에 쓴 소주 몇 잔을 연거푸 들이붓고 있었다.

:: 상장폐지, 자본잠식 기업 피하는 비법

자본잠식이란 납입자본금이 이익을 내지 못해 형편없이 손상되었다는 뜻이다. 그럴듯한 법인(주식회사)이 설립되려면 자본금이 필요하다. 보통 자본금의 액면가는 500원, 5000원 두 가지다. 증권거래소 대형주의 경우 액면가가 5천 원이지만, 코스닥 기업 대부분의 액면가는 500원이다.

그렇다면 자본금이 50억 원인 회사의 주식 수는 얼마일까? '50억 ÷ 500원'을 하면 총 주식수가 나온다. 바로 1,000만 주다.

※ 자본금 ÷ 액면가 = 총 발행주식 수

하지만 일반 투자자들이 액면가 500원을 지급하고 주식을 매수하는 건 현실적으로 사실상 불가능하다. 기업은 성장하고 각종 유무형의 자산을 보유 중이기 때문에 실제 주식시장에서 거래되는 시장 가격은 그 이상인 경우가 많기 때문이다.

*⁄   *⁄   *⁄

재무상태표(대차대조표)의 자본금 항목을 보자.

(단위 : 억 원)

no.	항 목	2008년	2009년	2010년	2011년	2012년	비 고
①	자본금	56.7	56.9	57.0	57.0	57.0	
②	자본잉여금	217.7	223.3	232.9	237.9	243.6	
③	이익잉여금	840.2	858.2	641.4	728.9	852.4	
④	자본총계	1,125.1	1,137.5	898.7	968.6	1,133.8	

① 자본금은 기본적인 납입자본금이다. 액면가 기준으로 발행한 자본을 말한다. 위 기업의 경우 2012년 기준으로 총 주식 수는 얼마일까? 57억 ÷ 500원 = 1,140만 주다.

② 자본잉여금으로 주식의 발행 가격을 추정할 수 있다. 액면가 500원인 주식을 상장시킬 때 프리미엄을 받고 팔았을 것이다. 그 프리미엄이 얼마였는지 알 수 있다. 243.6억 ÷ 57억 = 4.7이다. 4.7배의 프리미엄을 받았다는 뜻이다. 액면가 500원의 4.7배인 2,350원에 주식을 발행했다는 의미다.

때문에 얼마나 많은 자본잉여금을 보유했는지 들여다보는 게 중요하다. 높은 가격으로 주식을 발행할 수 있다면, 여유 있는 운영자금으로 경영활동을 할 수 있기 때문이다.

③ 이익잉여금은 기업 활동을 하면서 벌어들인 수익금을 말한다. 설립 당시부터 누적하면 852억의 순이익을 내고 있는 기업이다. 꽤 우량한 기업 축에 속한다.

④ 자본총계는 기업의 현재 가치를 나타낸다. 자본총계란 자산총계에서 부채총계를 차감하여 산출된다. 현재 이 기업의 시가총액이 660억이라면 자본총계인 1,133억보다 적은 저 PBR 종목이라고 말할 수 있다.

이 기업은 자본금 57억에 자본총계가 1,133억이나 되니 여유가 많은 편이다. 이 두 가지만 알면 유보율을 계산할 수 있다. 유보율은 높을수록 좋다.

유보율 : 자본총계 ÷ 자본금 × 100. 1,133.8억 ÷ 57억 × 100 = 1,989%. 유보율이 1,989%라면 최상위에 들 만큼 안정적인 우량기업이다.

① 자본금 대비 ④ 자본총계를 비교하자. 이 기업처럼 57억의 기초 자본금으로 이루어진 회사가 있다. 자본잉여금과 이익잉여금을 다 날리고 자산총계가 57억보다 작아졌을 때 자본 잠식되었다고 말한다. 일정 기간 일정 비율의 자본잠식이면 상장 폐지된다.

∅ ∅ ∅

자본잠식이란 무엇일까? 아래 재무상태표의 자본금 항목을 보자.

(단위 : 억 원)

no.	항 목	2008년	2009년	2010년	2011년	2012년	비 고
①	자본금	60.9	76.0	92.0	92.0	156.0	
②	자본잉여금	216.9	248.0	278.1	278.7	294.2	
③	이익잉여금	-58.2	-56.1	-226.1	-334.2	-341.0	
④	자본총계	209.0	245.9	139.9	32.4	97.6	

① 2011년 이 기업의 자본금과 자본총계는 92억과 32.4억으로 자본잠식 중이다. 이익잉여금에서 -334억의 손실이 났기 때문이다. 경영을 잘못했거나 대주주 횡령 손실로 보인다. 요즘 개미들을 등쳐먹는 코스닥 부실 테마주들 중 하나인 셈이다.

② 를 보면 여전히 자본잠식이 진행 중이다. 자본금 대 자본총계가 156억 : 97.6억이다. 자본잠식 50% 이상은 아니니 상장폐지는 가까스로 모면했다.

하지만 각별히 주의해야 할 부분이 있다. 2011년 자본금은 92억인데, 2012년 자본금은 156억으로 증가했다. 왜 그랬을까? 상장 폐지를 모면하기 위해 대규모 유상증자를 실시했다고 보면 된다.

이런 부실기업이라면 일반인 대상 유상증자보다도 보통 제3자 배정 유상증자를 한 뒤 회사 경영권(대주주 지분)을 처분해 버리기 십상이다.

2011년에는 발행 주식 1,840만 주의 아담한 기업이었다. 하지만 2012년 발행 주식 3,120만 주의 저가 부실 잡주로 전락한다. 이런 경우를 전문 용어로 '주식 가치 희석'이라고 한다. 발행주식 수가 급격히 늘었으니 당연히 주식의 가치가 희석되는 것이다.

저렇게 쑥대밭이 된 기업이 다시 견실한 재무구조를 갖추기 위해서는 얼마나 많은 주주들의 피눈물이 필요할지 예상할 수 있다. 소액주주들의 눈물도 당연히 증가할 것이다.

다음 시나리오는 감자, 제3자 배정 유상증자 순으로 나갈 것이다. 이런 공시가 발표될 때마다 주가는 하락을 거듭할 것이고 주주들의 손실은 점점 커질 것이다.

특히 매년 3월 중순에서 4월이면 자본잠식으로 인해 상장 폐지되는 기업이 줄줄이 발표된다. 분기 보고서에서는 감출 수 있었던 부실이 연말 보고서에서는 다 걸려 나오니, 매년 그 때쯤이면 상장폐지 기업들이 하루에 서너 개씩 발표된다. 물론 예고 없는 공시 발표와 동시 순식간에 거래 정지가 되기 때문에 날고뛴다는 투자자들도 피하기 어렵다.

그러니 미리미리 관심 종목, 보유 종목의 재무상태표를 살펴보고 걸러 낼 기업은 걸러 내는 것이 좋다. 자본잠식 기업 피하는 비법을 다시 요약해 보자.

① 자본금과 자본총계를 체크해야 한다. 자본총계가 자본금보다 크면 클수록 좋다.

② 이익잉여금을 체크해야 한다. 꾸준하게 이익이 발생하는 기업이어야 한다. 일시적으로 마이너스가 발생했다면 그 마이너스 요인을 분석하여 회생 가능할지도 분석해야 한다.

교회 털기

한양은행을 그만두기 직전인 1998년 1월, 추강민은 단 한 푼도 건질 수 없는 퇴직금을 내걸고 몇 차례 더 교회 신도들을 상대로 급전을 구걸했다. 그 당시 퇴직금 계산서에 적힌 1억 7천만 원이 결정적인 미끼가 되었고 가장 먼저 황 집사가 추강민의 마수에 걸려들었다.

황 집사 부부는 머잖아 퇴직금을 수령하게 될 것이고 아파트 중도금을 마련 중이라는 거짓말을 믿었던 나머지 안심하고 거금을 내놓았다. 만기 적금을 인출한 돈 1천만 원과 딸의 유학 경비를 위해 모아 둔 2천만 원, 남의 돈을 빌린 1천만 원 등 4천만 원을 선뜻 빌려 주었다.

하지만 그걸로 그만이었다. 지금까지 원금은커녕 이자 한 푼 갚지 못하고 있으니 마른하늘의 날벼락에 맞아 죽어도 변명의 여지가 없었다. 구태(舊態)와 구악(舊惡)에서 벗어나지 않은 가슴으로 개과천선이 힘들다는 점을 누구보다 절감하면서도, 추강민은 하루 이틀을 편안하게 넘기려고 선량한 교회 신도들을 제물로 삼았던 것이다.

" 그저 생각만 같아선 추 집사를 사기 혐의로 고소하고 싶어! "

황 집사의 부인은 금방이라도 숨이 넘어갈 것처럼 길길이 날뛰었다. 소위 교회 집사라는 녀석이 단 한 푼도 건질 수 없는 퇴직금 계산서를 들고 다니며 교회 신도들의 돈을 우려낸 사실이 드러나자 몸져눕기도 한 그녀였다.

" 딸애의 유학 경비마저 날려 버렸으니 이걸 어쩐담. 아무리 같은 교회에 다니는 사람이라도 이젠 용서하긴 어려워요. "

그녀는 추강민이 눈에 띄기라도 하면 치미는 분노를 참지 못했다. 오랜 신앙생활을 거치지 않은 사람이라면 살의마저 감당할 수 없었을 것이라고 추강민은 생각했다. 아니, 남편인 황 집사의 간청이 없었더라면 그녀는 추강민을 결코 가만두지 않았을 것이었다.

" 죄송합니다. 목숨을 걸고 맹세하죠. 사모님의 돈을 가장 먼저 갚겠습니다. 어려우시더라도 조금만 참아 주세요. 하나님 앞에서 약속합니다. "

추강민도 낯가죽 두껍게도 하나님을 들먹였고 짐짓 눈물을 글썽이면서 엇비슷한 변명을 되풀이했다.

" 하나님? 하나님이 추 집사의 사기 행위를 용서해 주시기나 할까? "

" 사모님, 퇴직금이 한 방에 날아갈 줄은 진짜 상상도 못했습니다. "

" 당장 감옥에 처넣고 싶어도 해결의 실마리가 보이지 않아서 참는 거예요. 그보다 당신의 죄 없는 처자식이 눈에 밟혀 망설이는 거예요. "

법 없이도 살 것처럼 사람 좋아 보이던 황 집사의 부인도 심각한 경제난 앞에서는 어쩔 도리가 없는 모양이었다. 추강민의 사기행각 때문에 얼마나 마음고생을 했던지 얼굴이 몰라보게 수척해져 있었다. 하지만 그녀의 남편 황 집사는 그 와중에서도 불난 집에 부채질하듯 추강민의 어깨를 두드렸다.

" 추 집사는 곧 재기할 거야. 난 당신을 믿어. "

자기 부인이 화를 삭이지 못할 때일수록 황 집사는 추강민을 철없는 막내 동생 상대하듯 다독거렸다. 평생 모아 둔 알토란같은 4천만 원을 날리게 생겼어도 황 집사는 대체로 평상심을 잃지 않았다. 오직 이웃들에게 베푸는 삶을 살아왔던 그는 추강민 같은 파렴치한을 용서하려고 무척이나 애를 쓰는 눈치였다. 더구나 추강민이 비즈니스모델 특허를 출원한 뒤 획기적인 사업을 추진 중이라는 헛소문을 믿었던지 인내심을 발휘하며 기다려 볼 생각인 것 같았다.

" 죄송합니다. 곧 해결됩니다. "

경제적으로 만신창이가 된 황 집사 부부 앞에서 추강민은 고개를 들수가 없었다.

" 어차피 청산하지 못할 빚이었다면 교회 신도들을 괴롭힐 이유가 없었어요. "

황 집사 부인의 그 말은 전적으로 옳았다. 빚을 얻어 빚을 갚는 짓이라면 선량한 사람들을 등칠 이유가 없었던 것이다. 그럼에도 하루 이틀 편하게 지내자고 그 부부의 깊은 신심(信心)을 악용하여 사기를 쳤으니 추강민은 몰매를 맞아 죽어도 변명의 여지가 없는 놈이었다.

" 추 집사, 나 좀 살려 줘! "

황 집사의 부인은 돈줄이 꽉 막혀 위기에 몰리기 시작했을 때 비명부터 질러댔다. 내일 모레 갚겠다던 돈이 들어올 기미가 보이지 않자 매일 밤 추강민의 처갓집을 드나들었고, 알거지가 된 추강민이 처갓집의 단칸방 신세를 지고 있다는 형편을 확인하자마자 그녀는 사실상 자포자기 상태에 빠졌다.

" 돌아오는 가계수표도 막아야 하고 연체 중인 대출금도 갚아야 해요. "

그녀가 아무리 울고불고 매달려도 해결의 기미는 그 어디에서도 보이지 않았다. 그렇게 자비롭던 황 집사 부부는 마침내 신용불량자로 전락했고 설상가상의 비극도 이어졌다. 어느 날 중풍을 맞아 쓰러진 황 집사가 오랫동안 병원 신세를 져야 했던 것이다.

" 추 집사, 나 좀 살려 줘! "

황 집사의 부인은 날이면 날마다 고통을 호소하며 울먹였다. 하지만 어쩔 것인가. 황 집사의 치료비 조달이 어려운 줄 알면서도 추강민은 그저 바라보고만 있었다. 그래도 하나님이 도우신 걸까. 다행히 황 집사는 운신할 수 있는 상태로 회복되었고 얼마 뒤 교회에 다시 나오기 시작했다.

" 우리도 살아야겠지만 추 집사도 하루 빨리 재기해야지. "

비뚤어진 입으로 침을 질질 흘리는 장애인이 되었으면서도 황 집사는 되레 추강민을 위로하곤 했다. 황 집사 가족이 파탄에 빠진 것은 전적으로 추강민의 탓임을 알기에, 황 집사가 주일마다 손을 내밀어 악수를 청해 올 때마다 추강민은 고개를 들지 못했다.

추강민이 집사라는 허울을 쓰고 다니던 교회는 천막 교회 수준을 겨우 벗어난 아주 작고 가난한 교회였다. 삼십여 명의 청장년 신도를 중심으로 사십여 명이 모여 신앙생활과 봉사활동을 도모하는 일종의 작은 모임에 불과했다.

전도사 한 명, 청년 신도 두 명, 중고생 두 명, 오르간 반주자 한 명 등 여섯 명으로 구성된 성가대가 없었다면 교회라고 내세우기도 어려웠다. 그처럼 형편없이 초라한 교회 안의 가난한 신도들을 상대로 추강민은 구차스러운 사기행각을 벌였던 것이다.

무차별적으로 돈 빌리는 일은 황 집사에 국한된 것은 아니었다. 한양은행 본점 인사부에서 입수한 퇴직금 계산서를 들고 다니던 중에 목사님을 떠올렸다. 많은 돈이 아니라면 목사님께 부탁해도 가능할 것만 같았다. 단 몇 푼의 돈이 아쉬웠고 당장 몇 백만 원이 있어야 밑 빠진 독에 물을 부을 수 있었기 때문이다.

어차피 절체절명의 위기에 몰려 자살을 결심해도 좋을 상황이라면 염치고 체면이고 가릴 이유가 없었다. 이제까지 신도들에게만 매달리던 자금 조달 행위가 한계에 이르렀다면, 아무래도 목사님에게 손을 뻗쳐야 하는 지경에 이르렀다고 추강민은 생각했다.

사기를 치며 부지런히 긁어모아도 빚잔치를 감당하기 어렵게 되었을 때 목사님도 예외일 수는 없었다. 몇몇 교회 신도들을 중심으로 첫 단추를 꿰기 시작하여 재미를 본 추강민은 그렇게 사기 대상의 범위를 조금씩 확대시켜 나갔다.

" 목사님, 작은 사무실을 장만하려는데 돈이 약간 모자랍니다. 저, 며칠 전에 특허권 사업화를 위해 사표를 냈거든요. "

추강민은 단 한 푼도 건질 수 없는 퇴직금 계산서를 보여 주며 목사님을 유혹했다.

" 제가 무슨 돈이 있겠습니까. 은퇴 뒤 노후에 대비하여 몇 백만 원의 적금을 불입한 게 고작이지요. 그게 전 재산입니다. "

목사님은 그렇게 말하면서도 머잖아 한양은행에서 1억 7천만 원의 퇴직금이 나온다는 사실을 믿는 눈치였다. 용기를 얻은 추강민은 목사님을 좀 더 질기게 물고 늘어졌다.

" 목사님, 적금을 담보로 제공하면 얼마든지 대출이 가능합니다. "

" 정말 그런 방법이 있다면 도와 드리는 게 당연하죠. "

" 퇴직금이 나오면 바로 상환할 테니 제 사정 좀 봐주세요. "

" 그럽시다. "

IMF 구제금융 시대가 닥쳐오고 신도들의 헌금이 부쩍 줄던 상황에서도 여전히 많은 헌금을 내던 추강민에게 그만한 배려를 하지 못할 이유가 없었으므로 목사님은 매우 적극적이었다. 그만큼 목사님의 정신은 맑았고 남을 배려하는 마음이 도타웠다.

" 추 집사님, 참으로 힘들고 견디기 어렵지요? 하지만 어떻게든 헤쳐 나가는 길은 있게 마련입니다. 다만 우리가 그 길을 찾아 내지 못하고 있을 뿐이죠. 바로 우리 마음이 닫혀 있기 때문입니다. 용기를 잃지 말고 하나님께 부지런히 기도하세요. "

" 목사님, 감사합니다. "

" 빵장수나 대장장이가 개인의 이윤을 추구하기 위해 먼저 고객들을 만족시키는 행위, 즉 봉사는 도리어 나의 이익이 됩니다. 이러한 순환의 상호 작용은 한쪽의 일방적인 희생이나 착취가 아니라 내줌으로써 받을 수 있는, 남의 뺨을 때리면 내 손도 아픈 것과 같은 반작용입니다. 결국 이웃을 이롭게 해야 비로소 내가 이로워집니다. 따라서 추 집사님의 비즈니스는 이웃 사랑에서 출발해야 비로소 성공할 수 있게 됩니다. "

" 목사님의 그 말씀, 가슴 깊이 새기겠습니다. "

목사님의 긴 설교는 지극히 옳았으나 추강민에게는 절절한 감동이나 교훈으로 다가오지 않았다. 발등에 떨어진 불을 끄기 위해 돈을 우려내는 데만 혼을 빼앗겼을 따름이다.

" 목사님, 퇴직금이 나오면 즉시 상환하겠습니다. "

전 재산이나 다름없는 정기적금인 줄 알면서도 추강민은 목사님의 결심을 얻어내려고 안간힘을 썼다. 하지만 목사님의 마음을 움직이는 데는 긴 시간이 필요 없었다. 추강민의 말을 무조건 신뢰한 목사님은 그 날 바로 거래은행을 찾아갔던 것이다.

유난히 수학을 좋아한 벤저민 그레이엄은 기업의 질적인 면이나 경영자의 특성에 의존하지 않고 재무제표의 숫자만으로 주식 분석을 했다. 자신의 투자 공식에 맞추어 많은 기업에 분산투자함으로써 시장평균수익률보다 높은 수익률을 올렸다.

그의 투자 공식은 주식의 2가지 측면을 고려한다. 하나는 안전성이고 또 하나는 수익성이다. 안전마진으로서의 안전성은 주가가 얼마나 저렴한지 재무제표의 지표에서 나온 청산가치에 비교하여 평가했다.

수익성은 회사채 유통수익률과 비교하여 높은 배당률이나 투자수익률을 가진 주식을 선정했다. 개략적인 방법은 다음과 같다.

🌿 🌿 🌿

① 주가가 주당 순 당좌자산 가치의 2 / 3 이하일 때 매수하라. 회사를 청산했을 때 받을 수 있는 금액보다 주가가 저렴하면 매수하라.

② 주가수익률(PER의 역수)이 신용등급 AAA 채권 수익률의 2배 이상인 주식을 매수하라. 다만 부채가 유형 순자산 가치를 넘어서면 곤란하다.

③ 주식의 배당수익률이 AAA등급 채권 수익률의 2 / 3 이상이면 매수하라. 다만 기업의 부채가 유형 순자산 가치를 능가하면 곤란하다.

④ 위와 같은 방법을 통한 기준으로 선별하여 매수한 기업의 주가가 2~3년이 지난 후에도 시장에서 제대로 된 가치평가를 받지 못하면 무조건 매도하라.

17

교회 신도들 등치기

목사님이 큰맘 먹고 적금 담보 대출을 받아 빌려준 5백만 원은 정말 요긴하게 쓰였다. 결제 기일이 돌아오는 가계수표의 부도를 막았고 밀려 있던 사채 이자를 지급하는 데 충당했다.

하지만 그렇게 겨우겨우 위기를 넘겼다고 해서 한숨 돌릴 만한 상황은 아니었다. 다시 지갑이 텅 비는 바람에 며칠 간 아등바등하다가 또 한 번 막다른 구석에 몰리기 시작했다. 한양은행을 퇴직하고 백수건달이 된 뒤부터 목사님이 빌려 준 그 돈을 갚을 길이 막막해진 추강민은 목사님 만나기가 불편해 한동안 교회에 나가지 못했다.

목사님의 돈마저 가로챈 그 순간부터 추강민은 정신병자 이상으로 비몽사몽의 나날을 보냈다. 꼬일 대로 꼬여 버린 추강민의 인생, 더 이상 꼬일 것도 없이 비틀려 있었다. 이제 더 이상 사기 칠 대상이 없어졌고 더 이상 도망칠 구석이 없다면 불가피하게 배수진을 쳐야 한다고 생각했다.

빚쟁이들의 협공을 피하여 아무도 모르게 국제선 비행기에 오르는 방법은 과연 없는 것일까 고민하기도 했다. 돈 많은 사람들을 유혹하여 투자 명목으로 목돈을 우려내면 해외 도피는 충분히 가능할 것 같았다.

하지만 그러한 상상 속의 시나리오는 헛된 꿈에 지나지 않았다. 해외 도피는 고사하고 가벼운 일상 탈출도 불가능했을 뿐만 아니라, 교회 안에서 벌이던 사기행각마저 기어이 들통 나고 말았던 것이다.

" 쯔쯔쯔. 세상에! 이젠 목사님한테까지 사기를 쳐? 나, 못 살아! "

외출했던 장모가 허겁지겁 들어서며 숨이 찬 목소리로 말했다.

" 교회를 안 나간 이유를 오늘에야 알았어. 추 서방! 아예 오늘부터는 지옥에 보내 달라고 하나님께 기도드리지 그래? "

얼굴이 샛노래진 장모의 표정에는 낙담과 분노의 빛이 역력했다. 별다른 잔소리 한번 하지 않고 사위의 재기를 기도하던 예전의 장모가 아니었다.

이 핑계 저 핑계를 대며 처형과 동서들의 돈을 우려내 추강민의 사업 자금을 대주던 장모가 몰라보게 변한 것이었다. 알거지 신세를 면치 못하고 특허권 사업화를 위해 뛰어다니던 막내 사위를 동정한 끝에 아내 몰래 가끔 몇 만 원의 차비를 쥐어 주던 장모마저 이제 추강민의 편이 아니었다.

" 어머님, 갑자기 왜 이러세요? "

추강민은 떨리는 속을 억누르며 반사적으로 물었다.

" 왜 이러세요, 라니? 추 서방, 자네도 정말 사람인가? 진짜 아무도 모를 줄 알

앉어? 김 권사를 만났는데 마른하늘에 날벼락 치는 소리를 꺼내더군. 추 서방, 목사님에게 무슨 돈이 있다고 그분에게까지 마수를 뻗쳐? 오, 하나님! 지은 죄가 많아 이렇게 삽니다."

장모는 숨 돌릴 사이 없이 공격해 왔다. 김 권사가 저간의 사정을 우연히 알고 목사님을 대신하여 참담한 심정을 털어놓았다는 게 아닌가. 갑자기 둔기로 뒤통수를 맞은 것처럼 충격을 받았던 추강민은 그 자리에서 밀랍처럼 굳어 버린 채 말문을 열지 못했다.

"아무리 이 세상이 말세라지만 어쩌면 그렇게 타락할 수 있어? 차라리 교회를 털지 그랬어?"

"어머님, 곧 갚겠습니다."

추강민은 기절 직전의 장모 앞에서 무작정 무릎을 꿇었고 단돈 10만 원을 마련할 가능성이 없으면서도 내키는 대로 지껄였다. 처갓집에 의탁하며 눈칫밥 3년을 얻어먹으면 남성의 기능도 잃는다고 하더니만 사실인 모양이었다.

언제부터인지 모르게 장모가 두려워지기 시작했고, 한없이 쪼그라든 추강민은 처가 식구들 앞에서 어깨를 펼 수가 없었다. 장모나 막내 처형과 마주치기라도 하면 불안감을 떨치기 어려워서 움찔움찔 뒷걸음치기 일쑤였다.

"김 권사의 귀띔이 아니었으면 오래도록 몰랐을 거야. 내 사위 추 집사가 목사님의 돈 5백만 원을 꿔 갔는데 그 뒤로 소식이 없다더니 그게 헛소문이 아니었어. 오, 하나님!"

장모의 시뻘게진 두 눈에 눈물이 그렁그렁했다.

"정말 나 못 살아! 어떤 사기꾼 신도가 교회당 신축 헌금을 몽땅 챙겨 도주했다더니…. 쯔쯔쯔 그런 날강도를 옆에 두고 세상을 원망했으니 내가 죽일 년이야! "

잠시 속으로 기도하듯 침묵하던 장모는 다시 한 번 폭발했다. 비통한 속내를 여과 없이 쏟아 내더니 방바닥에 털썩 주저앉았고 어린애처럼 두 다리를 버둥거리며 울었다. 사지를 뻗대고 방바닥을 비질하듯 몸부림치는 장모의 울음소리가 오래도록 이어졌다.

" 추 서방, 다른 빚은 몰라도 목사님 돈은 하루 빨리 갚아야 돼. 알았어? "

이윽고 격해진 감정을 수습한 장모는 실성한 노인처럼 오랫동안 도리질을 했다. 추강민은 장모 앞에서 약속한다는 의미로 고개를 주억거렸지만 추강민에게 그 돈을 갚을 만한 능력은 없었다.

그 이튿날 아침부터 장모는 목사님의 돈을 갚기 위해 발 벗고 나섰다. 그렇다고 뾰족한 수는 보이지 않았다. 결국 막내 처형의 비자금 중 일부를 헐어서 추강민 대신 갚아 줄 도리밖에 없었다.

하지만 급한 불을 껐다고 온 식구들이 안심할 상황은 아니었다. 황 집사 부부를 신용불량자로 전락시켰던 추강민은 다시 목사님을 궁지에 몰아넣다 못해 조기 은퇴를 결심하도록 만들었던 것이다.

새로 부임한 목사님은 헌금을 가장 많이 내던 황 집사 부부와 추강민이 사실상 파산했다는 사실을 알고 무척이나 안타까워했다. 더구나 늦가을에 신도들의 축복을 받으며 은퇴하기로 했던 전임 목사님이 추강민 집사의 사기행각 때문에 조기 은퇴를 결심했다는 사실을 어떻게 알았지 추강민을 경계하는 눈치가 역력했다. 하지만 추강민이 누군가. 사기꾼 추강민 집사가 아닌가.

" 목사님, 50만 원 정도 빌릴 수 있을까요? "

사정이 워낙 딱해진 추강민은 찬밥 더운밥 가릴 형편이 아니었다. 돈을 우려낼 만한 대상자가 떠오르지 않자 다만 몇 푼이라도 손에 쥐어 보려고 새로 부임한 목사님에게 약삭빠르게 접근했다.

" 뭐라고요? 추 집사님, 방금 뭐라고 말씀하셨나요? "

새로 부임한 목사님은 기겁을 하며 몇 걸음 뒤로 물러섰다. 자라 보고 놀란 가슴 솥뚜껑 보고도 놀란다는 옛말이 있잖은가. 추강민은 새로 부임한 목사님이 화들짝 놀라는 반응을 눈여겨보면서 속으로 고개를 끄덕였다.

짐작컨대, 목사님끼리 업무 인수인계를 하던 과정에서 추강민 집사를 조심하라는 얘기를 나눈 모양이었다. 아니나 다를까. 그 이튿날 장모와 아내가 추강민을 붙들고 늘어졌다.

" 추 서방, 이제 사람 노릇 좀 하자! "

" 어머님, 무슨 말씀이세요? "

추강민은 속으로 찔끔했지만 짐짓 태연하게 응수했다.

" 새로 부임한 목사님에게도 돈 부탁했다면서? "

" …. "

" 추 서방, 제발 그런 짓 하지 마! "

" …. "

" 오, 하나님! "

추강민이 꿀 먹은 벙어리처럼 입을 열지 못하자, 장모가 다시 한 번 하나님을 찾으며 격하게 울부짖었다. 장모의 울분은 추강민의 가슴을 찢으며 심장을 관통하고 있었다.

" 이웃들에게 베풀어야 할 위치에 있는 집사가, 그것도 여러 신도들의 원성을 살

만한 짓을 저지르고도 다시 한 번 태연자약하게 수작을 부려? 이 세상을 날로 먹으려 하지 마. 당신은 인간도 아냐! "

아내도 광분하기 시작했다. 추악한 인간, 벌레 같은 인간, 지옥에 떨어져야 할 마귀 같은 인간…. 그 소리가 장모와 아내의 입안에서 뱅뱅 도는 것만 같아서 추강민은 더 참혹해졌다. 교회라는 이름의 평화롭고 진지한 기도의 공간을 파괴한 자가 숨을 곳은 이 세상 어디에도 없어 보였다.

" 당신의 사기 행위 땜에 수없이 많은 사람들이 피해를 봤어. 그런데 이젠 교회에까지 마수를 뻗쳐? 당신이라는 인간! 넘어지려면 제발 혼자 거꾸러져. 교회까지 넘어지게 하지 말아! 이 웬수 덩어리야! "

아내는 장모보다 더 발악했다. 튀지 않으면서 소리 없이 자기 자리를 꿋꿋이 지켜 오던 아내는 드디어 앙칼진 여자로 변하고 있었다.

" 기껏 연구하며 준비했다는 게 사기야? 어쩌다 이런 개차반이 됐는지 모르겠네. 당신, 자꾸 이런 식으로 사기를 치면 내가 직접 고발할 거야. 다른 사람이 아니라 내가 직접 감방에 집어넣는다구! "

✦ ✦ ✦

교회 신도들 중에서 추강민에게 사기를 당한 피해자들이 몇 명 더 있었지만 장모와 아내는 미처 알지 못했다. 사채업자에게 할인한 가계수표가 연일 교환에 회부되고 있을 그 당시, 청주의 셋째형과 둘째형이 부도를 일부 막아 주었건만 그래도 다른 부도를 막기엔 턱없이 모자랐다. 며칠 고민하다가 동네 골목에서 작은 과자 가게를 운영하던 양 집사를 또 한 번 찾아갔다.

" 집사님, 일주일 뒤에 갚을 테니 5백만 원 좀 빌려 주세요. "

양 집사 덕분에 부도를 모면하고서도 다시 돌아오는 가계수표를 결제할 돈이 없긴 마찬가지였다. 이것저것 깊게 따질 형편이 아니었으므로 자존심을 허물고 또 낯짝을 내밀었다.

" 지난번에 빌려 드린 3백만 원도 아이들 등록금으로 준비해 둔 겁니다. "

돈을 선뜻 빌려 줄 것만 같았던 양 집사도 그 날만큼은 냉정하게 거절했다.

" 추 집사, 그 돈 당장 갚지 않으면 정말 곤란해져요. "

" 며칠만 더 기다리세요. "

양 집사의 절박해진 입장을 헤아릴 처지가 아니었다. 추강민은 더 이상 빌릴 돈이 없음을 확인하고 돌아서는 길밖에 없었다. 도저히 부도를 낼 수 없어 청주의 형들에게 부탁했다. 하지만 그쪽의 반응은 더 차갑다 못해 정나미가 떨어질 지경이었다.

" 한양은행에 취직하고 야간 대학을 거쳐 대학원까지 졸업하고…. 서울에서 너무 잘 나간다 싶었는데 그게 아니어서 정말 실망했다. 이젠 누구 말을 믿어야 하는 거니? "

둘째형의 반응이었다.

" 어서 빨리 이혼해 주는 게 나을 듯싶구나. "

큰형의 반응은 더 강경했다. 처자식을 생각해서라도 하루 빨리 이혼 절차를 밟는 길만이 최선이라는 게 아닌가. 추강민은 결국 형들에게도 버림받고 외톨이 신세가 되어 길 잃은 양처럼 떠돌기 시작했다.

물 쓰듯 돈을 펑펑 쓴 적이 없어도 추강민은 주식투자에 실패한 대가와 신용불량자가 안 되려고 남에게 피해를 준 죄 값을 혹독하게 치러야 했다. 기회를 기다리는 인내의 중요성과 훌륭한 결실을 맺기 위한 노력의 필요성을 절감했지만 때는 너무 늦어 있었다.

마음 붙일 곳이 없는 하루가 저물면 독주를 들이키며 나를 잊어버리던 나날, 환상과 무모함과 좌절로 이어지던 공백의 나날, 자가당착적인 착각에 사로잡혀 탕진하듯 버무린 나날을 돌이킬 때마다 가슴이 쓰라렸다.

" 당신은 인간도 아냐! 당신은 마귀야! 다른 사람들에게 예수 믿고 천국 가라고 말할 자격도 없어! 차라리 당신이 먼저 가서 기다리는 게 어때? "

아내로부터 그처럼 모진 비난의 소리를 들어도 소태 씹듯 그 수모를 견뎌야 한다. 사기꾼으로 전락한 신용불량자의 비애는 바로 아내 앞에서 고개를 들지 못하고 사는 것이다. 아내를 사랑하면서도 아내를 두려워해야 하는 머저리 같은 남편의 모습, 그것이 바로 알거지 신용불량자의 비극이다. 파김치가 되어 퇴근하더라도 사랑하는 아내의 미소만 보면 만사시름을 잊었고 그 이튿날 직장으로 달려 나가는 힘을 얻던 시절이 너무도 그립다.

징검다리 투자노트 ┊┄┄┄┄┄┄┄┄┄┄┄┄┄┄┄┄┄┄┄┄┄┄┄┄┄┄┄┄┄┄┄┄

:: 벤저민 그레이엄이 주장한 가치주 선택 기준

　워런 버핏의 스승이자 현대적인 증권 분석의 창시자인 벤저민 그레이엄. 그의 역저 [현명한 투자자]는 주식투자자라면 꼭 읽어야 할 책이다. 물론 저자의 투자 이론을 이해하기 위해 그의 제자인 워런 버핏의 투자 이론부터 접근하는 것도 좋다.

　워런 버핏은 스승인 벤저민 그레이엄보다 더 뛰어난 성과를 이루었고, 스승의 이론을 바탕으로 '가치투자'와 '저가 매수'의 완성시켰다. 이처럼 버핏의 투자 본질을 이해할 수 있다면 [현명한 투자자]에서 주장하는 진정한 투자도 쉽게 접근 가능하다. 하지만 여러 차례 정독하는 것이 매우 중요하다.

　벤저민 그레이엄이 주장한 가치주 선택 기준을 10가지로 정리하면 다음과 같다.

① 주가수익배율(PER)의 역수가 AAA등급의 회사채 시장수익률의 역수보다 작은 종목.

② 현재의 PER가 과거 5년간 평균 PER의 40% 이하인 종목.

③ 배당수익률이 AAA등급 회사채 수익률의 3분의 2 이상인 종목.

④ 주가순자산 배율(PBR)이 0.35 이하인 종목.

⑤ 주가가 주당 순 유동자산의 2배 이하인 종목.

⑥ 부채비율이 150% 이하인 종목.

⑦ 유동비율이 200% 이상인 종목.

⑧ 부채 ÷ 순 유동자산 비율이 4 이하인 종목.

⑨ 과거 10년간 연평균 주당 순이익(EPS) 증가율이 4% 이상이고 당해 연도 흑자가 예상되는 종목.

⑩ 과거 10년 동안 8번 이상 흑자를 시현하고 당해 연도에도 흑자가 예상되는 종목.

18

파산의 도미노

한양은행 본점에 근무할 때부터 가깝게 지낸 박승호 대리도 권영수 과장, 박두호 과장처럼 몰락의 비탈길을 숨 가쁘게 달려 내려갔다.

추강민처럼 주식투자에 실패하여 거액의 손실을 입은 박 대리는 궁여지책으로 추강민과 함께 어깨보증(맞보증)을 서 가며 한양은행과 기업은행 창구를 통해 신용 대출 2천 5백만 원을 끌어들였는데, 그런 식으로 돈을 마련하여 주식에 투자하거나 빚을 얻어 빚을 갚던 악순환의 종착역은 뻔했다. 대박을 터뜨린 적이 단 한 번도 없는 우리들에게 파산은 지극히 당연한 결과였다.

추강민이 사표를 내고 도망치던 그 날부터 박승호 대리는 권영수 과장, 박두호 과장과 별반 다르지 않게 추강민의 차입금에 대한 원리금을 대신 상환해 가며 위태로운 곡예를 거듭했다.

" 야! 추강민, 오늘밤 도끼 들고 찾아갈 거다. 집에서 얌전히 기다려! "

도저히 수습 전망이 없음을 확인한 박 대리는 추강민에게 전화를 걸어 술 취한 목소리로 협박을 일삼았고 추강민의 아내에게도 압력을 가하기 시작했다.

" 여보세요! 남편 추강민 땜에 망한 놈이 접니다. 계속 나 몰라라 하실 작정이세요? "

박승호 대리가 분노에 찬 목소리로 전화를 걸어왔다.

" 안에서 새는 바가지 밖에서도 새는가 봅니다. 저, 그 사람 포기한 지 오래예요. "

아내는 무덤덤하게 대응했다.

" 더 이상 기다릴 수 없습니다. 칼부림이라도 해야 할 때가 온 거 같아요. "

몰락의 회오리바람에 휩쓸려 쓰러진 박 대리는 마침내 이성을 잃어버렸다.

" 아무리 협박해도 소용없어요. 저, 요즘 그 일이 아니더라도 지랄 발광하기 직전예요. "

" 그렇다면 남편에게 어떤 사고가 일어나도 그냥 두고 보시겠어요? "

" 그럼요! 그 사기꾼과 나는 사실상 남남이 됐답니다. 이혼 수속을 밟는 중이거든요. "

박승호 대리처럼 무너진 공동 피해자가 워낙 많았기 때문에 아내는 미안함이나 부담을 느끼기는커녕 나날이 냉정해졌다. 포기하지 않고 끈질기게 매달리는 빚쟁이가 나타날수록 더 매정한 반응을 보였다. 그 어마어마한 빚을 평생 걸려도 청산할 가능성이 없었으므로 '차라리 배를 째라'는 배짱이 그녀를 지탱해 주고 있었다.

주식투자 손실금이 추강민 못지않게 많아서 절망 속을 헤매던 박승호 대리도 어느 날 명예퇴직이라는 이름의 마지막 절차를 밟아야 했다. 40대 고졸 은행원이었던 그는 퇴직 후 재취업의 길이 막혀 버리는 바람에 변변한 직장 한번 마련하지 못하고 다른 퇴직자들보다 더 비참한 생활을 각오해야 했다.

" 강민아, 어때? 희망이 좀 보이냐? "

박 대리는 요즘도 다른 피해자들처럼 추강민에게 가끔 전화를 걸거나 직접 찾아와 안부를 묻곤 한다. 물론 추강민이 추진 중인 사업이 머 잖아 대박을 터뜨릴 것이라는 헛소문을 듣던 차에 물린 돈을 받아 낼 수 있을지 모른다는 한 가닥의 희망 때문에 그러는 줄 모르지 않는다.

한양은행 중부 지점 근무 시절에 만난 이문선 대리도 파멸의 덫에 걸린 대표적인 피해자 중의 하나였다. 추강민과 결탁하여 맞보증을 서는 조건으로 여러 차례 대출을 받았지만, 그도 두 사람의 은행 대출금 전액을 자신의 퇴직금으로 갚아야 했다. 주식투자 실패로 추강민과 비슷한 함정에 빠졌던 이문선 대리는 긴 갈등 끝에 외국 도피의 길을 선택할 수밖에 없었다.

*　*　*

박두호 과장, 권영수 과장, 박승호 대리, 이문선 대리 등이 맞보증 대출의 덫에 걸려든 경우라면, 상업은행 김정석 차장은 지나치게 단순 소박했다는 이유만으로 추강민의 물귀신 작전에 말려들었다. 한양은행 중부 지점 대리 시절 추강민은 여러 은행의 국제부, 외환업무부 책임자들을 많이 알고 지냈는데 그 중의 한 사람이 김 차장이었다.

" 김 차장님, 아파트 중도금 천만 원이 부족해 대출을 받아야 하거든요. 부탁드립니다. "

추강민이 양주를 대접하며 사정하던 그 날, 김정석 차장은 술김에 건성으로 고개를 끄덕였다. 천만 원 정도의 대출 취급이야 어렵지 않다는 의미였다. 하지만 그 이튿날 단말기로 추강민의 대출 상황을 조회한 끝에 나온 김 차장의 결론은 매우 부정적이었다.

" 다른 은행의 대출이 너무 많아 곤란하겠는데요. "

" 아무리 못난 놈이라도 명색이 한양은행 책임잡니다. "

속은 부글부글 끓고 있었지만 추강민은 짐짓 자신 만만하게 밀어붙였다.

" 지점장 왈, 사고가 나면 나보고 책임을 지라는데 어쩔 수 없어요. "

" 김 차장님이 책임질 일은 결코 없을 겁니다. 저를 믿고 한번 도와주세요. "

" 솔직히 말해 봐요. 그 돈 어디에 쓰려고 그래요? "

아파트 구입 자금이 아닌 것을 뒤늦게 확인한 김 차장이 캐물었다.

" 특허권의 사업화에 성공하려면 김 차장님 같은 분의 지원이 필수적입니다. 투자 희망자와 후원자들의 요청 때문에 당장 사무실을 마련해야 하거든요. 그까짓 천만 원 정도야 못 갚겠어요? 딱 한 번 도와주시면 사업에 성공하여 반드시 복수하겠습니다. "

" 특허권의 사업화라? 머리에 쉽게 들어오지 않네요. "

" 소매 금융 회사를 만들거나 신용불량자를 갱생시키는 프로그램으로 아주 획기적인 아이템이죠. 많은 저명인사들이 제 프로젝트에 깊은 관심을 갖고 있습니다. "

"그게 사실이라면 아무튼 괜찮은 아이템 같군요."

"그까짓 천만 원 땜에 제가 김 차장님에게 사기를 치겠어요?"

"그런 뜻은 아니지만….."

집요한 청탁에 휘말린 김정석 차장은 자기 책임 아래 신용 대출 1천만 원을 취급했고 나중엔 추강민이 쳐 놓은 덫에 갇혀 버렸다. 추강민의 부채 원리금을 몽땅 대신 갚아야 했고 대출 원리금 상환이 장기 연체 중이라는 이유로 징계를 받는 등 인사상 불이익마저 감수해야 했다.

"사모님, 아무런 대가 없이 순수한 마음으로 지원을 했다가 궁지에 몰렸습니다. 우리 아빠의 은혜를 그런 식으로 갚는 게 아닙니다. 이러시면 천벌을 받아요."

김 차장 부인의 원망 어린 전화를 수차례 받아 오던 아내가 전면에 나선 것은 몇 개월 뒤였다.

"김 차장님만 당한 게 아닙니다. 그 피해자들이 수십 명인지 수백 명인지 저도 잘 몰라요. 그 사람이 싸지른 똥을 치우다 지친 나도 직장에 사표를 내야 할 처지랍니다."

김 차장 집을 찾아간 아내가 징징 짜며 하소연했다.

"우리 아빠에게 무슨 죄가 있겠어요? 순수한 뜻으로 추강민 씨에게 도움을 주기 위해 대출을 주선하고 보증까지 선 겁니다. 당장 해결해 주셔야 해요."

김 차장의 부인이 애걸복걸하자 아내는 피를 토하듯 절규했다.

"자식들이 불쌍해 이를 악물고 견딥니다. 고금리 사채 이자를 물어주다 보니 봉급을 타도 늘 마이너스예요. 그 사람이 진 빚 수십억 원을 내가 무슨 재주로 갚으란 말입니까? 조폭들에게 수시로 협박당해도 미친 척하고 버티는 년이 저예요. 자식새끼들 아니었으면 벌써 때려치우고 잠적했을 거예요. 지금은 창피한 줄도 모르고 악에 바쳐 지냅니다. 정말이지 이혼을 심각하게 검토하고 있어요. 김 차장님께서 한

발 양보하지 않으면 저는 혀 깨물고 죽어야 합니다. "

눈물 콧물 흘려 가며 호소한 끝에 아내는 김정석 차장의 포기 의사를 받아 낼 수 있었다. 그만큼 파산의 벼랑 끝에 몰린 아내도 배짱 하나만으로 버티는 재주를 터득하고 있었다.

나중에 알게 된 사실이지만, 김 차장 부부는 추강민 아내의 마지막 발악 같은 넋두리에 혀를 내둘렀다고 한다. 뒤늦게 그 얘기를 들으면서 추강민은 턱이 떨릴 만큼 아내가 무서워졌다.

추강민 한 사람 때문에 몰락의 도미노 사태에 떠밀려 침몰한 사람은 그 밖에도 얼마든지 있었다. 피해자들의 대부분은 금융기관 종사자들이었고 그 중의 상당수는 한양은행 사람들이었다.

하지만 무턱대고 추강민만 비난할 일은 못되었다. 진상을 알고 보면 피해자 중의 적지 않은 사람들이 추강민에게 일방적으로 당했다기보다는 서로 맞보증을 섰다는 이유로 무너졌다. 그 피해자들은 사실상 동병상련의 과부들 처지와 비슷했고 추강민을 이용하려다가 추강민에게 이용당한 사람들도 적지 않았다.

부명상고 동기 동창이자 입사 동기인 이주명 대리는 국민은행 가리봉동 지점 신용 대출 3천만 원에 보증을 섰다가 명예퇴직을 결심했다. 부명상고 출신 입사 동기 김탁환 대리와 조봉암 대리도 농협, 삼성생명보험, 한일은행 대출금 3천 5백만 원에 연대보증인으로 나섰다가 비슷한 길을 걸어야 했다.

한양은행 영등포 지점 대부계 주임 최태호도 추강민의 꾐에 말려들어 대출금 2천만 원에 보증을 섰다가 초읽기에 들어갔다. 신용불량자가 될지도 모른다는 공포에 시달리던 연대보증인 최 주임은 지점 간 송금 조작으로 검은 돈을 챙기려다가 발각되자마자 파면 조치를 앞둔 채 종적을 감추고 말았다.

추강민의 무책임한 사기행각과 맞보증 빚잔치에 휘말려 명예퇴직을 결심해야 했던 한양은행 동료들은 과연 몇 명일까. 추강민의 차입금에 보증을 서거나 차주(借主) 명의를 빌려 주었다는 이유로 파멸의 도미노 사태에 휩쓸린 이웃들은 정말이지 몇 명이나 될까.

정확하게 헤아린다는 것은 가해 당사자인 추강민으로서도 쉽지 않은 일이다. 워낙 많은 피해자들이 호시탐탐 기회를 엿보며 추강민을 추적 중이어서 헤아려 보고 싶지도 않다. 일일이 따져 본다는 자체가 고문실로 끌려가는 것처럼 괴롭기 때문에 아예 잊어버리고 싶을 뿐이다.

연체 이자와 법적 경비 등을 제외하고, 일가 친인척이 직접적으로 입은 피해 금액의 대부분을 감안하지 않더라도, 몇 억 원, 몇 십억 원이 될지 가늠하기 어렵다. 언뜻언뜻 떠오르는 대로 대충대충 훑어 나가도 수십 명에 이른다. 몇 백, 몇 십만 원짜리 사기 피해액까지 합친다면 그 피해자들은 아마도 수백 명을 넘어설 것이다.

피해자들을 예로 들어 보자.

no.	이름	내 용	금 액
1	* * *	부명상고 동기 동창, 법인 설립 자금 투자	30,000,000원

2	* * *	A공대 출신 박사, 법인 설립 자금 대여	50,000,000원
3	* * *	한양은행 고객, 무역상, 법인 설립 자금 투자(1,400달러)	1,800,000원
4	* * *	을지로 인쇄업자, 법인 설립 자금 투자	5,000,000원
5	* * *	청계천 단추 공장 사장, 법인 설립 자금 투자	5,000,000원
6	* * *	청계천 레코드 도매상, 법인 설립 자금 투자	5,000,000원
7	* * *	H그룹 부장, 세미추강민 개최 비용, 특허 출원 비용 등 부담	30,000,000원
8	* * *	컨설팅 회사 대표, 경비와 인력, 사무실 지원	11,000,000원
9	* * *	S텔레콤 전산실 근무, 업무 추진 경비, 시스템 구축 작업비 지원	30,000,000원
10	* * *	교회 집사, 을지로 인쇄업자, 부부가 모두 신용불량자로 전락, 퇴직금으로 변제한다고 속여 차용, 한양은행 신설동 지점 대출 명의 대여(김 집사 보증)	45,000,000원
11	* * *	A대 병원 직원 상대로 사채놀이를 하던 노파, 아내가 빌린 사채, 월간 이자 60만 원 이상 지출, 최소한의 사채 원금	20,000,000원
12	* * *	교회 목사, 직금 대출, 막내 처형이 대신 변제	5,000,000원
13	* * *	교회 집사(여), 과자점 운영, 퇴직금으로 변제한다고 속이고 빌림	10,000,000원
14	* * *	한양은행 입사 동기, 동양생명, 신한생명, 중소기업은행 대출금 보증	45,000,000원
15	* * *	유흥업소 사장, 대출금 대위 변제	15,000,000원
16	* * *	부명상고 동기이자 한양은행 입사 동기, 동부화재 대출금 보증, 대위 변제	15,000,000원
17	* * *	서울은행 대출금 명의 대여, 대위 변제	5,000,000원
18	* * *	한양은행 근무, 해동화재 대출금 보증인, 대위 변제	15,000,000원

19	* * *	한일은행 차장, B대 상대 졸업, 한일은행 대출금 보증, 대위 변제	10,000,000원
20	* * *	부명상고 졸업, 한양은행 입사 동기, 국민은행 대출금 보증, 대위 변제	30,000,000원
21	* * *	부명상고 한양은행 입사 동기, 농협, 삼성생명 대출금 보증	20,000,000원
22	* * *	한양은행 중부 지점 근무 당시 대부계 주임, S은행 대출금 보증	10,000,000원
23	* * *	동생, 삼성화재 대출금 명의 대여, 부동산 담보 제공, 대위 변제	70,000,000원
24	* * *	한양은행 차장, 생활 안정 자금 대출 보증, 대위 변제	7,000,000원
25	* * *	사채업자, 가계수표 할인, 부도 어음 보유, 약속어음 채무	117,000,000원
26	* * *	사채업자, 가계수표 할인, 부도 수표 보유, 약속어음 채무 포함	14,000,000원
27	* * *	부명상고 졸업, 한양은행 입사 동기, H은행 소공동 지점 대출금 보증	15,000,000원
28	* * *	컴퓨터 관련 기기 업체 대표, 특허 출원 비용 지원	15,000,000원
29	* * *	일시 차입	5,000,000원
30	* * *	H생식 대표, 특허 출원 비용 부담	5,000,000원
31	* * *	부명상고 동기 동창, H은행 출신, 삼성화재 대출금 보증, 대위 변제	20,000,000원
32	* * *	부명상고 동기 동창, 공인회계사	10,000,000원
33	* * *	부명상고 동기 동창, 한양은행 입사 동기, 강모 명의 대출금 보증	5,000,000원
34	* * *	부명상고 동기 동창, 한양은행 대출금 보증, 대위 변제	10,000,000원
35	* * *	강모 명의의 아파트 입주자	10,000,000원

아, 이런 식으로 피해자 명단을 나열하며 스스로 기죽이고 싶지는 않다. 하지만 추강민은 이미 경계선을 넘어섰다. 5백만 원 이상의 피해를 당한 개인은 40명이 넘을 뿐더러 원금 피해만 합산해도 5억 원으로 추산된다. 대위 변제 금액에 대한 이자(利子), 기타 친지들의 피해 금액, 동정 어린 지원 경비 등을 합칠 경우 너끈히 7억 원을 넘어설 것이다.

금융기관을 이용한 자금 조달 상황은 더 어수선하게 기억된다. 대위 변제, 일부 상환, 전부 상환 등을 감안하지 않은 대출 원금 기준으로 대강대강 더듬어 봐도 8억 원에 가깝다. 물론 명예퇴직금 1억 7천만 원으로 상환된 대출금도 포함되어 있고, 보증인과 명의 대여자들이 대신 변제한 부분도 있을 것이므로 개인의 피해 금액과 일부 중복된다.

금융기관 차입금 현황을 예로 들어 보자.

no.	이름	내용	금액
1	* * *	한양은행 을지로 지점 / 차주 명의 : 아내, 보증인 : 동생	30,000,000원
2	* * *	한양은행 영등포 지점 / 차주 명의 : 아내, 보증인 : 대학원 동기	50,000,000원
3	* * *	한양은행 안암동 지점 / 차주 명의 : 아내	1,800,000원
4	* * *	한양은행 을지로 지점 / 차주 명의 : 장모, 18평 아파트 담보 제공	5,000,000원

5	* * *	한양은행 강촌 지점 / 차주 명의 : 장모, 보증인 : 처형	5,000,000원
6	* * *	한양은행 을지로 지점 / 차주 명의 : 장모, 보증인 : 처남	5,000,000원
7	* * *	한양은행 을지로 지점 / 차주 명의 : 아내, 보증인 : 동생	30,000,000원
8	* * *	한양은행 을지로 지점 / 주택 자금 대출	11,000,000원
9	* * *	한양은행 신설동 지점 / 차주 명의 : * * * 집사, 보증인 : * * * 집사	30,000,000원
10	* * *	한양은행 중부 지점 / 보증인 : 한양은행 C대리	45,000,000원
11	* * *	한양은행 을지로 지점 / 생활 안정 자금, 보증인 : 한양은행 C대리	20,000,000원
12	* * *	삼성화재보험 / 차주 명의 : 동생	5,000,000원
13	* * *	신한생명보험 / 보증인 : 한양은행 P과장	10,000,000원
14	* * *	동양생명보험 / 보증인 : 한양은행 P과장	45,000,000원
15	* * *	한양은행 을지로 지점 / 목사님 명의 적금 담보 대출	15,000,000원
16	* * *	신용카드(외환, 다이너스, 아멕스, 국민, 신한, 한미, 하추강민, 강원, 축협, 상업, 한일, 조흥, 제일, 농협, 평화은행 등) / 카드론, 현금 서비스, 카드깡	15,000,000원
17	* * *	각종 지방은행의 신용대출	5,000,000원
18	* * *	상업은행 / 보증인 : 한양은행 P과장	15,000,000원
19	* * *	동부화재보험 / 보증인 : 한양은행 입사 동기	10,000,000원
20	* * *	서울은행 / 제삼자 명의로 차입	30,000,000원
21	* * *	해동화재보험 / 보증인 : 한양은행 K대리	20,000,000원
22	* * *	한일은행 종로 지점 / 보증인 : 한일은행 K차장	10,000,000원
23	* * *	삼성생명보험 / 보증인 2명	70,000,000원
24	* * *	농협 / 보증인 : 한양은행 청원경찰	7,000,000원

25	* * *	가계수표 할인 / 을지로 사채업자	117,000,000원
26	* * *	가계수표 할인 / 서울 명동 사채업자	14,000,000원
27	* * *	가계수표 할인 / 서울 시청 사채업자	15,000,000원
28	* * *	한일은행 소공동 지점 / 보증인 : C대리	15,000,000원
29	* * *	한양은행 양평동 지점 / 차주 명의 : 아내	5,000,000원
30	* * *	삼성화재보험 / 보증인 : 부명상고 동기 동창	5,000,000원
31	* * *	한양은행 일산 지점 / 보증인 : 부명상고 동기 동창	20,000,000원
32	* * *	한양은행 광교 지점 / 보증인 : 부명상고 동기 동창	10,000,000원
33		...	

그렇게 하나하나 따져 나가다 보면 금융기관을 이용한 대출 원금의 규모는 7억 원에 가깝다. 연체 이자를 감안하면 얼마가 될지 추강민도 알지 못한다. 개인적으로 등쳐먹은 친지들의 피해 금액까지 모두 합칠 경우 대충 14억 원이나 15억 원은 되지 않을까 싶기도 하다.

이처럼 감당하기 어려운 빚더미의 무게에 가위눌려 살았으니 어떻게 온전한 정신을 유지할 수 있었겠는가. 빚 독촉이나 해결사들의 악랄한 난동이 없었더라도 차분한 일상생활은 사실상 불가능했다.

빚을 갚아야 한다는 절박함도 잊어버리게 되었을 때는 삶의 의욕마저 멀리 달아나 버린 뒤였다. 이처럼 40대 가장이 비몽사몽의 세월 속을 헤매다가 거꾸러졌으니 멀쩡한 집안이 풍비박산된 것은 너무도 당연한 일이었다.

추강민은 요즘 들어 광명여인숙 골방 안에서 짬짬이 유서를 준비하고 있다. 언젠가 반드시 자살을 하겠다는 뜻이 아니라, 만약의 경우에 대비하여 참회록을 준비하듯 유서를 쓰고 있을 뿐이다. 솔직히 말해, 추강민에게는 죽은 뒤의 암흑이 두려워 자살을 결행할 만한 용기도 없다.

이제, 아끼던 몇 마디의 말을 유서에 적어 넣어야 할 때가 무르익은 것 같다.

" 여러분, 제발 나처럼 살지 말라! 대박은 환상이다! 대박 여행의 끝은 99.9%가 파멸이다! 정직과 최선을 좌우명으로 삼던 추강민이 철저히 타락한 것은 대박에 대한 환상을 버리지 못했기 때문이다. 대박에 대한 환상과 과욕은 기어코 화를 부른다. 추강민에게도 예외는 아니었다. 추강민은 처절하게 망했고 탈옥의 가능성이 전혀 없는 절망의 감옥에 갇혀 버렸던 것이다. "

19
대박 여행

이제는 오직 한 길, 한양은행을 그만두는 길밖에 없어 보였다. 사전 시나리오가 완벽해 보이는 사기행각도 임시방편의 탈출구를 마련하는 데 별로 도움을 주지 못하고 있었다. 교도소 담장 위를 걷듯 바들바들 떨며 안간힘을 썼지만, 사기행각의 대상자가 고갈되거나 뜯어내는 돈이 적어지는 등 역부족의 사태에 직면하고 있었다.

무모한 대박 여행이 실패로 마무리되고 눈앞에 불어 닥친 몰락의 맞바람과 정면 승부를 벌이게 되면서부터 추강민은 단 한 푼의 돈이 아쉬워졌다. 파산의 벼랑 끝에 몰려 지갑이 텅 비다 보니 돈을 만드는 데 부쩍 혈안이 되어 있었다.

그렇게 눈코 뜰 새 없이 허송세월을 버무리며 근무하던 어느 날, 한양은행에서 취급하는 생활 안정 자금 대출 8백만 원도 추강민의 사냥감으로 다가왔다. 예기치 못한 색다른 목돈의 원천이 그 모습을 드러냈을 때 추강민은 예전처럼 잔머리를 굴리기 시작했다.

하지만 아무리 고민을 거듭해도 눈먼 돈 사냥은 쉽지 않아 보였다. 한양은행 을지로 지점 대리 자격으로 취급이 가능한 대출은 모조리 훑었을 뿐더러, 담보 제공이 가능한 부동산은 싹쓸이하듯 동원했고, 수많은 친지와 친구들을 보증인으로 내세웠다는 사실 앞에서 막막해졌다. 더 이상 보증을 서 달라고 사정해 볼 만한 사람이 떠오르지 않자 며칠 동안 속을 태웠다.

그러나 궁하면 통한다고 했던가. 추강민의 사기행각에 단 한 번도 말려든 적 없는 아주 만만한 인물이 떠올랐다. 여의도 지점 근무 당시 대졸 신입 행원으로 만났던 최용만 과장을 제물로 삼는 게 어떨지 싶었다. 그는 우직하고 단순한 성격에 의리를 존중하는 사람이었으므로 어렵지 않게 설득할 수 있을 것이라고 추강민은 생각했다.

추강민은 너무 흥분했던 나머지 주먹을 불끈 쥐고 최용만 과장에 전화를 걸었다. 오랜만에 회포도 풀 겸 추강민이 술 한 잔 사겠다고 꼬드기자 그는 조금도 망설이지 않았다.

" 최 형, 소액 대출금 연대보증 좀 서 주소. "

술자리가 어느 정도 무르익었다고 판단되었을 때 추강민이 조심스런 어조로 화제를 바꿨다. 입술이 바짝바짝 마르는 갈증을 달래려고 거의 단숨에 생맥주를 석 잔이나 들이킨 뒤였다.

" 나 말고 보증을 서야 할 사람이 그렇게도 없나요? "

" 반드시 그런 건 아니지만 깜짝 쇼를 벌이고 싶거든요. "

" 깜짝 쇼라니요? "

" 아무도 모르게 특허 출원을 준비하고 있습니다. 도소매 금융을 활성화시킬 수 있는 획기적인 비즈니스모델인데 이미 금융 전문가들의 자문(諮問)을 거쳤어요. 대학교수와 경영학 박사 등 50여 명이 제 프로젝트에 참여하기로 약속했거든요. "

추강민은 최 과장의 반응을 조심스럽게 살피며 노트북 컴퓨터를 열었다. 비록 남에게 맡겨 파워포인트 작업을 거친 자료이지만 브리핑하는 데 어려움은 없었다. 컴맹이란 사실을 숨기려고 마우스 작동법과 클릭 요령만큼은 미리 익혀 둔 덕분이었다.

" 어때요? 획기적인 아이템이지요? "

" 훌륭해 보이긴 합니다만. 소액 대출금이라니, 어떤 걸 말하나요? "

최용만 과장은 술자리에서도 함부로 말을 놓지 않았다. 비록 그의 나이는 추강민과 동갑이었지만 대학을 졸업하고 추강민보다 늦게 입사한 터여서 최용만은 한때 후배 대접을 받았었다. 그러나 사회생활은 참으로 냉정한 법이었다. 그는 학력과 능력이란 측면에서 고졸 입사자인 추강민을 앞섰고 과장 승진에서도 아주 자연스럽게 추강민을 앞질러 가는 중이었다.

" 우리 은행에서 취급하는 생활 안정 자금 대출 8백만 원을 받으려고요. "

추강민 역시 아무리 술에 취했어도 최 과장에게 반말을 던지지 않았다. 한양은행 입사 후배이기에 앞서 그는 추강민보다 직급이 높은 과장이었고 무엇보다 추강민은 그의 결단이 간절히 필요하던 터였다. 결국 최 과장은 같은 또래의 친구추강민 직장 동료가 아니라 상전이나 마찬가지였다.

" 금액이 큰 대출이라면 최 과장님에게 보증 서 달라고 부탁도 안 했을 거요. "

" 그 돈 대출받아서 어디 쓸려고요? "

" 평생 은행에만 근무할 순 없잖아요? 아까 설명한 프로그램을 특허로 출원하려고 준비 중이거든요. 비즈니스모델 특허라서 사전 준비 작업 비용과 특허 출원 경비가 제법 들어요. "

" 추 대리님, 특허권의 사업화 성공 가능성은 현실적으로 높지 않습니다. "

" 사업화가 어려우면 특허권을 처분해도 목돈을 쥘 수 있습니다. 객관적인 평가를 받았는데 무척이나 획기적인 아이템이란 결론을 얻었어요. 각계 전문가들의 자문과 검증을 거쳤기 때문에 이대로 물러서긴 어려워요. 딱 한 번만 도와주십시오. "

추강민은 최 과장이 마음을 닫아 버릴까 봐 몹시 서둘렀다. 그런데 감이 이상했다. 특허권 사업화 성공 가능성이 낮다고 말한 걸로 미루어 보증을 설 의사가 없는 것처럼 생각되었다.

" 최 형, 빠른 시일 안에 대출금을 상환하겠소. 성공하면 반드시 복수하리다. "

추강민은 왠지 머뭇거리는 듯한 최 과장을 강하게 밀어붙였다. 추강민이 추진하는 비즈니스모델이 저명인사들의 자문과 지원을 받고 있는 것처럼 다시 한 번 강조하는 것도 잊지 않았다. 남의 선량한 뜻을 악용하여 등쳐먹고 사는 사기꾼 특유의 치열함이 빛을 발하는 순간이었다.

" 좋습니다. "

역시 최 과장은 단순 소박한 의리의 사나이였다. 인간관계에서 신의를 가장 먼저 앞세울 정도로 통이 크면서도 의외로 순진한 사내였다. 복잡하고 긴급한 추강민의 경제 사정과 사기행각의 실체를 모르던 그는 어렵지 않게 말려들었다. 아내 이름으로 신청한 한양은행 일산 지점의 대출금 8백만 원에 보증을 서고 말았던 것이다.

🌿 🌿 🌿

최용만 과장이 보증을 서고 대충 1년이 흘렀을 때 진퇴양난의 위기가 닥치기 시작했다. 다른 차입금들도 갚지 못한 상태에서 생활 안정 자금 대출 8백만 원의 만기가 도래했고 이마저 상환하지 못하는 상황에서 문제가 더 복잡해졌다. 그 어디에서도 해결 가능성이 보이지 않자 추강민은 고민 끝에 명예퇴직을 자청했는데, 그렇다고 그 퇴직금으로 부채를 모두 상환할 수 있는 건 아니었다.

공동 담보로 제공된 막내 처형 소유의 연립주택에 가압류가 설정되던 날, 그 주택의 세입자가 발목을 잡히는 신세가 되고 말았다. 새로운 입주자가 이사를 와야 할 날짜가 지나도 집을 비워 줄 수 없는 형편 때문에 두 가족 모두 오도 가도 못 하는 처지에 빠졌던 것이다.

한양은행 일산 지점장과 협상한 끝에 최용만 과장의 재보증은 물론이고 대출금의 일정 부분을 상환해야 한다는 조건이 따라붙었다. 밤잠을 설치며 고민하던 추강민은 입주자 가족을 만나기 위해 연립주택으로 찾아갔다. 그 자리에서 추강민은 차장으로 승진하여 한양은행 LA 지점에 근무 중이던 최용만에게 전화를 걸었다.

" 최 차장님, 전세 입주자가 발이 묶여 있습니다. 재보증만 허락해 주시면 저나 전세 입주자추강민 모두 살 수 있어요. 대출금을 갚아 버리면 전세보증금을 내줄 여력이 없습니다. "

추강민은 전세 입주자의 전화기를 붙들고 울먹이는 목소리로 하소연했다.

" 추 형의 사정이 딱해도 어쩔 수 없네요. 다른 보증인을 알아보세요. "

" 그게 가능하다면 제가 왜 목을 매고 사정하겠어요? "

" 그건 추 형 사정입니다. 우리 와이프도 결사반대하니 도리가 없네요. "

" 한번 믿고 보증 기간을 연장해 주세요. "

" 퇴직금으로 갚으면 되잖소? "

염치없는 부탁에 최 차장은 대수롭지 않게 대꾸했다.

" 그 돈이 남아 있다면 왜 내가 최 차장님께 이렇게 사정을 하겠습니까? 청계천 파이낸스 설립 자금 확보와 비즈니스모델 특허권 사업화는 시간문젭니다. 투자한 자금이 회수되면 기한 내 상환도 가능하니 딱 한 번만 더 도와주세요. "

연일 통사정이 날아가자 심경 변화의 기미가 조금씩 보이기 시작했다. 드디어 추강민의 진심(?)을 조건 없이 믿어 보기로 작심한 최 차장은 LA 지점 팩시밀리를 통해 한양은행 일산 지점 앞으로 보증 기간 연장 의사를 통보해 왔다. 연장 거부 의사를 분명히 밝히던 그가 결심을 번복한 것은 순전히 추강민의 거짓말 섞인 사탕발림과 눈물 어린 하소연 때문이었다.

하지만 추강민은 최 차장의 마지막 신의를 저버렸고 그를 희생양으로 삼아야 했다. 보증 기간을 단 한 번 연장해 준 의리의 대가는 너무도 가혹했다. 은행 대출 원리금 1천여 만 원을 대신 갚아 주어야 하는 울며 겨자 먹기 사태를 초래했던 것이다.

" 추 형, 요즘도 바닥을 기고 있소? 빨리 일어서는 날을 보고 싶네요. "

빚 독촉 대신 안부를 물어 오는 최 차장. 추강민이 어려움에 빠질 때마다 마음을 열어 도와 준 그에게 진심 어린 보답을 하기보다는 덤터기를 씌웠으니 입이 열 개라도 할 말이 없다.

그 연립주택의 전세 입주자 역시 커다란 손해를 입었다. IMF 구제금융 위기와 한양은행의 가압류 조치 여파로 전세 보증금 2천 5백만 원이 1천 5백만 원대로 뚝 떨어지면서 잔금 1천만 원을 받지 못하고 짐을 꾸려야 했다. 무던한 성격의 세입자 부부도 마침내 폭발하고 말았다.

"나쁜 놈! 차라리 벼룩의 간을 빼먹지…. 짐승만도 못한 자식!"

"배웠다는 새끼가 무지렁이들의 등골을 빼먹어? 천벌을 받을 놈!"

절망과 증오에 젖어 버린 세입자 부부는 상스러운 욕설을 퍼부었다.

"한 달 안에 갚겠습니다. 분명히 약속합니다."

추강민은 털썩 무릎을 꿇었고 지키기 불가능한 약속을 해 버렸다. 앙탈을 부리는 세입자 부부 앞에서 일단 궁지를 모면하려면 대책 없는 거짓말을 또 한 번 씨부렁거려야 했다.

"이봐! 한 달 내에 해결 안 되면 내게도 생각이 있어."

세입자 남편은 거친 숨을 몰아쉬며 이를 갈았다.

"반드시 약속을 지키겠습니다. 믿어 주세요."

"만약 약속을 안 지킬 때 난 법적 절차를 밟지 않는다! 그냥 내 손으로 죽여 버릴 거야."

세입자 남편은 거칠게 달려들어서 물어뜯을 것 같은 기세였지만 근근이 참고 있었다. 벌이가 신통치 않아 경제난에 허덕이던 그 세입자 가족과 뼛골이 삭도록 건설 노동자로 일하던 중늙은이 그 가장에게 1천만 원이란 돈은 갑부들의 수십억 원과 맞먹는 재산이었다.

추강민은 찢어지게 가난한 부부가 어렵게 모은 그 돈을 끝내 돌려주지 못했다. 그리하여 아무리 낯가죽 두꺼운 사기꾼일지라도 죄의식에 시달렸고 쓰라린 가슴을 안주 없는 강소주로 달래야 했다.

빚쟁이들의 욕설과 협박은 시도 때도 없이 추강민의 마음 한 귀퉁이에서 해살을 놓고 있었다. 그처럼 심란한 순간순간을 가까스로 흘려보내던 그 날, 진동 상태의 휴대폰이 풍뎅이처럼 푸드득 떨었다. 왠지 꺼림칙했지만 일단 받아 보기로 했다. 빚쟁이의 전화가 아니라 투자 희망자가 건 전화일지 모른다고 짐작하며 휴대폰 덮개를 조심스럽게 열어젖혔다.

" 여보세요. "

" 추강민! 나다! "

" 누구세요? "

추강민은 상대방의 살벌한 어투에 찔끔 놀랐다.

" 야! 추강민, 오늘 월말인데 왜 20만 원 안 보내? "

반가운 전화가 아니었다. 참 재수 없게도 한양은행 입사 동기 유창현의 목소리였다.

" 어, 그게 아니고…. 오늘 월말인지 정말 몰랐어. "

추강민은 월말이 됐음을 진작 알고 있었지만 어물쩍 넘겼다. 아, 우라질 놈의 세상! 전화를 받은 게 어찌나 후회되던지 한숨이 절로 나왔다.

" 죽을 지경이다. 제발 20만 원 좀 통장에 넣어 줘라. "

협박성 어조가 통사정하는 말투로 변한 것은 잠시 뒤였다.

" 창현아, 며칠만 기다려. 나도 요즘 죽을 맛이다. "

" 씨발 짜식아! 내가 네 사정을 봐주라고? "

한 푼도 송금할 형편이 아니란 걸 확신한 듯 나중에는 욕지거리를 섞어 어르기 시작했다. 유창현은 워낙 형편이 어려운지 쌀과 찬거리를 살 돈이 없어 식구들이 굶어야 할 상황이라는 말도 꺼냈다. 그의 아내가 파출부로 나섰다는 소문을 들은 지 오래여서 추강민은 고개를 끄덕거렸다.

" 정말 미안해. 제발 며칠만 참아 줘. "

추강민은 쥐어짜는 소리로 유창현을 다독거리려고 애를 썼다. 난처한 순간이 올 때마다 말로 때워 넘기는 것이 추강민 생존 방법의 하나였으니까.

" 이 새끼야! 너 땜에 망한 놈이 나야. 입에 풀칠 좀 하자는데 20만 원도 못 보내 주냐? "

유창현은 전례 없이 불끈거렸다. 그 역시 한양은행을 퇴직한 이래 신용불량자로 전락했기 때문에, 막가파처럼 나오는 심리 상태를 추강민은 충분히 이해할 수 있었다.

" 며칠만 참아라. 사흘 안에 부칠게. "

" 너, 참 싸가지 없구나. 피해자의 사정은 알 바 아니고 네 똥구멍 닦는 데만 신경을 쓰니…. "

유창현의 대응은 놀라울 만큼 도전적이었고 상스러웠다.

" 아냐. 그게 아냐. "

추강민은 주먹으로 이마를 두드리며 거칠게 도리질했다.

" 너 이 자식, 오늘 밤 네 처갓집에서 만나자. 아무래도 내가 손 좀 봐야겠어. "

유창현은 선전 포고하듯이 뱉어 놓고 일방적으로 전화를 끊었다. 처갓집 신세를 지고 있는 추강민의 약점을 찔러야 20만 원이라는 돈이 나올 것이라고 확신한 모양이었다. 하지만 그는 한참 잘못 짚고 있었다. 처갓집을 나와 여인숙 골방 신세를 지고 있는 처지를 미처 모르고 있었다. 추강민은 고개를 깊이 꺾은 채 눈을 질끈 감았다. 비명을 지르고 싶었지만 목소리가 터지지 않았다. 머릿속은 텅 비었고 가슴은 황무지처럼 변해 있었다.

똑같이 어려운 상황에 몰려 있는 신용불량자들끼리 악에 바쳐 싸우는 게 싫었지만 도저히 피할 수 없는 운명이었다. 맞보증한 대출금을 서로 상계하고 나니까 추강민이 유창현에게 갚아야 할 돈이 적어도 천만 원 이상 남아 있었다. 맞보증 대출로 추강민과 더불어 파멸에 이른 박두호 과장처럼 유창현 과장도 친구가 아니라 한 명의 빚쟁이에 지나지 않았던 것이다.

눈물과 한숨으로 점철된 비탄의 세월이 과연 언제쯤 막을 내리게 될 것인가…. 도대체 반전의 가능성이 보이지 않아서 추강민은 괴로웠다. 한창 일할 나이에 알거지 실업자가 된 추강민은 빚쟁이들의 무지비한 협공에 시달리며 금쪽같은 인생을 낭비하고 있었다. 대박 터뜨리기의 그 불확실성에 인생의 몇 년을 더 허비하기엔 너무 아깝다는 생각도 없지 않았다.

얼마나 더 많은 쓰라림을 겪어야 하고 얼마나 더 많은 것을 잃어야 정상적인 일상이 가능해질 것인지 그게 궁금했다. 밤낮을 가리지 않고 기도하며 하나님께 물어 봤지만 도대체 대답이 없었다.

한양은행 본점에서 근무하던 시절, 입사 동기 유창현 과장도 추강민과 비슷한 신세를 면치 못하고 있었다. 유 과장도 추강민처럼 주식투자로 많은 빚을 졌을 뿐만 아니라, 결제 기일이 돌아오는 가계수표와 신용카드를 막기 위해 거의 하루도 빠지지 않고 급전을 구해야 할 처지였다. 추강민 역시 위기감에 휩싸여 갖가지 해결책을 강구하던 중에 그토록 다급해진 유 과장을 찾아가 수작을 부렸다.

" 너, 돈 필요하지 "

그 날 동생의 도움으로 사채이자 90만 원을 겨우겨우 해결한 추강민은 유 과장을 넌지시 떠보았다.

" 그게 무슨 뜻이니? "

" 돈 좀 필요하냐고 물었다. "

" 왜? 빌려줄 돈이라도 있어? "

" 아냐. 우리 둘이 맞보증을 서면 2천만 원 정도는 쉽게 빌릴 수 있다는 뜻으로 한 말이다. "

" 어디서 빌리는데? "

뜻밖의 제의에 유 과장은 눈빛을 번뜩였다.

" 과부 사정은 과부가 더 잘 아는 법이지. "

" 야, 빙빙 돌려 말하지 마. 도대체 어디서 2천만 원을 빌릴 수 있다는 거냐? "

" 동양생명! "

" 등잔 밑이 어두웠군 그래. "

유 과장은 회심의 미소를 지었다.

" 하지만 추강민은 동해생명에서 이미 2천만 원을 빌렸어. "

예상한 대로 유 과장은 동해생명보험의 대출금을 끌어다 쓰고 있었다. 자신의 고교 후배이자 한양은행 대리였던 심문보와 맞보증을 서는 조건으로 동해생명보험에서 각각 2천만 원을 빌렸다고 했다.

"걱정하지 마. 동양생명과 동해생명은 엄연히 다른 곳이야."

추강민은 큰소리를 쳤다.

"좋아, 널 믿어 보자."

"얼마든지 취급이 가능하니까 내 말을 믿어."

며칠 전 한양은행 본점 바로 옆에 위치한 동양생명보험 본사로 찾아가 이미 대출 상담을 마친 추강민은 자신 있게 나섰다. 신원 확실한 은행원 두 명이 보험에 가입하고 서로 보증을 선다면, 각각 2천만 원을 대출해 주겠다는 약속을 받아 놓은 상황이었기 때문이다.

서울 서면상고 출신이자 입사 동기인 유창현 과장과 추강민은 그 뒤로도 의기투합했고 서로 보증을 서 가며 각각 2천 5백만 원의 돈을 더 빌렸다. 동양생명보험 2천만 원을 비롯해 신한생명보험 1천만 원, 기업은행 1천 5백만 원 등 4천 5백만 원을 '어깨보증'으로 차입했던 것이다.

하지만 그토록 위험한 곡예는 얼마 지나지 않아서 추강민과 유창현 과장을 끈질기게 괴롭혔다. 공동 운명체처럼 결속된 우리들은 서로의 안부를 물어 가며 몰락하지 않는 비법을 다각적으로 모색하지 않으면 안 되었다.

그럴수록 파멸의 회오리바람에 가속도가 붙기 시작했다. 추강민이 명예퇴직 3개월 전부터 동해생명보험의 대출금 이자를 연체 중일 때, 유 과장과 맞보증 대출을 시도하여 고통 받던 심문보 대리가 찾아와 그 진상을 시시콜콜 증언하더니 모래 씹는 표정을 지었다.

"제발 정신 바짝 차리세요. 유창현 선배와 제가 맞보증을 섰기 때문에 추 선배가 무너져선 곤란합니다. 추 선배가 포기하면 유창현 선배와 나도 덩달아 주저앉게 됩니다. "

대낮임에도 심문보 대리의 얼굴은 술기운이 오른 것처럼 붉어져 있었다.

" 나로선 지금 당장 마땅한 대책이 없어. 심 대리가 먼저 급한 불을 꺼 주면 몰라도…. "

넘어야 할 산이 너무 많았던 추강민은 절망적인 표정을 지어 보였다.

" 선배님, 대책이 없다니요? "

" 당장 연체이자 낼 돈도 없어. 한 달만 꿔 줄 수 없겠니? "

" 그렇다면 어쩔 수 없네요. 연체 이자만큼은 제가 정리해 드릴 테니 나중에 갚으세요. "

워낙 사정이 다급했던 심 대리가 자기 돈으로 추강민의 대출금 연체 이자를 대납해 주었다. 그렇다고 추강민, 유창현 과장, 심문보 대리 등 세 명에게 닥쳐오는 위기가 말끔히 해소된 것은 아니었다. 그 해 연말을 맞아 3개월 이상 대출 원리금 상환이 연체될 경우 대손충당금 적립으로 경영에 부담을 주고 사후 관리비용이 많이 드는 점을 고려하여 금융기관들이 적극적인 연체 대출금 감축 운동에 들어갔기 때문이다.

" 추강민 씨, 법적 조치에 들어갈 계획이니 그리 아시기 바랍니다. "

동해생명보험의 대부 담당 차장이 최후통첩을 보내 온 것은 3개월 뒤였다. 대책이 없어 맥을 놓고 있던 추강민은 동해생명보험 본사의 상급 책임자인 담당 상무를 찾아가 애걸복걸했다.

" 시간을 주십시오. 빠른 시일 안에 상환하겠습니다. "

" 객관적으로 믿을 만한 구체적인 상환 계획서를 보여 주세요. 검토한 후 가능하다고 판단되면 기한을 연장해 드리죠. "

그 때 동원된 서류가 바로 '청계천 파이낸스 설립 계획서'였다.

" 청계천 시장에서 소매 금융 회사를 창립하려고 준비 중입니다. 많은 상인들의 투자 확약서를 받아 놓았고 머잖아 세미나도 개최할 예정입니다. "

말도 안 되는 그 사업계획서를 보여 주며 침을 튀기자, 담당 상무가 추강민의 말을 믿고 법적 조치를 연기해 주었다.

하지만 믿는 도끼에 발등을 찍힌 그 상무는 얼마 뒤 피해가 확산되는 바람에 곤경을 면치 못했다. 퇴직에 대비하여 추진 중이던 청계천 시장에서의 소매 금융 회사 설립은 무산되었고 추강민을 비롯해 유창현 과장, 심문보 대리 등 채무자 세 명도 예외 없이 추락했기 때문이다.

유 과장과 심 대리, 그들이 가장 무서워한 것은 정작 자신들의 대출 원리금 연체가 아니라 추강민의 은행 퇴직이었다. 추강민이 파산하면 자신들도 돌이킬 수 없는 사태에 직면한다는 사실을 그들은 너무도 잘 알고 있었다.

하지만 추강민은 더 이상 견디지 못해 쓰러졌고 명예퇴직을 결행하지 않으면 안 되었다. 추강민의 몰락은 부도 도미노 현상의 전주곡이었다. 추강민의 대출 원리금을 대신 갚아 가며 그럭저럭 버티던 그들도 결국은 추강민처럼 사표를 쓰는 도리밖에 없었던 것이다.

" 추강민이 버텼다면 우린 무난히 지탱할 수 있었어. "

두 사람이 그렇게 원망할 때마다 추강민은 말문을 열지 못했다.

" 왜 약속 안 지켜? 진짜 20만 원도 없단 말야? "

매달 말일이 가까워지면 어김없이 독촉 전화를 받는다. 신용불량자가 되어 옴짝달싹 못 하는 유창현과 박두호가 건 전화인 것은 물론이다. 자기들 못지않게 어려운 신용불량자에게 건 전화를 받을 때마다, 추강민은 직속 선배와 함께 추락한 심문보의 근황이 몹시 궁금해진다. 심 대리, 그는 과연 이 엄동설한을 어떻게 견디고 있을까. 술 취한 사람들의 승용차를 대리 운전하며 입에 풀칠을 하는 자기 선배 박두호 과장처럼 밑바닥을 기고 있을지도 모른다.

 " 당신의 명예퇴직 때문에 우린 망했어. "

 " 네가 조금만 버텨 줬더라면 우린 이 꼴이 되진 않았을 거야. "

 그 저주의 말이 뇌리를 스칠 때마다 추강민의 가슴은 얼음송곳에 찔린 듯 아파 온다. 한국에서 가장 안정된 샐러리맨이라고 인정을 받던 우리는 신용불량자가 되면서 모든 것을 잃었다. 평생 힘든 일 한번 안 하고 가정을 지키던 아내는 할인 매장의 임시 판매원이나 파출부로 나섰으며 가족이 살던 집들은 파산으로 날아갔다.

 신용불량자 신세를 벗어나는 길은 참으로 멀고멀기만 하다. 어느 세월에 신용을 회복하고 정상인(?)이 되어 집 한 채를 마련할 만한 돈을 모을 수 있을까. 언제쯤 숨 막히는 인생의 지옥을 무사히 탈출할 수 있을까…. 한숨이 절로 나온다.

 더없이 완벽하게 망한 사람들끼리 위로하며 살아가기는커녕 욕설과 원망으로 서로를 상대해야 하는 현실이 서글프다.

 가뜩이나 절박한 처지에 몰린 사람들이 동병상련의 상처를 서로 건드리며 욕설을 퍼부어야 하는 세월이 저주스럽기만 하다. 두말할 필요가 없다. 우리 모두 과욕을 부리며 허상을 좇다가 함께 넘어져 발목이 부러졌기 때문이다.

징검다리 투자노트 |

:: 시장 분석보다 기업 분석이 중요

가치투자자가 주식투자를 할 경우 시장분석가, 거시경제학자, 증권분석가 등이 아니라 기업분석가의 입장이 되어야 한다. (워런 버핏)

*   *   *

시장분석가나 증권분석가의 시각은 주식의 시장 가격에 맞춰져 있다. 그들의 목적은 시장 가격의 등락을 예측하는 것이다. 결국 뉴욕 월가의 금융 사기꾼들이나 하는 일이다.

워런 버핏은 기업의 시장 가격과 무관하게 기업 자체에 주목하라고 충고한다. 시장분석가나 증권분석가들과 다르게 우량기업의 지분(조각)을 소유하는 것이 투자의 목적이기 때문이다.

*   *   *

테마주와 차트의 상처는 치명적이다. 시장이 유혹하는 테마주와 차트로 높은 시세차익을 올릴 수도 있다. 하지만 길게 보면 테마주 추격 매수와 차트 분석이 빚어낸 상처는 깊고 치명적이다.

가치투자를 실행하며 기업을 연구 분석하는 이들에게 주가의 하락은 재앙이 아니라 축복이다. 위기가 기회이고 우량주 하락은 곧 매수 기회이기 때문이다. 가치투자자들은 그 사실을 체험적으로 증언한다.

■ 가치투자는 너무 느리다. 빨리 부자가 되려면 한 방에 뭔가를 해내야 하지 않을까?

그 착각은 결국 투자가 아닌 투기의 영역에 서서 '나는 투자하고 있다!'고 외치는 것과 같다. 조바심을 버리고 수도승처럼 기다릴 줄 아는 것이 진정한 가치투자다.

자식농사

명색이 셋째 아들인 40대를 눈앞에 둔 서른일곱 살 때 아버지가 돌아가셨다. 뇌졸중으로 쓰러지면서 장애인이 된 이래 20여 년 동안 마음고생을 하다가 생을 마감하셨을 때는 아버지의 나이 일흔둘이었다.

세상을 떠나시기 오래 전부터 당신은 한 가정을 책임지는 가장이라기보다는 가족들에게 부담을 지우던 애물단지에 지나지 않았다. 젊은 시절 못 말리는 바람기 때문에 어머니의 속을 꽤나 썩였다던 아버지, 당신은 쉰 살의 고개를 넘어서기 무섭게 병석에 드러누우면서 너무도 확실한 무능력자로 전락해 버렸다.

안정을 보장받던 공기업의 과장 자리를 내던지고 개인 사업에 뛰어들었던 당신이 중풍에 걸린 것은 추강민이 중학교 2학년이 되던 해였다. 아마 오후 5시쯤이었을 것이라고 기억된다.

" 눈과 입이 비뚤어지는 느낌이여. "

안면 마비 증세를 호소하며 힘들게 귀가하던 아버지가 어눌한 목소리로 말했다. 중풍 초기에 나타나는 이른바 구안와사 증세였다. 그 날 저녁부터 침을 맞으며 갖가지 민간요법에 의존했지만 아버지의 병세는 좀처럼 호전되지 않았다.

어머니가 구해 온 오리 알과 오리 피를 귀한 약재처럼 장기간 복용했어도 장애인 신세를 벗어나긴 어려웠다. 왼손 마비가 심해지면서 지팡이에 의존하지 않으면 거동이 불편했고 대소변을 가리는 것만도 천만다행이지 싶었다. 그래도 당신은 반신불수를 겨우겨우 모면한 몸으로 20년 이상을 생존하면서 우리 가정의 정신적 지주 노릇을 감당하셨다.

몇 년 전의 사업 실패로 어려움을 겪던 가계의 경제 사정은 아버지의 와병이 시작되자 걷잡을 수 없이 악화되었고, 결국 앙증맞은 체구의 어머니가 가장의 몫을 대신 짊어져야 했다. 보험 설계사로 나서는 것은 물론, 틈틈이 직장인들에게 일본어를 가르치며 가족의 생활비와 자식들의 학비를 혼자 벌어야 했다. 형들이 군복무 중이거나 학생 신분이었으므로 어머니가 발 벗고 나서지 않으면 별다른 생계 수단이 없었다.

그렇다고 해서 아버지가 쓰러지기 이전에도 가족이 풍족한 생활을 누린 것은 아니었다. 알부잣집 아들이라는 소리를 듣던 유년기가 지나가자 경제 상황은 급격히 나빠졌고, 초등학교 저학년 때부터 추강민은 어머니의 은밀한 주문에 따라 전당포를 들락거렸다.

이웃 사람들의 시선 때문에 창피했을 어머니는 말 잘 듣던 넷째 아들을 언제나 심부름꾼으로 앞장 세웠다. 추강민은 심부름 값 대신 얻어내는 사탕의 단맛에 빠져 전당포를 출입하는 일이 마냥 즐겁기만 했다.

　잔심부름에 맛을 들여 가벼운 발걸음으로 달려간 추강민은 라디오, 시계, 심지어 아버지의 고급 양복과 외투를 전당포에 맡기고 어머니가 필요로 하는 급전을 만들어 오곤 했다.

◢ ◢ ◢

　추강민이 초등학교 5학년이 되면서 집안의 경제 형편은 시나브로 악화되었다. 엄마가 일용할 양식을 구하러 정신없이 돈벌이에 골몰하는 동안, 당신의 넷째 아들인 추강민은 파출부처럼 부엌의 설거지를 도맡아야 했다. 심부름 값 대신 사탕을 얻어먹거나 그 사탕을 얻어먹은 대가로 설거지를 하며 엄마의 일을 돕는 게 그런 대로 즐거웠다.

　큰형의 생일이던 그 날, 추강민이 고사리 손으로 설거지에 열중하고 있을 때 빚쟁이 아줌마가 들이닥쳤다. 반신불수를 어느 정도 극복하고도 무능력자 신세가 된 장애인 아버지는 지팡이에 몸을 의지한 채 산책을 나가고 집에 없었다.

　" 어쭈쭈! 이젠 고깃국까지 먹어? "

　내덕동 로터리 근처에서 여관을 운영하던 사채꾼 아줌마가 기세등등하게 나왔다. 추강민은 그 아줌마의 기습적인 방문에 놀란 나머지 설거지를 하다 말고 접시를 깨뜨렸다.

　" 꿔 간 돈도 안 주는 여편네가 배짱 한번 대단하군! "

　큰형의 밥상 위에 놓인 고기반찬과 고깃국을 훔쳐본 그 아줌마가 흥분하여 소리쳤다. 마침 외출했다 돌아오던 엄마가 갑자기 길을 잃은 것처럼 난감해진 표정을 짓더니 눈물을 질금거렸다.

빚쟁이의 분노 서린 말투와 표정에 추강민의 가슴은 벌렁거렸고, 빚쟁이들의 목소리만 들어도 자지러지는 엄마의 기죽은 눈빛에 그만 목이 메었다.

" 돈도 못 갚는 주제에 고기를 먹어? 이 사기꾼 여편네! "

사채꾼 아줌마의 말은 걷잡을 수 없이 가팔라졌다.

" 오늘이 맞아들 놈 생일이라서 큰맘 먹고…. "

갑자기 탁하게 쉬어 버린 엄마의 목소리가 잦아들었다. 언제나 당당하게 낙천적인 얼굴을 자랑하던 엄마도 그 순간만큼은 어쩔 수 없는 모양이었다. 자식들 앞에서 무참히 망신을 당한 엄마는 말문이 막혔는지 더 이상 대꾸 한번 하지 못했다.

집 안에 잠복하고 있는 숨죽인 불안, 고달픈 생계를 짊어지고 말없이 견뎌야 하는 엄마의 처량한 모습, 오늘은 이만 돌아가 달라고 애원하는 듯한 엄마의 젖은 눈빛이 추강민을 침울하게 만들었다.

" 그 주제 그 형편에 자식 놈 생일이라니? "

빚쟁이 아줌마가 겁에 잔뜩 질려 있는 우리 형제들의 시선을 외면하며 숨을 거칠게 몰아쉬자, 추강민은 그 자리에서 입술을 깨물고 맹세했다. 나중에 어른이 되면 절대 빚을 지지 않을 것이다, 이 집 저 집으로 돈을 꾸러 다니거나 빚쟁이들에게 시달리는 모습을 아내와 자식들에게 보여 주는 일은 결코 없을 것이다….

하지만 어린 시절부터 먹고살기에 급급한 일상과 고되고 각박한 삶의 밑바닥을 경험했음에도 추강민은 그 맹세를 지키지 못했다. 추강민은 지금도 자식들에게 어머니의 가슴앓이 이상으로 부끄러운 아버지의 모습을 보여 주고 있다.

*   *   *

초등학교에 진학하기 직전 추강민의 집은 충북 청주 우암동 로터리 근동에서 내로라하는 알부자였다. 대지 200평 - 추강민은 정확히 모르지만 어머니가 늘 그렇게 말한다. - 의 저택 안에선 동네 최초로 설치된 텔레비전과 냉장고 등 가전제품이 이웃들의 부러움을 사고 있었다.

넓은 정원과 화단에는 장미, 백합, 라일락, 세르비아, 붓꽃, 맨드라미, 금잔화, 나팔꽃, 접시꽃, 봉선화, 해바라기, 백일홍 등이 만발했고 텃밭에선 오미자, 결명자를 비롯해 여러 종의 약초들이 재배되고 있었다. 동네 화원에서조차 꽃을 구매하러 올 정도로 우리 집 정원은 화려하고 풍성했다. 추강민은 동네 친구들과 함께 벌 나비처럼 갖가지 꽃송이 안에 고인 꿀을 빨아먹으며 즐겁게 뛰어 놀았다.

하지만 아버지가 사업에 실패하고 더더구나 중풍을 맞아 몸져누우면서 살림살이는 날로 쪼그라들었다. 처음엔 집터의 절반 정도를 분할 매각했다가 남은 대지의 분할 매각을 몇 차례 되풀이하던 과정에서 결국 땅과 가옥 전체를 처분해야 했다.

그리고 몇 년 동안 전셋집을 전전하다가 우암산 기슭에 20평형 연립주택을 억지로 마련했다. 그마저도 셋째형이 대부분의 매입 자금을 댔고 형의 사업 실패로 연립 주택이 채권자들에게 넘어갈 처지에 놓이자 둘째 형수가 사들여 막판 위기를 넘겼다. 그 덕분에 어머니와 큰형이 기거할 수 있는 공간을 근근이 확보할 수 있었다.

독실한 불교 신자인 어머니는 요즘도 우암산 기슭의 연립주택에서 새벽마다 맑은 물을 떠놓고 부처님께 치성을 드린다. 당신의 기도가 아들 5형제에게 골고루 미칠 수 있는 불공이어야 하지만, 무엇보다 신용 불량자로 전락하여 궁지에 몰린 넷째 아들 추강민의 재기를 비는 기도가 많은 비중을 차지하고 있음을 추강민은 모르지 않는다.

자식들 중에서 가장 많은 용돈을 드리던 아들, 도대체 저축이란 낱말과는 거리가 먼 생활을 하던 넷째 아들이 결혼 비용 500만 원마저 신용카드 현금 서비스로 충당한 사실을 당신은 알기나 할까.

야간 대학과 대학원에 진학하면서 등록금, 학원 수강료, 교통비, 도서 구입 등으로 허덕거릴 때도 추강민은 어머니의 용돈을 먼저 챙길 정도로 효자를 가장했었다.

1998년 설날 아내와 아이들을 데리고 귀향한 것이 마지막이었고, 추강민은 그 뒤로 단 한 번도 어머니를 뵙지 못했다. 그처럼 못난 아들이 어쩌다 가끔 전화를 걸면 어머니는 늘 울먹인다.

" 얘야, 우째 니가 돈에 욕심을 부려 그런 짓을 한 거여? 니처럼 착한 효자가. 앞으로 용기 잃지 말고 반드시 재기해야 햐. 다시 일어서려면 뭣보다 건강에 신경 써야 하능겨. "

자존심과 체면 때문에 어머니는 처가살이를 하는 추강민에게 전화 한번 못 하고 산다. 추강민이 석 달에 한 번 정도 답답한 가슴을 쓸어내리며 전화를 거는 게 고작이다.

하지만 이제 처갓집에도 들어가지 못하고 여인숙 골방 신세를 져야 하는 비열한 사기꾼 아들은 그렇게 먼 나라로 이민을 떠난 것처럼 늙은 어머니를 만나지 못한 채 견디고 있다.

" 늙으면 빨리 죽어야 뎌. 그래야 험한 꼴을 안 볼 거 아녀. "

막걸리 몇 잔에 취한 어머니가 뱉은 푸념이라고 했다. 셋째형은 그 얘기를 전하며 한숨을 길게 내쉬었다. 뒤늦은 후회가 얼마나 쓰라린지 추강민은 그 때 비로소 절감했다.

징검다리 투자노트 |
:: 주식투자로 돈 버는 사람들 4가지 특징

:: 원하는 만큼 다 얻으려고 하지 말라.

반 관영 통신인 중국신문사는 주식투자로 부자가 된 10명을 엄선해 공통점을 조사한 결과 ▲ 많은 독서, ▲ 과거에 대한 성찰, ▲ 물욕에 대한 절제력, ▲ 사고의 단순화 등 4가지 특징을 갖고 있었다며 대만의 '상업주간'을 인용보도했다. 이들 주식의 달인이 공개한 투자의 성공 비결은 투자 교본의 첫 장에 나오는 기본 원칙들이다.

:: 많이 읽고 생각하라.

주식시장에 기업 관련 소문이 돌면 부화뇌동하지 않고 먼저 기업의 사업보고서를 확인하고 주가 수준을 평가한다.

억만장자 투자자 워런 버핏은 항상 사업보고서를 정독하며 하나하나의 숫자들이 가진 의미를 되새겼다. 독일 '주식의 신' 안드레 코스톨라니는 '전업투자자는 95%의 시간을 영업보고서를 보는 데 할애한다.'고 말했다.

유명한 주식투자 칼럼니스트 아이작은 많은 사람이 시간상으로 늦은 통계라고 평가한 미국의 2006년 3분기 국내총생산(GDP) 보고서를 자세히 분석, 부동산 업계에 큰 문제가 있다는 사실을 발견했다.

당시 보고서에 나타난 미국 부동산업은 같은 해 2분기 -4.5%로 마이너스 성장을 한 후 3분기 -11%, 4분기 -15.7% 등으로 감소 폭이 확대돼 미국 경제에 큰 충격을 주었고 결국 전 세계적인 금융위기로 연결됐다.

:: 미래를 보지만 과거에 대한 성찰을 더 중요시한다.

시장은 변화가 많기 때문에 미래를 예측할 수 없다는 사실을 인정해야 한다. 이 때문에 미국 뮤추얼펀드의 전설 피터 린치는 '추세가 당신의 친구가 되도록 하라.'고 말했다.

투자의 달인들이 추세를 읽는 비결은 간단하다. 신문을 정독하고 정부 발표에 귀 기울이며 역사를 공부한다. 한 인사는 '현 세대가 선조보다 현명하다면 왜 역사가 반복되겠는가?'라며 역사 공부의 중요성을 강조했다.

외환투자로 많은 돈을 번 린광싱은 작년 10월 뉴질랜드와 호주 화폐를 매입해 큰돈을 벌었다. 그는 지난 수십 년간 미국 경제가 쇠퇴기를 맞아 금리를 계속 내렸기 때문에 다른 나라의 화폐 가치는 당연히 올라갈 것으로 생각했다는 것이다.

외환분석사 리친은 은(銀)에 투자해 거액을 챙겼다. 그는 지난 20년간 금과 은의 가격 비율이 1대 45~55배 사이에서 움직였는데, 그 해 갑자기 1대 70배 수준으로 은값이 떨어져 은을 대량 매입했다고 말했다.

:: 적당히 벌자.

투자의 달인들도 일반인들과 마찬가지로 돈을 벌겠다는 목표는 갖고 있다. 하지만 절대로 저점에 매입해 고점에 매도하겠다는 생각을 하지 않는다는 점이 특징이다. 워런 버핏은 '적당히 버는 게 딱 좋다.'고 말한다. 리친은 '나는 신이 아니라는 사실을 안다.'고 말한다.

:: 복잡하게 생각하지 말고 단순화한다.

투자의 달인들은 장기투자를 하고 시장의 잡음에 신경을 쓰지 않는다. 일반 투자자들이 단기투자에 나서며 '저점 매수 고점 매도'를 추구하는 것과 다르다.

결론적으로 볼 때 전문 투자가들에게 모두 각자의 투자법이 있다. 이들은 모든 문제의 답을 찾아야만 만족하지 않고 하나의 문제에서만 답을 얻어도 만족한다.

21

형제 등쳐먹기

" 건장하고 잘 생긴 아들 다섯이 버티고 있으
니 얼마나 든든하실까? "

이웃 사람들이 우리 어머니에게 던지던 인사말은 단순한 덕담 수준
이 아니었고 충분히 그럴 만한 이유가 있었다.

비록 한때이긴 해도, 아들만 내리 다섯 명을 낳은 어머니는 이웃 부
인들의 부러움을 한 몸에 받을 수 있었다. 남아 선호 사상이 뿌리 깊게
남아 있던 시절이어서 아들만 다섯을 두었다는 사실은 어느 누가 봐도
마음 든든한 자부심의 상징이었다.

" 다섯 명의 아드님들이 모두 잘 풀리고 있다니 얼마나 행복하시겠어유? "

어머니는 그런 덕담을 들을라치면 흡족한 미소를 지으며 고개를 주
억거렸다. 비록 가난하지만 어머니가 자긍심을 지킬 수 있었던 것은 바
로 다섯 명의 아들 덕분이었다. 형제들끼리 티격태격 싸우는 일이 거의

없고 서로 아껴는 주는 마음으로 똘똘 뭉친 자식들을 보면서 어머니는 아들 많이 낳은 것을 언제추강민 다행(多幸)과 다복(多福)으로 여겼다.

" 아들 다섯 명의 훤한 얼굴만 쳐다봐도 그냥 행복하시겠네유. "

" 그러믄유. "

어머니는 이웃 사람들의 덕담 앞에서 내심을 숨기지 않은 채 언제나 행복한 미소를 지어 보이곤 했다. 누가 어떻게 생각하든 아들이 많다는 건 자부심의 근거였으므로 어머니는 목에 힘을 줄 수 있었다.

아버지가 세상을 떠나고 홀로 남게 된 어머니의 자긍심은 더 강해지기 시작했다. 자긍심이 강해질수록 자식들에 대한 관심과 뒷바라지도 날로 악착스러워졌다.

다섯 명의 아들이 모두 성년이 되자 어머니는 자식들을 불러 모으기 위해 명절이나 특별한 날이 아니더라도 동동주를 담갔다. 우리 형제들은 어머니의 명령이 떨어지면 어김없이 모였고 어머니가 담근 술을 음미하며 아껴 마셨다.

그리하여 동동주에 녹아든 어머니의 정성과 손맛을 추강민은 지금도 잊지 못한다. 술 담그는 날이면 당신은 목욕재계는 물론이고 행여 침이라도 튈세라 입에 창호지를 물고서 일했다. 동동주를 담그던 날, 한 올 흐트러짐 없이 일자로 단아하게 빗은 앞가르마는 어머니 당신이 기울이는 간절한 기도와 정성의 표현이었다.

" 가족이라는 울타리가 남아 있을 때 희망이 있는 거란다. 그것마저 없다면 거친 세상에 먹히고 말어. 피붙이끼리 도우면서 살아야 하는 이유도 그 때문이여. "

동동주 몇 잔에 취한 어머니는 다섯 명의 아들 앞에서 버릇처럼 가족의 화합과 결속을 강조했었다. 그래서 당신에게 아들 다섯 명은 인생의 전부였고 신앙이었고 뿌듯한 긍지요 보람이었다. 그래서 어머니의 아들 사랑은 유별난 데가 있었고 아들 다섯이 오순도순 모여 당신이 빚은 술을 마시는 자리를 마련하는 데 온갖 정성을 다 했던 것이다.

하지만 이제 어머니는 더 이상 술을 빚지 않는다. 자식들을 모두 불러 모으려 해도 사정이 여의치 않을 뿐더러 당신의 지엄한 목소리가 영 먹히지 않기 때문이다. 술 담그기를 포기한 어머니의 모습은 몇 년 전보다 더 쓸쓸해 보였고 일말의 불안을 안고 힘겹게 견디는 것처럼 느껴졌다.

" 아들 다섯이 내겐 더 없이 커다란 재산이지유. "

그렇게 대꾸하던 순간이면 어머니는 오만해 보이기까지 했다. 아들을 많이 낳아서 다복한 부인으로 알려진 어머니에게 아들 농사는 아주 중요한 보람 찾기의 하나였고 인생 목표의 실천 과정이었다.

다섯 명의 아들을 모두 건강하게 길러 대학에 보내고 장가를 들이고 다섯 명의 며느리를 맞아들이면 그보다 기쁜 일은 없지 싶었다. 때문에 어머니는 과부가 된 뒤에도 아들 다섯 명에게 당신의 인생을 걸었고 자식과 며느리들 때문에 머잖아 보람 넘치는 노후 생활이 열릴 것이라고 믿어 의심치 않았다.

하지만 정말이지 어머니에게 우리 다섯 형제는 커다란 자산이었을까? 다섯 명의 아들이 모두 효자 노릇을 하고 다섯 명의 며느리들이 지극 정성으로 모시는 바람에 어머니는 한때나마 진짜 행복할 수 있었을까? 결코 아니었다.

아들을 많이 두었다는 그 현실이 원죄가 되었던지, 당신의 마음고생은 남들이 상상하기 어려울 정도로 심했다. 아들 다섯 명이 바통을 이어받듯 돌아가면서 골고루 당신의 속을 썩인 사례들은 헤아리기조차 힘들 지경이었다.

법과 대학을 졸업한 큰아들은 개인 사업을 한답시고 이리 뛰고 저리 뛰며 청춘을 버무리더니 50대 중반에 이르도록 집 한 채 없는 노총각 신세를 면치 못하고 있다. 대학 진학을 포기한 둘째 아들은 무남독녀 외동딸과 연애 결혼하여 장인 소유의 과수원에서 뼈 빠지게 일하고 있지만 처가살이에 치여 그런지 항상 주눅 들어 지낸다. 쉰두 살의 셋째 아들은 부명상고를 졸업하고 야간 대학을 다니다가 중퇴한다 싶더니 뜻하지 않은 사업 실패로 생활고에 허덕이는 중이다.

넷째 아들 추강민은 어느 날 갑자기 안정된 직장을 뛰쳐나온 뒤로 알거지 신용불량자가 되어 거창한 사업을 벌인다고 알려졌지만, 그것마저 쉽지 않아서 시종일관 살얼음판을 걷고 있다.

어느 새 40대에 접어든 막내아들은 명문대학을 졸업하고 이 나라 최고의 재벌 그룹 계열사에 취직해 너무 잘 나간다 싶더니, 넷째 아들 추강민의 꾐에 빠져 하루아침에 빈털터리가 되었고 도망치듯 해외로 떠나 버렸다.

그랬다. 가지 많은 나무에 바람 잘 날 없었다. 많은 사람들의 덕담을 배반하듯 잘 풀리지 못한 게 어머니의 인생이었고, 잘 풀리기는커녕 꼬일 대로 꼬여 버린 게 당신의 노후였다. '열 손가락 깨물어 안 아픈 손가락 없다.'는 말처럼 상처투성이의 어머니 가슴은 멍 자국으로 늘 아팠을 것이다.

'둘만 낳아 잘 기르자.'는 구호가 깃발처럼 내걸리던 시대에 어머니는 흔치 않게 다섯 명의 아들을 두었지만 결코 든든하지 못했다. 가장을 잃고 날로 궁핍해지던 시절의 어머니가 보여준 희생정신은 도저히 벗어날 수 없는 비극적 운명만을 낳았다.

　마지막 남은 집 한 채를 팔아 자식들의 뒤치다꺼리에 쏟아 부은 게 고작이었고, 그 다음엔 젊은 시절보다 더 뼈를 깎는 고생길이 뒤따랐을 뿐이다.

　우애 좋기로 소문난 다섯 형제들도 서로의 경제적 어려움이 가중되자 몰라보게 소원해지기 시작했다. 특히 나쁜 소문을 달고 다니며 슬픈 소식만을 전하던 추강민은 형제 중에서 사실상 왕따 신세를 면치 못했다.

　사정이 그렇다 보니 아버지의 제삿날이나 어머니의 생일날, 친지들의 애경사나 명절 때에도 다섯 형제들이 모두 모이는 경우가 많지 않았다. 완벽한 알거지가 되어 실의에 젖어 지내던 추강민이 이 핑계 저 핑계를 대며 귀향을 미루고 살았기 때문이다. 그런 와중에서도 추강민은 셋째형과는 꾸준히 연락을 취하며 지냈다.

　세 명의 형 중에서 따스한 인간미로 추강민을 상대해 주는 사람은 셋째형뿐이었다. 몇 년 동안 동생 추강민에게 금전적으로 아무리 당해도 그 형은 여전히 우군(友軍)이었다. 갖가지 속임수를 만들어 가며 돈을 우려내도 짜증 한번 낸 일 없이 사기꾼 동생의 성공 가능성을 철저히 믿고 있었다. 동생이 사채업자의 협박에 시달릴 때도, 미국 특허청에 비즈니스모델 특허를 출원해야 한다고 둘러댔을 때도, 단 한 명의 직원 봉급을 주지 못해 쩔쩔맬 때도 없는 돈을 구해 송금해 준 사람은 오직 셋째형이었다.

'뭔가 하긴 하는가 보다.' 하고 시큰둥한 반응을 보이던 셋째형이 새로운 기대감을 갖게 되면서부터 추강민은 걸핏하면 손을 벌렸다. 세 명의 형 중에서 적극 지원하기로 결심을 굳힌 셋째형을 최대한 악용하는 것만이 그럭저럭 버틸 수 있는 길이라고 생각했던 것이다.

" 형님, 시간이 갈수록 가속도가 붙고 있어요. "

추강민은 형의 불신을 씻어 주기 위해 거짓말을 일삼았다.

" 니 말을 믿어두 되는 거니? "

셋째형은 처음부터 반신반의했지만 날이 갈수록 믿으려는 눈치를 보였다. 한동안 셋째형을 설득하지 못해 전전긍긍하던 추강민은 마침내 어깨를 펼 수 있었다.

" 그럼요. 고문이나 발기인, 싱크탱크 팀, 태스크포스 팀의 명단만 봐도 확신이 설 겁니다. 우리 사회에서 대단한 영향력을 행사하는 그분들을 내 식구로 만든다는 건 아무나 할 수 없는 일이지요. 그분들은 제 비즈니스모델이 머잖아 사회적 파장을 일으킬 것이라고 장담하고 있습니다. "

별다른 기술력과 기획력, 사업 진척도 없으면서 추강민은 저명인사들의 명단을 우편 발송한 뒤 셋째형을 혼란에 빠뜨렸다. 사기꾼다운 사기꾼은 낯선 졸부의 지갑을 노린다지만, 치사한 사기꾼은 가난한 피붙이나 친지들의 쌈짓돈을 우려낸다고 하지 않았던가. 추강민이 바로 그런 놈이었다. 사업에 실패한 셋째형을 뜯어먹고 있다면 이제 추강민이 더 이상 추락할 지점은 없는 셈이었다.

" 형님, 조금만 기다리세요. 보다 상세한 내용은 편지로 전하겠습니다. "

순진한 셋째형이 사기꾼 동생을 믿어 줄수록 추강민은 마지막 구원 자를 만난 노숙자처럼 눈물 어린 편지를 띄워 가며 늘 '마지막 부탁'을 호소하곤 했다. 직접 전화를 거는 것보다 너무도 효과적이어서 추강민은 편지 쓰기를 주저하지 않았다. 물론 그 편지 내용은 대부분 사실이 아니거나 지나치게 과장된 것이었고 글을 쓴 추강민조차 이해하기 어려운 부분이 많았다.

∅ ∅ ∅

존경하는 형님께.

어려운 형편임에도 번번이 도움을 주셔서 고맙기 짝이 없습니다. 미국 특허청에 대한 비즈니스 모델 특허 출원 등록은 조만간 성사될 것입니다. A대 출신으로 국내 비즈니스모델 특허 분야에서 널리 인정받는 변리사가 특허 출원 등록을 주선하고 있기 때문입니다.

인터넷 사이버 금융에 대한 소프트웨어 개발은 H은행 사이버뱅킹팀의 최광수 팀장이 도움을 주기로 약속했습니다. 최 팀장은 N경제신문사가 주최하는 경제 경영 콘테스트에서 금융 부분 대상을 차지한 주역입니다.

국내 금융계의 실질적인 총사령탑인 대한금융연구원 부원장 김성호 박사는 제 비즈니스모델의 세계 시장 선점 가능성을 인정했습니다. 디지털 경영 전략에 필수적인 비즈니스모델이기 때문에 소프트웨어를 잘 개발한다면 어떤 국가, 회사, 업종, 아이템에 관계없이 세계적으로 널리 적용될 수 있을 것이라고 말하더군요. A대 경제학과 이종채 교수도 함께 지원 세력이 되어 적극 자문해 주기로 약속했습니다.

앞으로 제가 개최할 세미나에 각계 전문가들이 참석하게 됩니다. 대한금융연구원 부원장 김성호 박사, H은행 사이버뱅킹 최광수 팀장, N경제신문 지식부 이창규 차장, A대 경영학과 권오덕 교수, 고려경제학회장이자 A대 경제학과 교수인 전영도 박사, 현대과학기술원 금융 공학 담당 박준일 교수 등이 주요 멤버들입니다.

금명간 금융 라이선스 경영 전략 소프트 패키지를 제작할 예정입니다. 1단계는 초기 전략으로 광속(光速)에 의하여 전 세계 구석구석에 보급됩니다. 사용료는 무료이며 제2의 리눅스 전략(open system)이라고 부를 만합니다.

2단계는 성장 전략으로서 가속도가 붙어 독점적인 수익을 창출할 수 있게 됩니다. 사용료는 유료이며 윈도우 전략을 구사할 수 있게 됩니다. 2단계에 이르면 세계 최고의 다국적 비즈니스 컨설팅 전문 회사로 성장할 것입니다. 미국에서도 관련 벤처 사업을 시작하려는 것은 무엇보다 제 회사 주식의 나스닥 상장을 목표로 하기 때문입니다.

저의 비즈니스모델이 사업화에 성공하기 위해서는 뛰어난 인재들이 필요합니다. 하버드대 출신인 양명진 교수, 옥스퍼드대와 동경대 객원 교수를 역임한 박태화 교수도 주변의 인재들을 적극 추천하겠다고 약속한 바 있습니다.

어제는 오전 9시 30분부터 11시까지 1시간 30분 동안 M기술투자㈜를 방문하여 간략하게 브리핑을 했습니다. 차석현 사장을 비롯해 인터넷 투자 담당 남종구 이사, 콘텐츠팀 서일교 팀장 등이 참석한 자리였는데 하나같이 고개를 끄덕였습니다.

저를 지원하기 위해 A대 박 교수와 B대 최 교수 두 분이 주도하는 모임에 A대 증권금융연구소 부장인 경영학과 김 교수, 벤처와 중소기업 분야의 대통령 정책 자문 위원인 A대 경영학과 박 교수도 참여를 약속했습니다.

그동안 준비해 온 사업이 기대 이상으로 잘 진행되어 마무리 단계에 접어들었습니다. 오랫동안 도움을 주신 형님의 뜨거운 사랑이 헛되지 않도록 최선을 다하겠습니다. 먼저 보내 드린 자료 외에 사업 일정표와 종자돈(seed money)에 대한 주식 지분 배정 계획서를 동봉합니다. 특히 초기 투자자들에게 배정하는 주식 지분 명세서가 있으니 형님이 소개할 투자 희망자들에게 보여 주시기 바랍니다.

제 사업에 각계각층의 저명인사들이 확신을 갖고 발기인과 주주로 참여합니다. 명예를 걸고 앞 다투어 참여하는 것은 엄청난 수익이 보장된다는 의미가 아니고 무엇이겠습니까.

반가운 소식이 하나 더 있습니다. 며칠 전에 특허청으로부터 실용신안 등록증을 교부 받았습니다. 이와 더불어 오늘 3건의 실용신안 특허를 출원했습니다. 서류를 매만지던 송만호 변리사가 한마디 하더군요. 주전자 뚜껑에 수증기 구멍 한 개를 뚫어 특허 등록한 사람이 전 세계 시장을 석권한 것과 다름없는 발명이라고 말입니다. 이 발명품들은 머잖아 언론에 크게 보도됨은 물론 사업 추진에 필요한 시드 머니 확보에 큰 도움이 될 것입니다.

극한 상황 속에서도 인터넷 비즈니스모델 특허 33건, 상표 등록 출원 5건, 도메인 등록 5건을 완료했습니다. 12월 7일 B대 경영대학원 박사 과정 응시자들의 합격 발표가 예정되어 있습니다. 기다려 주십시오. 세계적인 박사 학위 논문 작성은 시간문제입니다.

머잖아 독특한 책을 한 권 출간할 생각입니다. 이 책의 제목 '신용불량자가 꿈꾸는 금융 혁명'을 상표로 출원할 예정입니다. 좋은 예감이 든다고 말하는 사람이 주변에 많아 용기가 생깁니다. 자서전의 판매 단가는 2만 원이고 100만 부 판매를 목표로 잡고 있습니다. 기대하셔도 좋습니다. 조금만 참고 기다려 주십시오.

형님, 이제 마지막 고비입니다. 이번에도 약간의 재정적 지원을 해 주시거나 투자를 알선해 주십시오. 1년 안에 반드시 몇 십 배로 되돌려 드리겠습니다.

　형님, 다시 한 번 도움을 주신 은혜 잊지 않겠습니다. 늘 건강하십시오. 형님의 가정에 하나님의 가호가 깃들기를 간절히 기도합니다.

추강민 배상.

❀　❀　❀

　대박의 꿈을 버리지 않고 벼락부자가 되겠다는 일념으로 여기저기 기웃거리던 추강민을 무척이나 조바심 나게 만드는 편지였다. 그래도 추강민은 최선을 다했다. 셋째형에게 띄울 그 편지 한 통을 쓰기 위해 몇 권의 번역 도서와 일간지에 게재된 저명인사들의 칼럼을 참고해야 했다.

　디지털 시대가 도래한 최근 들어 아날로그 세대의 오프라인 지식으로 남을 설득한다는 건 쉽지 않았다.

　그러나 추강민은 몇 가지 자료를 충실하게 준비했고 다소 어설프긴 하나마 그럴 듯한 각본을 마련했다. 사기 대상자인 셋째형을 혼란시키려면 아무래도 지능적인 표절이 절실하다고 생각했던 것이다. 좀 더 솔직히 말해, 추강민은 컴퓨터의 키보드를 제대로 두드리지 못하는 컴맹이었으므로 어쩔 수 없이 볼펜을 굴려가며 남들의 글을 적당히 베껴 써야 했다.

　인터넷 상에서 써먹을 만한 글을 검색하여 복사해 오는 대신, 그동안 스크랩해 둔 신문 칼럼들을 요리조리 짜깁기했어도 만족스러운 글이 나오지 않아 좀이 쑤셨다. 가능한 한 전문 용어와 외래어를 골고루 섞어 보려고 시도했지만 그 작업도 예상보다 쉽지 않았다. 추강민은 편지 한 통을 열심히 다듬으면서 남들을 유혹하거나 감동시킬 수 있는 글은 아무나 쓰는 게 아니라는 사실을 절감했다.

그래도 추강민은 포기하지 않았고 몽유병자처럼 무작정 백지 위를 내달렸다. 글재주가 형편없기로 정평이 나 있던 추강민은 이미 써 둔 편지를 여러 차례 구겨 버려야 했다. 단 한 통의 편지를 준비하기 위해 삼십 번 이상은 고쳐 썼고 적어도 일주일 가량의 시간을 소비했다.

거의 일주일 동안 진을 뺀 끝에 편지 한 통을 완성한 추강민은 마침내 고생한 보람을 만끽할 수 있었다. 편지를 부친 지 사흘도 안 되어 아주 고무적인 반응이 날아왔다. 편지를 받고 반가워했을 셋째형이 몹시 흥분한 목소리로 전화를 걸어왔던 것이다.

" 강민아, 셋째형이다. 니, 요즘 잘 돼 가는 모양이구나. "

형은 십 리를 쉬지 않고 달려온 것처럼 숨 가쁘게 말했다. 축축하고 끈적끈적한 목소리여서 다소 안심은 되었으나 쉽게 단언할 상황은 아니지 싶어 조심스럽게 기다려 보기로 했다.

" 모두 형님 덕분이죠. "

추강민은 침착한 대구로 형의 진짜 속내를 확인하려고 노력했다. 형이 미처 목돈을 마련하지 못했다면 어떻게 대처해야 하고 어떤 설득이 더 필요할까 궁리하기도 했다.

" 아녀! 넌 주변에서 어떤 말을 하든 포기하지 않았어. 남들의 비웃음에 귀를 막고 오직 니 길을 걸은 결과여. "

" 형님, 두고 보세요! 머잖아 커다란 열매가 열릴 겁니다. "

추강민은 덩달아 고무되어 큰소리를 땅땅 쳤다.

" 우쨌든 니 아이템이 널리 인정을 받고 있다니 반갑다. 고생 끝에 낙이 온다는 그 말을 동생이 입증했으믄 좋겠구먼. "

" 형님, 두고 보세요! "

추강민은 단순히 거짓말을 일삼는 사기꾼이 아니라 아예 반쯤 미쳐 있는 정신병자였다. 그러면서도 셋째형의 꾸밈없는 형제애를 믿었고 동생에게 전화를 걸어 온 뜻을 미루어 짐작했다. 일부러 물어 보지 않아도 알 수 있었다. 보나마나 몇 푼 송금하고 나서 뜸을 들이는 중이었다.

" 방금 천만 원 부쳤다. "

셋째형이 기대 이상의 거금 1천만 원을 송금했다고 말했을 때 추강민은 가슴을 졸였다. 오랫동안 생활고에 허덕인다는 가장이, 추강민과 다르게 거짓말을 할 줄 모르는 형이 어디서 그만한 돈을 구했는지 알 도리가 없었다. 짐작컨대 주변의 잘 아는 사람을 겨우겨우 설득하여 투자금액 1천만 원을 유치한 것 같기도 했다.

" 그 돈, 형님이 투자한 것으로 간주하겠습니다. "

" 투자든 아니든 부디 성공해야 한다. 이 형은 너만 믿을겨. "

" 형님, 올해 안에 몇 십 배로 갚겠습니다. "

" 추강민, 너무 욕심을 부리진 않어. 우선 니 성공이 급선무여. "

" 그런데 투자를 희망한다는 분들의 반응은 어때요? "

추강민은 제정신이 아니었지만 태연함을 가장하려고 애썼다. 도대체 스스로 무슨 일을 벌이고 있는지 종잡을 수가 없었다. 이미 죄의식 같은 것은 낡은 헌 옷처럼 벗어버린 뒤였다.

" 곧 좋은 소식을 줄 수 있을 거 같어. "

" 투자 희망자들을 잘 설득해 보세요. 형님에게 그만한 보상이 돌아갈 겁니다. "

" 니가 쓴다는 책 잘 팔리면 유명 인사 반열에 오르는 거니? "

" 유명해지면 단가요? 돈을 벌어야지. "

" 책 많이 팔리고 유명해지면 돈과 명예가 한꺼번에 찾아오는 거란다. "

" 형님, 떡 줄 사람은 꿈도 안 꾸는데 김칫국부터 마시지 마세요. "

1천만 원을 송금 받고 떨리는 가슴을 주체하지 못하던 추강민은 왈칵 눈물이 쏟아져 내리는 것을 느꼈다. 기쁨보다는 자기 연민 때문이었다. 이제는 핏줄이 아니면 더 이상 등쳐먹을 사람이 없다니, 벌써 사태는 돌이킬 수 없는 곳까지 가 버리고 말았다니…. 모든 게 들통이 나서 어디론가 도망을 쳐야 할 날이 불쑥불쑥 다가서는 것만 같아 눈물이 나왔다.

" 니, 지금 우는 거니? "

셋째형은 당신의 지원이 너무 고마워 동생이 우는 것으로 착각하고 있었다. 아무려면 어떤가. 당장 막내 처형 명의로 된 통장에 1천만 원이 들어 있다는 게 행복했다. 그런 기쁨의 와중에서도 추강민은 셋째형에 대한 인간적 연민과 죄의식을 가누지 못하고 눈시울을 붉혔다.

" 진정으로 원하고 바라는 일은 꼭 이루어진다는 금언을 믿어라. 만일 우리가 정말 무엇인가를 절실하게 원한다면 마음의 나침반이 자신도 모르는 사이에 그곳을 향하고 있을 테니 그만큼 성공 가능성이 높아지는 거여. 성공 가능성이 눈앞에 보일 때일수록 신중하게 처신해야 한다. 네 주변 사람들을 지나치게 믿는 것도 바람직하진 않응겨. "

" 형님, 그 말씀 명심하겠습니다. "

셋째형은 추강민 성공을 굳게 믿었고 추강민은 엄한 방향으로 가면서도 말은 번지르르하게 뱉었다.

하지만 추강민은 너무나도 어이없이 모든 것들이 무너져 내리는 소

리를 들고 있었다. 부초(浮草)처럼 흔들리며 정신을 차리지 못하고 떠도
는 동생이, 사업에 실패하여 가난의 그늘을 벗어나지 못하는 형에게 유
일한 위안거리였다.

그래서 추강민은 이를 악물었다. 다른 사람들에게 다시 사기를 쳐서
형에게 진 빚을 갚는 길만이 지금의 위기를 벗어날 수 있는 마지막 카
드라고 확신했다.

추강민은 지독한 절망의 습기가 스멀거리며 가슴을 적셔 오는 것을
감지했다. 그래도 외롭지 않았다. 끝까지 믿어 주는 셋째형이 있어 정
말 다행이라고 생각했던 것이다.

평범한 가장인 셋째형의 끝없는 절멸(絶滅)은 형제지간의 신뢰를 악용
한 몽상가 동생의 거짓말에서 비롯되었다. 아무것도 얻어 낼 것이 없는
신용불량자의 망상을 믿으며 궁핍 속에서도 기쁘게 살고 있을 셋째형.
그 형은 오늘도 간절한 심정으로 동생의 화려한 재기를 빌고 있다.

22

동냥 다니기

스님이 시주를 받기 위해 돌아다니는 일을 '동냥'이라고 부른다. 이 밖에 거지가 돌아다니며 구걸하는 짓도 일반적으로 '동냥'이라고 말한다. 동냥이란 낱말에서 파생된 말 중에 재미있는 어휘들이 제법 많다. 남의 지식이나 말을 얻어듣는 것은 '귀동냥'이요, 자식에게 남의 젖을 얻어 먹이는 것은 '젖동냥'이다.

앞 못 보는 시력 장애자 심학규는 간난 외동딸 심청을 먹여 살리기 위해 젖동냥을 다녔다. 찢어지게 가난했던 홀아비 심학규는 굶주려 보채는 외동딸을 업고 이 집 저 집 기웃거리며 아이 딸린 부인들의 젖을 구걸했다. 십시일반으로 젖꼭지를 물려주던 아줌마들도 가난한 집안의 산모여서 젖이 부족했고 심청은 몇 모금의 젖을 빠는 데 만족해야 했다.

젊은 나이에 홀아비가 된 원로 시인 K는 자전 에세이를 통해 '아내에 대한 추도로 딸을 길렀다.'고 고백한 적이 있다. '심청전'의 심학규가 젖동냥으로 외동딸 심청을 길렀다면, 시인 K는 사별한 아내를 그리워하며 그 애틋한 마음으로 외동딸을 길렀던 것이다. 그렇다면 추강민은 그 무엇으로 '신용불량자 갱생 프로그램'인 비즈니스모델을 길러 왔다고 말할 수 있을 것인가.

추강민이 오랫동안 꿈꾸어 오던 '신용불량자의 금융 혁명'과 '알거지의 인생 역전'을 나름대로 완성시켜 나가기 위해 이른바 '귀동냥'과 '젖동냥'이 필요했다.

그랬다. 최근 몇 년 동안 추강민의 인생은 젖동냥을 하러 다니는 심봉사 신세나 다름없었다. 비즈니스모델을 체계화시키고 컴퓨터 프로그램에 접근하려면 그에 관한 지식과 경험 축적이 요구되지만 추강민의 경우는 결코 그렇지 못했다.

그 해 겨울, 추강민은 재정적 후원자와 기술적 지원자들을 끌어 모으거나 작은 작업 공간을 만들기 위해 동분서주하고 있었다. 12월이 되자 서울 중구 소공동 롯데호텔 세미나 룸을 빌려 '신용불량자 갱생 프로그램, 비즈니스 모델 발표회'를 개최한 것도 그 시도의 일환이었다. 추강민의 사탕발림에 넘어간 두강건설 김다시 사장이 행사 경비를 전액 부담하기로 약속했기에 가능한 일이었다.

" 한마디로 정리하면 제 비즈니스모델은 신용불량자를 갱생시키는 프로그램입니다. 전문가들이 자문을 주거나 직접 참여하여 구축했기 때문에 성공을 확신합니다. "

비록 수많은 사람들의 지식과 정보를 짜깁기한 것에 불과했지만, 컴맹인 추강민을 위해 몇몇 사람들이 모여 만든 프로그램과 파워포인트 작업이었지만 의심하는 참석자들은 없어 보였다. 참석자들이 보기에 추강민은 아이디어의 보물 상자였고 그가 특허 출원한 비즈니스모델은 혁명적인 아이디어의 산물이라고 해도 손색이 없었다.

"신용불량자가 아닌 이웃들이 특정 신용불량자에게 마일리지 포인트를 몰아주는 방식입니다. 가맹 회사들은 고객들의 마일리지 포인트를 적립했다가 고객들이 원하는 특정 신용불량자들의 기사회생에 사용할 수 있습니다. 혜택이 주어지는 신용불량자들은 그 마일리지 포인트 범위 내에서 신용카드를 만들거나 물건을 구매하게 됩니다."

추강민은 열변을 토했다. 그 자리에 적지 않은 저명인사들이 참석한 것은 두강건설 김다시 사장의 영향력과 지원 덕분이었다. 김 사장을 알게 된 것은 전국금융연합회 임정빈 전무의 추천을 통해서였고, 임 전무는 사실상 추강민이 만든 최초의 얼굴마담이었다. 그동안 수십 차례 금융연합회를 찾아가 '신용불량자 갱생 프로그램'을 브리핑했던 추강민은 결국 임 전무의 마음을 사로잡을 수 있었다.

임정빈 전무는 집권 세력의 낙하산 인사에 힘입어 금융연합회 임원으로 부임한 사람이었는데, 비교적 단순한 성격에 미련한 편이었고 임기 만료가 얼마 남지 않아서 새로운 돌파구를 마련해야 할 정도로 다급한 처지에 놓여 있었다.

추강민은 그 약점을 잡고 집중 공략했다. 미심쩍어하는 낌새를 없애려고 끈질기게 설득했더니 주변의 자문을 거치기라도 했는지 추강민을 적극 믿어 보려는 눈치였다. 그 다음부터 임 전무는 추강민 비즈니스모델을 앞세워 가며 적지 않은 저명인사들을 설득하기 시작했다.

자본력 있는 사람의 지원이 필요함을 인정한 임 전무는 두강건설 김

다시 사장에게 '신용불량자 갱생 프로그램'을 간략히 설명했고 며칠 뒤에는 추강민이 직접 브리핑할 수 있는 자리까지 마련했다.

" 좋아요. 임 전무님과 추 사장을 전폭적으로 지원할 용의가 있소. "

김다시 사장은 브리핑을 듣고 나서 추강민의 비즈니스모델에 후한 점수를 주었다.

" 임 전무님, 당장 어떤 지원이 필요합니까? "

" 우선 사회적 관심을 모으고 널리 검증받기 위한 세미나 개최가 필수적입니다. 그 때마다 사장님께서 약간의 경비를 대시고 사람을 모으는 데 힘을 보태 주시면 됩니다. 그러다가 결정적일 때 주도적인 역할을 맡아 주십시오. 잘 기르면 의외로 큰 대어를 낚을 수 있을 것입니다. "

" 좋습니다. 임 전무님과 추 사장을 믿겠으니 한번 뛰어 봅시다. "

김다시 사장은 추강민 비즈니스모델의 사업화 성공 가능성을 굳게 믿고 있었다. 세미나를 후원하는 것은 물론 그 비용까지 부담하겠다고 나오더니 추강민에게 용돈까지 주었다. 그가 건넨 봉투 속에는 놀랍게도 백만 원권 수표 석 장이 들어 있었다. 추강민은 제법 쓸 만한 물주를 물었다는 생각 때문에 오기가 불끈거리는 걸 느꼈다.

세미나 참석자들은 두강건설 김다시 사장의 재정적 지원을 음으로 양으로 받고 있거나 은근히 지원을 기대하는 사람이 대부분이었다. 물론 추강민이 직접 구워삶은 사람도 없진 않았지만 결과적으로는 김다시 사장과 임 전무의 영향력을 믿고 참석한 터였다.

A대 경제학부 이창기 교수, B대 경영학과 박우명 교수, H증권연구원 노기준 박사, A컨설팅 김태형 상무, V컨설팅 박종운 상무, 유상문

도지사의 이종욱 비서관, S텔레콤 전산기획과장 김상철 박사, S회계법인 이명기 이사, D증권 전략기획팀 유중근 팀장, D경제연구소 조내벽 연구위원 등 주요 인사들이 참석했다. B대 경영학과 교수 박우명 박사가 사회를 맡고 전국금융연합회 임정빈 전무가 강평을 했는데, 추강민은 4차 세미나가 끝나자마자 상당히 고무돼 있었다. 머잖아 뭔가 이루어질 것만 같아서 진저리를 치고는 했다.

◢ ◢ ◢

" 선배님, 요즘 잘 나간다는데 사실입니까? "

그 이튿날 우연치 않게도 전화를 걸어 온 사람은 B대학교 경영대학원 동기 김범수였다.

" 김 형, 어제 세미나를 열었는데 반응이 너무 괜찮았어. 머잖아 좋은 소식을 주게 될 거 같아. "

추강민은 기다렸다는 듯이 격앙된 어투로 말했다. 단지 시작에 불과한 데다 밥이나 먹고 헤어진 자리였지만 흥분을 감추지 못하는 것처럼 지껄였다. 당장 눈앞에 보이는 호응이 없어 애를 태우던 터여서 김범수의 '불알'을 잡아야 한다는 오직 한 가지 생각 때문이었다.

" 저도 소문을 들어 대충은 알고 있어요. 선배님, 시간이 허락되면 지금이라도 만납시다. "

김범수는 무척 들떠 버린 것처럼 대꾸했다.

" 내가 그쪽으로 가지! "

목마른 놈이 먼저 달려들어 샘을 파야 했다. 그 당시 서울 강남구 역삼동에 컨설팅 회사를 차려 놓고 활발하게 활동하던 김범수가 구세주처럼 다가왔으므로 추강민은 조금도 망설이지 않았다.

그 길로 방문하여 한창 다듬고 있던 미완성 비즈니스모델 '신용불량자 갱생 프로그램'을 설명한 뒤 수십 명의 얼굴마담과 과장된 평가를 얼기설기 소개하자 김범수의 반응이 곧장 날아왔다.

" 그 분들의 평가대로 혁명적인 비즈니스모델 같네요. 열심히 해 보세요. "

김범수가 놀랍다는 표정을 짓더니만 몇 마디 덧붙였다.

" 이 비즈니스모델이 구현될 때 가서 법인 설립과 투자를 주선하겠습니다. "

" 김 사장, 법인 설립 이전에 사전 정지 작업부터 해야 해. "

추강민은 덜커덕 다가온 행운을 놓칠 수 없다고 생각했다.

" 사전 정지 작업을 하려면 가장 먼저 필요한 게 뭔가요? "

" 무엇보다 가장 필요한 게 사무실이거든. "

작은 사무실 하나 마련할 돈이 없던 추강민은 새롭게 등장한 물주 김범수에게 매달렸다. 아주 침착한 어투였으나 속은 심하게 떨리고 있었다. 그만한 초기 스폰서를 물기란 쉽지 않은 일이어서 점잖은 구걸이 먹히지 않을까 봐 불안했다.

" 선배님, 우리 회사가 벌이는 주된 사업 중의 하나가 바로 벤처 컨설팅 아닙니까. 벤처기업 설립을 발 벗고 지원해 주는 '인큐베이팅'도 주요 업무의 하나죠. "

다국적 컨설팅 회사의 간부 출신인 김범수 사장은 3년 전부터 독립하여 한창 잘 나가고 있었다. 그의 주도로 설립한 회사는 단순히 벤처기업에 대한 컨설팅에 만족하지 않았다. 그 법인의 사업 목적을 살펴보니 의외로 다양했고 자본 조달을 알선하는 것도 주된 사업 중의 하나였다.

규모가 그리 크지 않은 회사였지만 김 사장은 의욕적으로 뛰었고 또 그만한 실적을 올리는 중이었다. 아니나 다를까. 김 사장은 자기 회사에 자리 하나 만들어 줄 테니 부담 없이 출근하라고 말했다.

" 책상 하나에 도우미 한 명, 점심 정도만 지원할 테니 마음 놓고 일하세요. "

추강민은 그 말 한마디에 감격했고 후배 김범수 사장에게 허리 굽혀 인사했다. 일할 공간을 마련해 주는 데 그치지 않고 점심 해결은 물론 직원 한 명을 도우미로 지원하겠다니 그만한 행운도 또 없지 싶었다.

광명여인숙 골방에서 잠을 자던 추강민, 단 한 평의 사무실도 없이 방황하던 추강민, 교통비와 식대마저 해결하기 어려웠던 추강민은 군말 없이 출근했고 달랑 책상 하나만 갖춘 나 홀로 사장이 될 수 있었다.

◊ ◊ ◊

그 당시 김범수의 컨설팅 회사에서 만난 사람이 바로 투자 상담 심사역인 연제흠 차장이었다. 연 차장은 추강민보다 6년 후배였지만 다양한 경험을 축적한 인재라고 생각되어 구미가 당겼다.

짐작컨대 그는 참 똑똑한 사람이었다. 명문 대학 무역학과를 졸업한 뒤 쌍룡그룹 안에서 8년 동안 기획, 전산, 자재, 무역 파트를 두루 섭렵한 인물이었다.

연제흠 차장은 단순히 컴퓨터 애호가 수준이 아니었다. 80년대 말 고교에 입학하자마자 애플컴퓨터를 자유자재로 다룰 정도로 컴퓨터에

푹 빠져 있었고 청계천 세운상가에서 구입한 1백 50만 원짜리 복제품
은 사실상 그의 애인이었다.

연 차장은 퍼스널 컴퓨터가 출현하기 이전부터 그 당시의 청소년답
지 않게 컴퓨터 전문가의 꿈을 키웠다고 했다. 애플 컴퓨터를 소유한
학생이 전교생 중에 열 명 안팎이던 시절부터 이미 그는 컴퓨터에 관한
한 평범한 청소년이 아니었다.

A대학교 무역학과 재학 4년 동안 전산 연구회 동아리를 중심으로 활
동하면서 PC에 능통하기 시작했고, 쌍룡그룹 계열사 근무 8년 동안 중
형 컴퓨터 IBM AS400과 친숙해지면서 프로그래밍 완성 단계에 진입
할 수 있었다. 기획부 전산팀에서 자재관리팀이나 해외영업팀으로 부서
를 옮긴 것도 프로그래밍 실력을 인정받았기 때문이다.

기획부 전산팀에서 프로그램을 개발하여 현업 부서로 넘길 때마다 과
소 평가되거나 실무에 적용되지 않는 현실을 연제흠 차장은 매우 안타
깝게 생각했다. 그는 자재관리 팀으로 전보 발령을 받자마자 과거의 프
로그래밍이 현실과 동떨어진 탁상공론임을 절감했고 그 때부터 실제 업
무에 접목시킬 수 있는 프로그램 개발에 매달렸다.

그 밖에 연 차장은 해외영업팀 근무 당시 호주, 뉴질랜드, 중동, 동
남아시아, 서남아시아 등지에 산업 기계류를 수출하는 업무를 담당하
면서 비즈니스 능력을 키워 나갔다고 했다.

2001년 1월, 추강민이 컨설팅 회사에 곁다리로 첫 출근하던 날 연제
흠 차장은 상담을 벌이던 중이었다. 투자 유치를 원하는 한국 업체 임
원, 미국의 유명 투자 회사가 파견한 간부 사이에서 연 차장은 자신의

영어 실력을 유감없이 발휘하고 있었다.

연 차장이 한국 업체의 사업계획서를 유창하게 설명하고 미국인이 고개를 끄덕이자 한국 업체 임원이 투자 조건을 제시했다.

" 주식 액면가의 6배수 이상으로 투자 받고 싶다. "

한국 업체 임원이 그렇게 말했지만 미국인은 이해할 수 없다는 표정을 지었다. 그 순간 연 차장이 나서더니 주식 액면가의 6배수 이상으로 투자해야 하는 이유와 그 근거를 일목요연하게 설명하기 시작했다. 그제야 미국인이 알아들었다는 듯 고개를 끄덕였다.

한국 벤처기업 측의 막연한 주장을 영어로 통역하면서 차근차근 설명하고 이를 영문 사업계획서로 완성시키던 연 차장의 표정은 자신감 그 자체였다. 실사 점검 과정을 거쳐 평범한 아이디어를 완벽한 사업계획서로 업그레이드시키는 작업을 지켜보며 추강민은 내심 만용을 부렸다.

" 연 차장, 기회가 되면 나와 함께 비즈니스를 펼칩시다. "

어느 날부터 추강민은 그를 설득하기 시작했다.

" 제게 어떤 대우를 보장해 주시겠습니까? "

연 차장이 약간 건방지게 나왔을 때 추강민은 대범하게 받아쳤다.

" 급여에 개의치 말고 한번 뛰어 봅시다. 일정 지분의 주식으로 보답하면 어떨까요? "

봉급을 줄 형편이 아니었던 추강민은 그렇게 대응할 수밖에 없었고, 두 사람의 파트너십은 그 날부터 하루가 다르게 여물어 갈 수 있었다.

" 좋습니다. 추 사장님을 한번 믿어 보죠. "

귀동냥과 젖동냥에 불과한 아이디어를 인정해 주던 연 차장이 추강민은 고마웠다.

" 그동안 땀 흘려 만들어 온 비즈니스모델입니다. 머잖아 특허 출원도 해야 합니다. "

" 허접스런 아이디어를 나열한 것이 사업계획서는 아닙니다. 아이디어 창출 단계에 불과한데 어떤 방법으로 비즈니스모델 특허를 출원한다는 말씀이죠? "

" 그래서 연 차장 같은 인재가 필요한 겁니다. "

호된 비판을 감수하면서 추강민은 연 차장을 추강민 식구로 만들어 나갔다. 여러 사람들의 도움을 받아 취합된 그 계획서는 나름대로 호평을 받고 있었지만, 연 차장 앞에서는 너저분한 쓰레기 취급을 받는 데 만족해야 했다.

김범수 사장의 배려로 컨설팅 회사에 막 출근하기 시작했을 때, 추강민의 비즈니스모델은 각종 데이터를 수집하여 어설프게 엮은 아이디어 수준에 불과했다. 아니, 어떤 면에서는 허접스런 정보의 조각들을 끌어 모으거나 스크랩해 놓은 비망록에 다름 아니었다.

더구나 그 데이터를 집대성할 수 있는 능력이 부족한 데다, 사실상 컴맹이었던 추강민은 어디서부터 어떻게 접근해야 할지 몰라 쩔쩔매고 있었다. 20여 년 동안 은행 단말기를 두드리는 수준을 벗어나지 못했고 컴퓨터 접근이 쉽지 않기 때문에 그 날부터 당장 연 차장의 도움을 받아야 했다.

그 해 6월, 전국금융연합회 회의실에서 비즈니스모델 발표회가 열리던 날, 연제흠 차장은 컨설팅 회사의 간부 자격으로 참석했다. 유명 인사들을 모시고 차나 한잔 나누는 자리라고 착각했던 연 차장은 혼란에 휩싸였다. 그 모임의 사회를 자청한 A대 이창기 박사가 참석자 전원에게 코멘트를 요구할 정도로 열띤 토론이 벌어졌기 때문이다.

" 솔직히 말하죠. 그동안 추강민 사장님을 과소평가해 온 게 사실입니다. "

A대 경영학부 이창기 교수를 비롯해 H개발원 보험연구소 차문혁 부소장, 전국금융연합회 임정빈 전무, N경제신문 이규형 차장, H은행 PB팀장 송영길 등 20여 명이 참석한 자리에서 연제흠 차장이 흥분된 목소리로 말했다.

" 엉뚱한 몽상가 취급 받던 추 사장님이 드디어 발명가, 벤처 사업가, 지식 재산권 전문가로 발전할 가능성이 높아 보이네요. "

연 차장의 색다른 강평이 아니더라도 추강민은 그날따라 들떠 있었다. 그 모임의 비용을 컨설팅 회사의 김범수 사장이 부담한 사실을 모르지 않으면서도 부끄러워하기보다는 어린애처럼 희희낙락하고 있었다. 김범수 사장과 연제흠 차장을 사기행각의 후원자로 만들었다는 자부심이 추강민을 그토록 흥분시켰던 것이다.

" 남자는 자기를 인정해 주는 사람에게 충성합니다. 그렇다고 사장님을 무작정 따라가는 마당쇠 역할은 싫어요. 주인집에서 마당을 쓰는 등 허드렛일을 하는 종놈보다는 주인 의식을 갖고 일하는 파트너가 소원입니다. "

그 날 모임이 끝난 뒤 단둘이 찾아간 호프집 안에서 연제흠 차장이 던진 명언이자 약속이었다. 심 봉사가 간난 딸을 위해 몇 모금의 젖을 구걸하려고 마을을 헤매던 것처럼, 주변 전문가들의 정보와 노하우를 한 조각 한 조각 귀동냥해 가며 떠돌던 추강민은 드디어 새로운 동반자 하나를 곁에 둘 수 있게 되었다. 추강민이 무능력한 벤처 사기꾼이자 알거지 신용불량자란 사실을 절감한 연 차장이 스스로 물러설 때까지 그 동업자 관계는 위태롭게 유지될 수 있었다.

징검다리 투자노트

:: 개미 투자자의 주식투자 기법

:: 워런 버핏 기준

① 주가가 오를 것 같아 매수하고 내릴 것 같아 매도하지 말라

주식투자자의 가장 큰 실수란 무얼까? 가치(價値)가 아니라 주가(株價)에 초점을 맞추는 데 있다. 주가가 상승한다고 기업의 가치가 향상된 것이 아니다. 이와 반대로 주가가 하락한다고 기업 가치가 낮아진 것은 아니다.

주식투자에 성공하려면 주가가 상승한다고 주식을 매수하고 주가가 하락한다고 주식을 매도하면 곤란하다. 언제나 주가 대신 기업 가치에 초점을 맞추고 기업 가치가 향상되는 주식을 매수해야 한다.

② 자신이 잘 아는 분야에 투자하라

이 세상 부자들의 경우 수많은 사업을 통해 큰돈을 번 것이 아니다. 하나만 제대로 잘 알아도 큰돈을 벌 수 있다는 사실을 거부들이 입증한다. 주식투자 리스크는 잘 모르는 종목에 투자했기 때문에 발생한다. 다른 사람보다 스스로 확실히 잘 알고 있는 분야의 기업에 투자하는 게 남는 장사다.

③ 10년 동안 주식시장이 문을 닫아도 상관없는 종목에 투자하라

주식을 매입하기 전에 스스로 자문자답해 보자.

주식시장이 10년 동안 문을 닫는다면 어떤 느낌일까?

이런 질문에도 '그 주식을 보유 중인 것이 행복하다.'고 대답할 수 있다면 그 주식을 매수하라. 앞으로 10년 동안 망하지 않을 종목은 제품력, 판매망,

브랜드 등에서 우위를 차지할 가능성이 높은 기업의 주식이다.

④ 시장의 소문에 휩쓸리지 말라

어떤 주식을 매수하고 싶다면 우선 그 이유를 적어 보라.

■ 그 기업의 시가총액은 시장에서 1조 원 이상 저평가돼 있다. 동종 업계 A기업의 일시적인 사건사고 때문에 주식이 하락해 있을 뿐이다.

매수 결정은 그것으로 족하다. 다른 사람들의 조언에 가능한 한 귀를 기울이지 않는 게 바람직하다. 투자 정보가 부족할 경우 더 심층적으로 분석하면서 결정을 늦추어도 된다.

⑤ 주가가 폭락할 때가 주식을 싸게 매수할 수 있는 기회다

주가가 폭락하면 평소에 봐 두었던 우량 주식을 살 기회가 생긴다. 워런 버핏은 '나는 1달러짜리를 50센트에 사는 법을 벤저민 그레이엄에게 배웠다. 우량기업의 주가가 폭락하면 나는 즐겁다.'고 말한다.

✎ ✎ ✎

:: 필립 피셔 기준

① 스스로 가장 잘 아는 회사에 주목하라

주식시장에 진정으로 우량한 기업은 그다지 많지 않다. 따라서 투자자는 몇 안 되는 우량기업을 선별하여 집중 투자해야 한다. 잘 알지도 못하는 종목, 업종, 기업들에 분산투자하는 것은 오히려 위험만 가중시킬 뿐이다.

피셔의 포트폴리오는 10개 종목 미만으로 구성돼 있다. 그 중 3~4개 종목에 총 투자금액의 75%를 집중 투자하고 있다.

② 회사의 가치를 정확히 평가하라

주식의 시가는 기업의 실제 가치를 반영한다. 따라서 투자자는 기업의 실제 가치의 성장 추이를 치밀하게 관찰해야 한다. 실제 가치가 성장하지 않는다면 주가 역시 상승하지 않는다.

진정한 가치투자란 해당 주식의 가치를 정확하게 평가한 뒤 저평가가 인정될 때 매수하고 시장에서 제대로 평가받을 때까지 인내하고 기다리는 것이다.

③ 종목 매매에 신중을 기하라

새로운 종목으로 바꾸어 탄다는 것은 이미 투자 중인 종목보다 더 나은 종목이 생겼다는 의미다. 예를 들어 가장 유망해 보이는 새로운 종목을 발견했다고 하자. 이 종목의 매수 자금을 마련하기 위해 기존에 보유한 주식 중에서 그나마 성정 전망이 낮은 종목을 일부 처분하려 할 것이다.

하지만 매각하려는 종목은 스스로 잘 알고 있고 또 오랫동안 보유한 주식이다. 새로운 종목에 투자하면 잘못을 범할 위험도 그만큼 크다. 기존 보유 주식을 매도할 때는 정말 신중해야 한다.

④ 장기투자가 기본이다

주식투자로 많은 돈을 벌고 싶다면 우량기업을 찾아내 주식을 매수하라. 그 뒤 그 기업이 착실하게 성장하는 동안 몇 년이고 계속 보유하라. 내 판단이 정말 옳다고 생각될 경우 대부분의 사람들과 다르더라도 소신을 지킬 수 있는 용기가 필요하다.

⑤ 경영자의 자질 등 회사의 내부를 깊이 분석하라

투자자 스스로 기업의 가치를 평가하고 베팅을 결정해야 한다. 필립 피셔는 특히 경영자의 자질을 매우 중요하게 생각한다.

23

이중인격

각계각층의 명사들을 '알현'하러 다니면서 법인 설립 자금을 조달하려고 애 쓰거나 그들을 경영진으로 끌어들일 생각은 애당초 없었다. 그저 사기를 칠 때 내세우기 위한 얼굴마담으로 가꾸는 데 몰두했을 뿐이어서 무리수를 두는 일은 결코 없었다.

시시콜콜한 사업계획의 세부 내용을 설명하기보다는 그저 덕담이나 나누고 가끔 식사와 술을 대접하며 안면을 트는 관계로 지내다가 어느 정도 신뢰감이 쌓였다는 확신이 들면 슬며시 노트북 컴퓨터를 열었다.

"신용불량자들을 갱생시킬 수 있는 혁명적 모델이란 평가를 받고 있습니다. 부디 지켜봐 주십시오. 비즈니스 모델 구축이 완성되면 그 때 다시 자문을 구하겠습니다. 박사님을 자문 위원, 싱크 탱크, 발기인, 주주로 모실 생각도 갖고 있습니다."

평소 열심히 연습한 말장난이어서 막히는 법이 별로 없었다. 빚 갚을 돈을 마련하기 위해선 형제들, 친척과 처가 식구들, 고교 동기 동창들, 한양은행 입사 동기와 선후배들마저 서슴없이 제물로 삼아야 했던 추강민이 참신한 비즈니스맨으로 둔갑하는 건 어려운 일이 아니었다. 어디로 튈지 모르는 좌충우돌형의 거짓말 중독자가 양심적이고 진지한 벤처 사업가로 변신하는 건 각계 명사들을 만나는 순간이었다.

추강민 머릿속에는 새로운 사람을 만날 경우 원만한 관계를 맺기 위한 노하우가 저장되어 있다. 저명인사들을 지원군으로 만들 수 있는 계기가 첫 만남에서 결정된다는 게 추강민의 지론이다.

검은 정장을 입은 40대 중반의 신사가 값비싼 최신형 노트북 컴퓨터를 들고 찾아가 평소 연습한 대로 달변을 앞세워 가며 정중하게 접근할 경우 그 첫 만남은 대부분 성공작으로 이어진다.

그 순간부터 추강민은 그들에게 환상과 확신을 심어 주려고 노력한다. 모든 확신은 대부분 환상에서 출발한다는 사실을 추강민은 너무도 잘 알기 때문이다. 엄밀한 잣대로 보면 추강민과 비슷한 환상을 간직한 사람들은 젊은 층에만 몰려 있는 게 아니다. 대박을 꿈꾸는 사람들은 오히려 중·장년층과 지식인층에 몰려 있다고 해도 과언이 아니다.

" 박사님의 글을 감명 깊게 읽은 독자로서 꼭 뵙고 싶었습니다. "

추강민은 환상을 심어 주기 전에 겉치레 덕담부터 꺼낸다. 중앙 일간지에 게재된 '박사님'의 칼럼을 달달 외웠으니 일단 말장난이 통하게 마련이다. 아무리 바쁜 사람일지라도 자기 글을 감명 깊게 읽었다는 독자에게 호감을 갖기 때문이다.

" 박사님, 제가 추진하는 디지털 비즈니스모델에 도움이 될 만한 옥고(玉稿)였습니다. "

첫 만남의 첫 화제는 상대방을 기분 좋게 만드는 '용비어천가'로 시작한다. 쉽게 우쭐해지는 오만한 성격의 저명인사를 유혹하려면 추켜세우는 말을 아껴선 안 된다. 일단 우호적인 분위기로 바뀌었다고 판단될 때 중요한 이야기보따리를 풀어놓는다.

" 금싸라기 같은 시간을 빼앗지 않겠습니다. 제가 추진하는 사업계획을 아주 간략하게 소개하고 싶습니다. 부디 조언을 주십시오. "

" 사실 오늘 바쁘거든요. 짤막하게 말씀해 보세요. "

그 말이 떨어지기 무섭게 추강민은 노트북 컴퓨터를 열고 판에 박은 듯한 일장 연설을 시작한다. 열변을 토하는 동안 상대방의 신뢰를 얻고 있는지, 이 사람과 지속적인 관계를 유지하면서 얼굴마담으로 활용할 만한 가능성이 있는지, 확인하기 위해 재빨리 눈치를 살핀다.

" 신용불량자는 한국 사회에서 가장 두려운 존재입니다. 신용불량자의 급격한 증가가 심각한 사회 문제로 떠오르고 있지만 해결책이 사실상 전무한 상황입니다. 제가 다듬고 있는 비즈니스 모델은 바로 신용불량자 갱생을 위한 프로그램입니다. "

추강민 웅변은 그것으로 끝내지 않는다. 반드시 한마디를 덧붙인다.

" 많은 재계 인사들과 학계의 명사들이 저에게 격려를 주고 계십니다. 특히, 한국경영기술원 김태수 박사님, B대 국제대학원 장재완 박사님, 전국금융연합회 임정빈 전무님, 두강건설 김다시 사장님께서는 누구보다 깊은 관심을 표명하셨고 사업화에 앞장서겠다고 굳게 약속하셨습니다. "

브리핑이 끝나면 그동안 안면을 트고 지내온 명사들의 이름 석 자을 조심스럽게 들먹인다. 가볍게 찾아가 커피 한잔 나눈 사이에 불과할지라도 개의치 않고 깊은 친분을 유지하는 것처럼, 적극적인 지원자인 것처럼 가장한다. 상대하는 사람의 직업과 취향에 따라 가장 잘 어울릴 만한 인사들의 이름을 우선적으로 내세우는 건 물론이다.

◦ ◦ ◦

B대학교 국제대학원의 장재완 교수를 알게 된 것은 추강민이 그 대학교 경영대학원에 진학했을 때였다. 국제경영학 석사 학위를 받기 위해 하버드대 출신 국제경영학 박사인 그를 지도 교수로 모시면서 나름대로 친밀한 관계를 유지할 수 있었다.

그러다가 한양은행을 그만두고 실의에 빠져 지내던 중에 허무맹랑한 사업계획서와 특허 출원용 서류 몇 가지를 요약한 뒤 브리핑을 한답시고 찾아갔다.

" 좋은 예감이 온다. 한번 공을 들여 개발해 보게. "

진심이건 진심이 아니건 장재완 교수는 격려를 아끼지 않았다. 추강민은 짤막한 그 한마디의 평가를 차마 무시할 수 없었으므로 만나는 사람들에게 '장재완 교수님께서 추강민 아이템을 획기적인 사업 모델로 인정했다'며 뻐기고 다녔다.

" 우리 장재완 박사님께서도 제 비즈니스모델에 확신을 갖고 계십니다. 발기인 겸 주주로 참여하겠다는 약속도 한 바 있습니다. "

어느 누구에게 브리핑을 하건 장재완 교수 이름 석 자 앞에 '우리'나 '저희'를 넣는 것은 아주 중요한 전략의 하나였다. 마치 장 박사가 '나'와 '우리'를 적극 성원하는 석학(碩學)인 것처럼 강조하려면 무엇보다 필요한 말장난이었다.

그러다가 장재완 교수와의 인연이 깊다는 유평일 교수를 만난 것은 2000년 1월 모 경제 일간지 기사를 읽게 되면서부터였다. 재정경제부 장관을 모시고 경제학자들이 조찬 모임을 가졌다는 기사를 읽은 뒤 A대 원로 교수인 60대 추강민이의 유평일 박사를 찾아갔을 때도, 추강민은 예외 없이 노트북 컴퓨터를 열었고 그 껍데기 사업계획서를 도마 위에 올렸다.

" 훌륭한 발상이네. "

유평일 교수도 비즈니스모델 브리핑을 경청하고 나서 의례적인 덕담부터 꺼냈다.

" 격려의 말씀을 더 부탁드려도 되겠습니까? "

그 덕담이 간에 기별도 가지 않았으므로 추강민은 젖 투정하듯 매달렸다.

" 아무래도 큰 것이 하나 숨어 있어. 열심히 뛰어 보게. "

" 저는 얼마 전에 장재완 박사님의 지도로 석사 학위를 취득했습니다. "

추강민은 기회를 놓치지 않고 장재완 교수와의 인연을 강조했다

" 어! 그래요? "

" 장재완 교수님의 선친께서 유 박사님 말씀을 자주 하셨다고 그러시더군요. "

" 그래요? "

유평일 교수의 반응은 의외로 시큰둥했지만 그에 아랑곳하지 않고 추강민은 며칠 뒤 두 사람의 만남을 주선했다.

" 장재완 교수님께서 유 박사님을 만나고 싶답니다. "

유평일 교수에게 전화를 걸어 거짓말을 했다.

" 유평일 교수님께서 장 박사님을 만나 뵙고 싶답니다. "

장재완 교수에게 전화를 걸던 순간에도 똑같은 거짓말로 유혹했다. 그러자 모든 일이 의외로 술술 풀렸다. 추강민이 일방적으로 정한 약속 장소를 두 사람에게 통보하는 것으로 시나리오가 마무리될 수 있었다.

" 롯데호텔로 나오십시오. 경비는 그동안 은혜를 입었던 제가 부담하겠습니다. "

두 사람의 시간이 비던 날, 추강민이 다시 두 통의 전화를 걸었다. 투자 희망자로 나선 한성콘도의 김 부장이 그 '세미나'의 경비를 부담하겠다고 나섰으니 추강민으로선 거칠 것이 없었다.

" 제 부친께서 박사님에 관한 말씀을 자주 하셨습니다. "

투자 희망자이자 물주인 김 부장이 옵서버로 참석한 만찬 자리에서 장재완 교수가 말했다.

" 부친의 성함이? "

유평일 교수가 물었다.

" 프랑스 대사를 지낸 장태섭 씨가 제 부친입니다. "

장재완 교수가 외교관 생활을 오래 했다는 부친의 이름을 거론하자 유평일 교수의 얼굴에 환한 미소가 번졌다. 이미 며칠 전에 추강민은 유 교수를 불쑥 찾아가 안면을 텄기 때문에 두 사람 앞에서 아주 자연스럽게 첫 단추를 꿸 수 있었다.

아니나 다를까. 장 교수가 유 교수 앞에서 90도 각도로 허리를 굽혔다. 40대 후반의 교수와 60대 중반의 교수가 서로 부자지간처럼 발전한 것이었다. 두 번 말하면 잔소리였다. 그 장면은 추강민이 만든 작품 중의 작품이었다.

" 다음에 두 분을 뵐 때는 더 확실하고 구체적인 계획, 보다 업그레이드된 비즈니스모델을 선보였으면 합니다. 두 박사님을 제 사업의 자문 위원으로 모시고 싶습니다. 법인을 설립할 때 발기인으로 참여하시면 주식도 무상으로 드리겠습니다. "

누구나 지껄일 수 있는 말이었지만, 호언장담의 성격은 얼마든지 차별화가 가능했다. B대학교 경영대학원 석사 추강민이 미국 하버드대학교 출신 박사와 영국 옥스퍼드대학교 출신 박사 앞에서 점잖게 꺼낸 말이기 때문이었다.

말로 밥을 지으면 남북한 민족 7천만 명을 평생 먹여 살릴 수 있다고 하지 않았던가. 추강민 사기행각은 혀끝에서 시작하여 혀끝에서 끝내는 장점을 지니고 있었다.

하지만 만나는 자리가 잦아질수록 유평일 교수는 약간 회의적인 의견을 내놓기 일쑤였다. 번지르르해 보이던 비즈니스모델이 속 빈 강정처럼 느껴지기 시작한 것은 추강민이 의외로 무능하고 무식한 탓이었다. 그럴수록 부지런을 떨어야 했다.

추강민은 사이비 벤처 사냥꾼이라는 인상을 불식시키기 위해 많은 인재와 석학들의 이름을 동원했고 부지런히 돌아다니며 귀동냥을 했다. 물론 그럴 적마다 유평일 교수와 장재완 교수를 전폭적인 후원자로 가장 먼저 내세워야 했다.

고생한 보람은 있었다. 그 해 6월 10일 A대학교 경제학부 세미나실에서 열린 모임에 유평일 교수가 참석했고 S텔레콤 김상철 박사, P제철의 국제금융부장, T침대의 부사장과 기획전산팀 대리 두 명, 공인회계사 두 명, S은행 사이버뱅킹팀 최 팀장 등 10여 명의 옵서버들 앞에서 유평일 교수가 사회를 보았으니까.

하지만 추강민 혀끝에서 놀아나던 유평일 교수가 어느 날 갑자기 차갑게 돌아서는 듯한 기미를 보였다. 말로 시작해 말로 끝내는 사기행각을 눈치 챈 것만 같아 속으로 뜨끔할 때도 없지 않았다.

비즈니스모델 시스템을 구축하고 원천 기술을 보유하려면 10억 원이 소요될지 100억 원이 소요될지 잘 모르는 상황에서 몽상가의 허황한 꿈을 구구절절 펼쳤으니 그럴 만도 했을 것이었다.

" 추 사장, 여전히 확신이 안 선다. "

몇 차례의 '세미나'에 참석하여 사실상 그 모임을 주도했으면서도 유평일 교수는 고개를 저었다. 젊은 사람들의 디지털 개념과 충돌한 데다 브리핑이 서툴고 준비가 불충분한 때문이라고 추강민은 생각했다. 그럼에도 얼마 뒤에는 추강민이 끌어안고 뒹굴던 비즈니스모델에 대하여 유 교수는 긍정적인 평가를 아끼지 않았다.

" 괜찮다! 추강민 사장의 비즈니스모델을 한번 지원해 보자. "

그 해 7월 전국금융연합회 회의실에서 간담회가 열리던 날 유평일 교수가 한 말이었다. 김상철 박사와 임정빈 전무가 검토 의견을 발표하고 난 뒤 나온 의견이었다. 그렇다고 확신에 찬 결론은 아니었다. 추강민이 자본을 끌어들이고 여러 사람들이 모여 지혜의 구슬을 꿰면 멋진 작품이 나올지도 모른다는 기대감을 표시한 것에 불과했던 것이다.

24

인맥 쌓기

몇 달 전부터 대표적 얼굴마담으로 내세
워지던 한국경영기술원의 디지털경영대학원장 김태수 박사와 그의 제
자 안재완 금융공학 석사가 비즈니스모델에 깊은 관심을 보이지 않고
왠지 느슨하게 나올수록 추강민은 노심초사했다.

어떤 방법으로든 고삐를 바짝 죄어 두 사람을 가장 어울리는 얼굴마
담으로 못 박아 둘 필요가 있었다. 며칠 고민하던 추강민은 어쩔 수 없
이 서린생명보험에 근무하는 안재완을 자주 찾아감으로써 김 박사의
관심을 이끌 만한 계책을 모색해야 했다.

"안 형, 제 아이템에 애정을 기울이는 사람은 대부분 비즈니스맨이 아니라 학자
들입니다. 그 사람들, 지나치게 순수해서 심적 부담이 될 뿐더러 추진력이 부족해
안타깝기만 하네요. 그럴수록 안 형이 도와 주셔야 합니다."

추강민은 웬만하면 김태수 박사를 직접 상대하지 않고 안재완에게

애면글면 매달렸다. 즉흥적인 생각을 갖고 김 박사에게 섣불리 접근했다가 허점이라도 노출되는 날이면 다 된 밥에 코를 빠뜨리는 우를 범할까 두려웠던 것이다.

" 어떤 방법으로 도와 드려야 하나요? "

안재완은 김 박사와 달리 의외로 진지하고 적극적이었다. 투자 유치가 성공하면 신설 법인의 주식을 무상 제공하고 임원으로 등용하겠다는 미끼에 걸려든 탓이었다.

" 김태수 박사님의 깊은 관심을 다시 한 번 유도할 수 있도록 안 형이 한 차례 브리핑을 해 주시면 어떨까요? 안 형 나름대로의 관점과 소신을 그 분 앞에서 숨김없이 피력해 달라는 뜻입니다. "

추강민은 비즈니스모델에 관심을 가진 저명인사가 수없이 많을 뿐만 아니라 투자하겠다는 사람들이 넘쳐난다고 안재완에게 여러 차례 강조했다. 젊은 나이에 유망 벤처기업의 임원이 되는 걸 소망했던 안재완은 '총대를 메는 일'에 누구보다 솔선수범했다.

마침내 기다리던 결과가 찾아왔다. 추강민의 거짓말을 믿어 버린 안재완은 김태수 박사에게 조심스럽게 건의했고 짧은 시간이나마 브리핑 기회가 마련되었던 것이다.

그 해 7월 16일 오후 3시 무렵, 한국경영기술원 안의 디지털경영대학원 204호실. 김태수 원장과 10여 명의 박사 과정 연구생들이 지켜보는 가운데 '신용불량자 갱생 프로그램 발표회'가 열렸다. 좀 더 고상하게 표현하자면 발표회가 아니라 이른바 '세미나'였다.

추강민이 안재완을 꼬드겨 어렵사리 만든 자리에 불과했지만, 추강민은 훗날 그 모임을 '신용불량자 갱생 프로그램 발표회' 또는 '한국경영기술원 세미나'라고 명명함으로써 아이템의 우수성과 폭넓은 마당발을 널리 과시했다.

그 날 김태수 박사와 10여 명의 연구생들 앞에서 안재완이 브리핑을 시작했다. 안재완은 김 박사와 추강민을 지나치게 의식했던 나머지 우렁우렁한 목소리로 입을 열었다.

" 많은 기업들이 고객들에게 제공하는 마일리지 포인트가 사장(死藏)되는 상황입니다. 추강민 사장은 이와 같은 마일리지 포인트 시장의 해묵은 숙제에 초점을 맞추고 있습니다. 제때 쓰이지 않은 마일리지 포인트를 주변의 신용불량자에게 넘겨 그들의 기사회생의 기회를 마련해 주고, 고객과 기업 모두에게 도움이 되는 원-윈 전략을 구사한다는 차원의 비즈니스모델이 바로 추 사장의 출발점입니다. 제가 판단하건대, 나름대로 타당성이 인정됩니다. 기존의 포인트 통합 사업과 달리, 고객이 맡긴 마일리지를 증식하여 돌려주거나 자사(自社)의 주식을 교부하여 투자 수익을 공유한다는 점도 고객들의 호응을 얻을 수 있을 것입니다. 그 마일리지를 신용불량자들의 구좌에 적립했다가 주식과 자동차, 주택, 신용카드 한도 등으로 돌려준다는 점도 파격적인 인식의 출발입니다. 하지만 실제 마일리지를 운영하고 있는 기업과의 제휴 계약이 가장 먼저 성사되어야 합니다. 예컨대 카드사, 정유사, 이동 통신사 등 마일리지를 운영 중인 기업들의 경우 자체적인 마일리지 포인트 활용 계획을 갖고 있는데, 이러한 자체 계획을 새로운 사업 영역으로 유인하고 대체하는 것은 쉽지 않은 일입니다. 대부분의 투자자나 협력자들도 이 부분에 대한 의구심을 갖고 있을 것으로 예상되기 때문에, 한 개의 회사라도 우선 제휴 업체로 확보하는 길이 신뢰를 강화하는 방법이 될 것입니다. "

안재완이 금융공학 메커니즘을 바탕으로 약 30분 가량 시뮬레이션을 구성하여 설명하고 추강민자 참석자들은 하나같이 침묵 속에 잠겼다.

" 의견을 달고 싶은 사람 없나? "

김태수 원장이 좌중을 둘러보며 물어 보던 순간, 추강민은 숨을 크게 들이쉬면서 주먹을 부르쥐었다.

" … "

한 차례 더 물었어도 침묵은 깨지지 않았다. 연구생들의 면도날 질문이나 현실적인 문제 제기가 봇물처럼 터져 나와야 하는 자리임에도 찬물을 끼얹은 듯 싸늘했다.

어떤 열정이나 자기 확신을 보여 주려는 연구생이 한 명도 없어 추강민은 안도의 한숨을 끌 수 있었다. 많은 연구생들의 장래를 쥐락펴락하는 김태수 박사의 권위에 짓눌린 탓인지 누구든 함부로 입을 열지 못하는 것 같았다.

" 진짜 특별한 의견 없어? "

김 원장이 다시 한 번 퉁명스레 물었을 때 몇몇 연구생들은 다소 냉소적인 표정을 지어 보였다. 연구생들의 차가운 반응은 의혹과 불신의 단면을 엿보게 해 주었고, 단 한 명이 일어서더니 '그 같은 새로운 시장의 출현과 유지 발전이 가능한가 하는 문제를 두고 조금 더 심층적인 시장 분석이 필요하다'는 의견을 낸 게 고작이었다.

그 연구원이 자리에 앉자 다른 연구원들은 코웃음 치는 표정을 지으면서 더 언급하고 싶지 않다는 듯 극도로 말을 아꼈다. 미리 예고하지 않고 사전에 배포한 문서 한 장도 없이 아닌 밤에 홍두깨 내미는 식으로 마련된 자리였으니 충분히 그럴 만하다고 추강민은 생각했다.

어떤 분야의 마일리지 시장에 대한 진출을 먼저 모색할 것인지, 정상인이 쌓아 놓은 마일리지 포인트를 어떤 관계에 있는 신용불량자들에게 어떻게 이전할 것인지, 과연 그와 같은 방법으로 얼마나 많은 신용불량자들의 신용을 회복시킬 수 있을 것인지, 컴퓨터 프로그램 개발은 어느 누가 어떻게 추진할 것인지, 사업계획에 필요한 인력과 예산은 어느 수준이고 어떻게 확보할 것인지 따위의 당연히 오가야 할 질문들이 슬쩍 생략되고 있었다.

어차피 막연한 대답으로 돌아올 질문들임을 잘 알고 있었기 때문인지 연구생들은 미리 약속이라도 한 것처럼 말이 없었다. 긴 시간에 걸쳐 심층적인 대화를 나누다 보면 치명적인 약점이나 허구성이 쉽게 드러날 수 있으니 이쯤에서 그 어설픈 모임을 빨리 끝내야 한다는 게 추강민 생각이었다.

안재완이 지적한 대로 기존의 마일리지 사업을 새로운 판매 촉진 영역으로 대체하는 문제, 마일리지 시장에서의 폭넓은 이해와 협조를 얻어야 하는 문제, 투자를 할 수 있는 자본가와 대표적인 제휴 업체를 우선 확보하는 문제, 소프트웨어 개발에 따른 문제점 등에 대하여 깊이 있는 의견을 제시하는 사람이 없어 추강민으로선 무척이나 다행이었다.

" 그래, 맞아. 지금 구체적인 의견을 달 만한 상황은 아니겠지. 아직 걸음마 단계에 불과하니까. "

비록 걸음마 단계의 막연한 브리핑에 불과했고 아무도 시비를 걸거나 의견을 달지 못했으나, 김 박사의 명망에 힘입어 혁명적인 비즈니스 모델로 탈바꿈하는 순간이었다.

" 훌륭한 아이템이 될 수 있으니 꾸준히 가꾸어 볼 필요가 있다. "

김태수 원장이 눈썹을 세우며 잘라 말했다. 그 자리의 좌장인 김 원장이 그처럼 막연한 기대감을 나타냈을 때, 추강민은 '한국경영기술원 세미추강민이 열리던 날 안재완이 김 원장은 물론 모든 연구생들을 사로잡았다.'는 말을 투자 희망자들에게 확산시키기로 작심했다. 추강민은 그처럼 약삭빠른 놈이었다.

" 한국경영기술원 세미추강민이 열리던 날 안재완 금융공학 석사의 브리핑이 김태수 원장은 물론 모든 연구생들을 사로잡았습니다. "

이튿날부터 추강민은 투자 희망자들 앞에서 그렇게 떠들어대기 시작했다. 그리하여 김 원장과 안재완은 본격적으로 설익은 아이디어에 신뢰감을 얹어 주는 얼굴마담이 될 수 있었다.

🍃 🍃 🍃

한국경영기술원의 디지털경영대학원장 김태수 박사를 대표적인 얼굴마담으로 만든 것은 정말 우연이었다. 그 해 봄, 아내가 불쑥 꺼낸 몇 마디의 말이 김 박사와 만나는 계기로 이어졌다.

" 오늘 오전 강의를 들었는데 당신의 디지털 개념과 일치하는 강사를 만났어요. "

대학병원 수간호사인 아내가 다소 들뜬 표정을 지었다. 그 때만 해도 아내는 추강민이 소위 컴맹인 줄 몰랐기 때문에 남편의 사기행각을 거의 눈치 채지 못하고 있었다. 은행 근무 시절에 단말기를 두드린 경험이 있던 추강민을 컴퓨터 전문가려니 착각한 것 같았다.

" 그 강사가 누군데? "

" 한국경영기술원의 디지털경영대학원장 김태수 박사! 디지털 시대에 안성맞춤인 분이었어요. "

역시 컴맹인 아내는 아주 재미있고 유익한 시간이었다면서 강의 내용을 대강대강 소개했다.

" 김 원장님이 강조하기를, 전혀 엉뚱한 발상이 때로는 성공에 이를 수 있는 지름길이라고 했어요. 당신 요즘 이상한 사람들을 많이 만나고 다니지 않아요? 차라리 김 원장님을 먼저 만나는 게 어때요? 그 양반이 당신의 아이템에 도움을 줄 거란 예감이 들어서 하는 말예요. "

그 말을 듣고 며칠 망설이던 추강민은 김태수 박사가 기고한 일간지 칼럼과 그가 참석한 좌담회 기사를 우연히 읽게 되었다. 아는 사람에게 김 박사의 입지를 물었더니 '대한민국의 인터넷 비즈니스를 이끌어 가는 지식인 중의 한 사람'이라는 평가가 나오자 김 박사의 영향력을 인정하지 않을 수 없었다. A대학교 공대를 졸업하고 미국으로 유학을 떠나 경영정보학 박사 학위를 취득했다는 것도 알게 되었다. 추강민은 더 이상 머뭇거리지 않고 김 박사에게 전화를 걸었다.

" 박사님, 제 아내는 A대학병원 수간호삽니다. 원장님의 강의를 듣고 감명 받았다는 말을 하더군요. 그 때부터 박사님의 저서와 논문을 구해 정독했고 저도 아내 이상으로 감동했습니다. 제가 마침 색다른 비즈니스모델 특허를 준비 중인데 원장님의 자문을 받고 싶습니다. 짬을 내주실 수 있는지요? "

쉽게 찾아오지 않을 기회라고 생각되어 속사포 쏘듯 말했다.

" 글쎄요. 갑작스런 제의라서…. "

" 박사님, 긴 시간을 빼앗지 않겠습니다. 잠깐이면 됩니다. "

김태수 박사의 반응에 개의치 않고 밀어붙였다.

" 오전 중에 방문한다면 가능하겠네요. "

추강민은 김태수 원장의 허락을 받고 단숨에 달려갔다. 노트북 컴퓨터를 열어 30분 가까이 브리핑을 한 뒤 김 원장의 반응을 애타게 기다렸다.

" 유사한 비즈니스모델을 채택하고 있는 업체가 있긴 있어요. 그런 측면에서 방어 전략 없이 함부로 덤비지 않는 게 좋을 거야! "

김태수 원장은 추강민의 비즈니스모델에 대한 관심을 숨기는 눈치였고, 스스로 대단한 정보력을 갖춘 것처럼 위장하며 으름장을 놓았다. 하지만 추강민이 누군가. 심리전에 능했던 추강민은 김 원장을 압박하기 위해 애드벌룬을 띄우기로 작심했다.

" 시장 상황이 그럴수록 박사님의 자문이 절실히 필요합니다. "

" 나름대로 힘이 돼 줄 테니 열심히 해 보게! "

" 자금을 댄다는 자본가들이 몇 명 있어 법인 설립을 추진 중입니다. 이참에 박사님을 글로벌 싱크탱크의 좌장으로 모시고 싶습니다. "

" 조급하게 굴지 마. 돌다리도 두드리며 걷는 게 좋아요. "

처음엔 약간 망설이던 김 원장도 말려들 가능성이 높아졌다. 몇몇 얼굴마담을 팔아 가며 '만남의 광장'을 마련해 주자 멋진 사기행각의 무대가 펼쳐질 조짐이 보였다.

역시 무작정 찾아가 안면을 터놓은 A대학교 유평일 교수와 전국금융연합회 임정빈 전무를 들추며 아주 자연스럽게 접근했다. 추강민의 주선으로 유평일 교수, 임정빈 전무 등과 가끔 어울리면서 추강민의 사업계획에 차츰 애정을 보이기 시작했다. 특히 임 전무와 점심을 함께 하던 자리에서 김태수 원장은 이런 말도 했다.

" 이 비즈니스모델이 구체화되면 한국의 금융 경쟁력 향상에 도움이 될 수 있습니다. "

그 순간 두 얼굴마담의 의견일치가 이루어졌다.

" 박사님께서 인정해 주시니 용기가 생기는군요. 제가 그동안 쭈욱 지켜봤습니다만 추강민 사장은 아주 집념이 강한 인물입니다. "

미심쩍어 하던 임정빈 전무도 김태수 박사의 희망 어린 견해를 듣고 추강민을 재평가한 것처럼 추켜세웠다. 다소 막연해 보이는 비즈니스 모델이긴 하지만 추강민의 열정과 장담을 전적으로 믿는 척해도 손해 볼 일은 없으리라고 임 전무는 생각한 것 같았다. 추강민의 얼굴마담들과 점잖게 어울리다가 김태수 박사의 영향력에 힘입어 신분 상승 욕구를 채우겠다는 속셈도 엿보였다.

" 김 박사님의 디지털 개념과 임 전무님의 금융 분야 노하우가 결합될 경우, 획기적인 디지털 금융 기법이 탄생될 수 있다고 확신합니다. 각별하신 관심과 지원을 부탁드립니다. "

두 얼굴마담의 인간관계를 돈독히 유지하기 위해 추강민이 너스레를 떨지 않을 수 없었다. 추강민은 그만큼 자신이 넘쳤다. 두 얼굴마담에게 음모가 발각되지 않는 한, 투자자들을 모으는 데 어려움은 없을 것이라고 확신했다. 두 사람이 어울린 모임의 경비는 옵서버처럼 참석한 투자 희망자들이 부담했기 때문에 더더욱 즐거웠다.

몇몇 유명 인사들이 모여 값비싼 음식을 즐기던 그 자리를 추강민은 '제1차 세미나' '제2차 세미나'라고 명명했고, 문서화시킨 사업계획서에 참석자들의 면면을 한약방의 감초처럼 집어넣어 홍보용으로 적극 활용했다. 단 한 번만이라도 얼굴을 내밀거나 상견례(相見禮)한 저명인사들은 추강민의 사업계획서에 '자문위원단' '고문단' '글로벌 싱크탱크' 등의 일원으로 적절히 등재된 것은 물론이었다.

* * *

비록 억지스런 인맥 만들기에 불과했지만, 그 인맥이 담장이 넝쿨처럼 줄줄이 이어지는 게 즐겁기만 했다. 먼저 한 사람을 사귀게 되면 그 사람과 연줄이 닿을 만한 또 다른 인물을 어떤 방법으로든 퍼즐처럼 연결하는 재미가 그만이었다.

한국경영기술원 김태수 박사의 연구실을 드나들던 중에 금융공학 석사 안재완을 만날 수 있었다. 디지털경영대학원의 원장실에서 김 박사를 기다리다가 책장 안에 꼽힌 졸업자 명부를 뽑아 들면서부터였다.

김태수 박사의 여비서에게 부탁하여 금융공학, 경영과학 분야의 석사 박사 명부를 복사했고 집에 돌아와 그 명단을 꼼꼼히 체크했다. 보험과 금융공학 분야에 관한 지식이 전무한 추강민에게 서린생명보험 리스크 팀장으로 근무하는 금융공학 석사 안재완이 가장 먼저 눈에 들어왔다. 절로 흥분한 추강민은 이튿날 오전 9시 30분이 되기를 기다렸다가 전화번호를 눌렀다.

" 안 선생님, 마일리지 관련 비즈니스모델 특허를 준비 중인 사람으로서 금융공학에 깊은 관심을 가지고 있습니다. 여러 가지 자문을 받기 위해 전화를 드렸습니다. "

" 저를 어떻게 알았나요? "

안재완은 경계심을 감추지 않았다.

" 어제 김태수 교수님을 찾아뵈었다가 알게 됐습니다. 김 원장님은 오래 전부터 제가 가장 존경하는 분이죠. "

김 원장이 직접 추천한 뉘앙스를 은근히 풍기려고 일부러 그렇게 둘러댔다.

" 저 역시 그분을 존경하고 있습니다. "

안재완의 호의적인 반응이 포착되던 순간 추강민의 순발력은 눈부신 빛을 발하기 시작했다.

" 김 박사님께서 제 비즈니스모델에 깊은 관심을 가지고 계십니다. 특히, 안 선생님처럼 금융공학을 전공하신 분일수록 관심을 가지셔야 할 아이템이죠. 한번 찾아뵙고 의견을 구할까 하는데 시간을 내 주실 수 있는지요? "

이쯤 되면 상대편에서 만나고 싶어 안달하게 마련이다.

" 구체적으로 어떤 아이템인지 궁금하군요. 그렇다면 한번 만납시다. "

그 말이 떨어지자마자 추강민은 필사적으로 달려갔다. 서린생명보험 본사 10층 휴게실에서 30분 가량 브리핑을 했더니 안재완의 반응은 꽤 긍정적이었다.

" 그럴듯하네요. 말이 됩니다. "

그 한마디가 우리 두 사람을 묶어 버렸고 짬이 날 때마다 추강민은 안재완을 찾아갔다. 추강민은 안재완에게 금융공학적 측면의 시뮬레이션을 부탁했고 그는 학수고대하던 선물 몇 가지를 추강민에게 안겨 주었다.

그 해 6월부터 30여 종의 비즈니스모델 특허를 출원하는 데 결정적인 조언이나 통계 자료를 건네준 사람도 안재완이었다. 안재완은 아무리 바쁘더라도 퇴근 후에 전국금융연합회 임정빈 전무를 만나서 추강민의 아이디어를 중심으로 자신의 견해를 설명하는 열의까지 보였다. 물론 법인이 설립되고 투자금액이 모아지면 그만한 대가와 대우를 보장한다는 조건이 내걸렸기에 가능한 일이었다.

하지만 믿는 도끼에 발등을 찍힌다는 속담이 있지 않은가. 그토록 추강민을 신뢰하고 지원하던 안재완은 몇 개월 뒤부터 도저히 믿을 수 없을 정도로 배신의 길을 걸었다. 김범수 사장의 컨설팅 회사 사무실을 뻔질나게 드나들다가 추강민 사기행각을 눈치 채고 나서였다. 안재완은 잘 드러나지 않던 추강민 진면목을 속속들이 파헤쳤고, 마침내 그 '조사 보고서'를 복사하여 몇몇 사람들에게 돌리기까지 했다. 우연히 입수한 그 보고서의 제목은 '추강민에게 당하지 마세요!'였는데, 너무도 정곡을 찌른 것이어서 추강민도 무릎을 칠 정도였다.

*　*　*

추강민에게 당하지 마세요!

여러분의 기대를 한 몸에 모으던 추강민 사장에 대하여 이처럼 가혹한 비판의 글을 쓸 생각은 추호도 없었습니다. 저의 지도 교수님께서 추천(?)한 인물이어서 특별한 사정이 없는 한 사심 없이 도와주려고 노력했습니다.

아니, 제 지도 교수 김태수 박사님의 이름 석 자를 팔아 가며 접근한 사람인 데다 한양은행에서 21년 동안 근무한 경력과 B대학교 경영학 석사 학위를 취득한 점 등을 감안할 때 우선 믿어도 좋다고 판단했습니다. 제 전공 분야인 금융공학적 지식과 그동안의 보험 회사 근무 경험을 살려 추 사장에게 여러 가지 조언과 통계 분석 자료를 준 것도 그 때문입니다.

하지만 아무래도 많은 사람들이 추강민 사장에게 알게 모르게 이용당하는 것만 같은 의심이 들어 나름대로 깊이 관찰했습니다. 한동안 추 사장에게 적극적인 관심을 표명했고 대변인처럼 행세하며 밥과 술을 샀고 몇 차례 용돈도 주었습니다. 약 3개월 동안 추강민의 활동 영역을 훔쳐보면서 그의 비즈니스모델인 〈신용불량자 갱생 프로그램〉을 면밀히 검토했습니다. 그에게 당한 피해자 십여 명을 만나서 다양한 증언을 청취했고 몇 가지 증거들도 확보했습니다. 그의 진면목과 비즈니스모델의 허점을 발견하려는 노력의 일환이었습니다.

이제는 저도 여러 명의 피해자들처럼 분명히 주장할 수 있습니다. 우리는 추강민에게 완벽하게 속아 왔고 악용당해 왔습니다. 그의 주변을 샅샅이 돌아본 결과, 신용불량자 추강민을 경계해야 한다는 결론에 이르렀습니다.

우리 세상에는 자신의 무지몽매를 깨닫지 못하고 그럴 듯한 주장과 논리로 먹물 냄새를 피우며 남을 등치는 자들이 적지 않습니다. 추강민이 바로 그런 부류에 속하는 인간입니다.

요즘 들어서 부쩍 설익은 지식을 앞세운 백수들의 사기행각이 판을 치고 있습니다. 여러분, 제발 사이비 지식인 추강민에게 당하지 마십시오. 그는 사업자본을 조달하거나 업무를 추진할 능력이 없는 지능적인 사기꾼에 불과합니다. 그는 수단과 방법을 가리지 않고 목돈을 만들 수 있다면 만병이 통치될 것이라는 신념에 사로잡혀 있습니다. 제 나름대로 파악한 내용을 두서없이 정리하오니 진지하게 참고하시기 바랍니다.

--------------------- 아래 ---------------------

1. 무엇보다 추강민이 출원했다는 〈신용불량자 갱생 프로그램에 관한 비즈니스 모델 특허〉에 대하여 궁금한 점이 너무 많았습니다. 특허 관련 서류를 직접 눈으로 확인하는 것은 물론 기술 명세서에 관한 세부 내역도 상세히 확인하고 싶었습니다. 그래서 특별히 부탁했더니 그는 그동안의 〈비즈니스모델 업그레이드 추진 상황〉을 문서로 만들어 보여 주겠다고 약속했습니다.

하지만 서너 차례 미루더니 그걸로 그만이었습니다. 어떤 투자 희망자가 그 특허 서류를 갖고 있는데 해외 출장을 가는 바람에 회수할 길이 없다는 변명뿐이었습니다. 몇 차례 더 독촉했으나 특허 출원 서류를 직접 검토해 볼 기회는 끝내 마련되지 않았습니다.

결국 요약된 문서만을 넘겨받았습니다. 그가 일주일 걸려 만들었다는 〈비즈니스모델 업그레이드 추진 상황 보고서〉는 지나치게 엉성하고 추상적인 표현으로 가득 차 있었습니다. 〈신용불량자 갱생을 위한 틈새 전략〉〈경영 합리화 달성〉〈차별화 전략으로 수익성 제고〉〈글로벌 마인드〉〈글로벌 싱크탱크〉〈태스크포스 팀〉 등 상투적인 용어를 빼면 읽을 만한 알맹이가 하나도 없었는데, 그 문서는 추강민이 직접 자필로 작성한 것이었습니다.

" 볼펜으로 작성한 이유가 뭡니까? 왜 노트북의 키보드를 두드려 작성하지 않았나요? "
제가 수사관이 신문하듯 캐물었지만 추강민은 우물쭈물했습니다.
" 그렇다면 노트북에 담긴 그 사업계획서는 누가 작성했나요? "
" 어떤 후배의 도움을 받았습니다. "
추강민은 얼굴을 붉히며 대꾸했습니다.
" 추 사장님이 직접 작성하지 않은 이유가 뭡니까? "
제가 다시 물었을 때 그는 꿀 먹은 벙어리처럼 말을 잇지 못했습니다. 우물쭈물해야 하는 속사정을 알고 보니 참 기가 막히더군요. 아뿔싸! 그는 컴퓨터와 인터넷을 활용할 줄 모르는 〈컴맹〉이었습니다. 40대 중반의 추강민이에 걸

맞게 그는 디지털 시대보다 아날로그 시대에 가까운 인간이어서 볼펜과 수첩이 없으면 견디지 못합니다.

결론부터 말씀드리죠. 그는 〈컴맹〉이기 때문에 그가 들고 다니던 노트북 컴퓨터는 멋진 장식품에 불과합니다. 그는 인터넷 검색으로 쉽게 모을 수 있는 데이터도 일일이 대학노트에 기록합니다. 인터넷 뉴스를 클리핑하는 대신 각종 신문을 일일이 스크랩하여 정보를 관리할 정도입니다. 웹서핑이 훨씬 효율적임에도 〈컴맹〉인 그는 불안한 스크랩 원본을 끌어안고 쩔쩔맵니다.

노트북 가방을 들고 다니길래 컴퓨터를 능숙하게 다룰 줄 아는 사람으로 착각한 제가 바보였습니다. 요약 사업계획서가 담긴 노트북 컴퓨터를 들고 다니다가 어느 후배가 가르쳐 준 대로 클릭하여 문서를 열어만 보일 뿐 직접 문서를 작성하지 못하더군요. 한마디로 말해 그는 〈독수리 타법〉에도 익숙하지 못한 〈컴맹〉입니다. 외환위기 이후 전국에 들불처럼 번져 나간 PC방과 인터넷 게임을 즐기는 문화적 풍토 속에서도 그는 여전히 〈컴맹〉을 벗어나지 못하고 있었습니다.

초고속 인터넷망이 확산되어 정보 통신 강국으로 자리 잡은 대한민국에서 금융 관련 인터넷 비즈니스를 펼친다고 호언하는 벤처 사업가가 〈컴맹〉이라면 과연 누가 그 말을 믿겠습니까? 워드프로세서 작업도 못 하는 사람이, 키보드와 마우스의 작동이 지극히 서툴기만 한 사내가, 인터넷도 못 하는 그 사람이 디지털 혁명을 일으킨다? 참으로 어처구니없는 얘기입니다.

2. 추강민이 한양은행 퇴직 전부터 한동안 시도했던 이른바 〈청계천 벤처 파이낸스 사업계획서〉를 훑어보니 〈정신병자의 사기 행위〉로 결론이 납니다. 그가 만들었다는 〈벤처 파이낸스 창업 계획서〉를 보세요. 중학생이 작성해도 그보다는 훌륭한 작품을 만들 수 있을 것입니다.

어찌 보면 행정력과 기획력이 전혀 없는 학생이 기분 내키는 대로 휘갈겨 쓴 잡문 같은 수준이 바로 그가 만든 사업계획서였습니다. 그처럼 조악한 엉터리 문서를 보고 말려든 여러 명의 영세 사업자들이 불쌍할 따름입니다.

3. 추강민은 몇 개월 동안 실적도 없이 변죽만 울리고 있습니다. 언제나 시간을 죽이며 오직 〈계속 구상 중〉입니다. 그의 비즈니스모델은 3개월이 넘도록 단 한 발짝도 진전되지 않았습니다. 그의 아이템은 여태 제자리만 맴돌고 있을 뿐더러 어떤 측면에선 뒷걸음질 치는 수준이라고 말할 수 있습니다. 아이디어가 넘치고 무척 유능해 보이던 그가 직접 주도한 일은 아직 한 건도 없기 때문입니다.

진실로 그가 한 일이 있다면, 보안 유지 대상인 사업계획서를 열심히 복사해 들고 다니며 수많은 사람들에게 살포한 것뿐입니다. 사기를 칠 목적으로, 돈을 우려내기 위해, 그런 짓을 하고 있는 게 분명해 보입니다.

4. 추강민은 상황에 따라 횡설수설이고 진술에 일관성이 없습니다. 5천만 원을 투자하여 법인을 설립하면 그 다음은 자신의 지원 세력과 자본주들이 알아서 사업을 추진하겠다고 장담하지만 사실 불가능한 일입니다.

법인 설립 자금으로 모아진 수천 만 원, 수억 원이 몇 차례 증발한 사례도 이를 증명합니다. 그는 목돈이 생기면 우선 악성 부채를 갚거나 이내에게 생활비로 주고 봅니다. 더 이상 자본 조달 능력이 없음에도 제 지도 교수님과 저를 팔아 가며 유명 인사들을 얼굴마담으로 앞세운 채 시간 끌기에 나선 느낌이 강합니다.

5. 추강민 주변에 유명 인사 수십 명이 얼찐거리는 이유는 무엇일까요? 비

즈니스모델 특허권의 가치와 사업화 가능성을 높게 평가하기 때문이 아니라, 추강민 스스로 거액의 투자금액을 모을 수 있다고 장담해 왔기 때문입니다. 어떤 측면에서는 많은 사람들이 추강민의 자금 조달 능력을 과대평가하고 있는 셈이죠.

6. 〈신용불량자 갱생 프로그램〉에 관한 사업계획서와 일간지 칼럼을 수없이 복사하여 들고 추강민이 누구를 만나는지 알 수가 없습니다. 짐작컨대 여러 저명인사들을 포섭하기 위해 부지런히 뛰는 모양입니다. 따라서 또 다른 피해자와 새로운 얼굴마담들이 출현할 가능성도 매우 높습니다.

소위 〈글로벌 싱크 탱크〉와 〈자문위원단〉의 구성원들을 만나던 과정은 아주 간단합니다. 일간지에 게재된 칼럼을 읽은 뒤 요약 사업계획서가 담긴 노트북을 들고 찾아가 말장난으로 꾸준히 설득하며 유혹한 덕분이죠.

추강민은 요즘도 거의 매일 신문 칼럼을 스크랩하거나 복사하여 들고 나갑니다. 어떤 수작을 부리는지 몹시 궁금하기도 하지만 그 의도는 구태여 확인하지 않아도 뻔해 보입니다. 새로운 인사들을 사기행각의 울타리로 만들기 위해 뛰어다니는 것입니다.

7. 추강민은 어떤 사람을 한번 만나면 지나치다 싶을 정도로 집요하게 물고 늘어져 끝장을 냅니다. 지금까지의 피해자들은 모두 그렇게 탄생된 것입니다. 결국 투자를 결심했지만 그 피해자들이 출자하거나 대여한 자금 수억 원은 대부분 증발해 버렸습니다. 추강민의 악성 부채 상환에 충당된 것으로 보입니다.

8. 어떤 조직 안에 스스로 혼자 아무 일도 할 수 없는 사람이 몇 명 있다면, 열 명이나 백 명을 투입해도 그 조직은 원만히 돌아가지 않는 법입니다. 추강

민에겐 기획력, 추진력, 집중력 등이 부족합니다. 조직을 장악하고 주도하려면 그와 같은 사람을 배제하는 길밖에 없습니다.

추강민은 귀동냥 수준의 정보를 집대성하는 능력도 없을 뿐더러, 사소한 데이터 작업조차 남에게 의존하지 않으면 불가능합니다. 그를 조직 안에 두려면 수많은 보조 인력이 충원되거나 수많은 전문가들의 조언과 조력이 필요합니다. 추강민 혼자서 가능한 일은 복사기 가동밖에 없고, 그가 낀 조직은 결국 추강민 한 사람 때문에 지리멸렬해질 것이라는 결론에 이르렀습니다.

9. 많은 사람들의 반짝 아이디어를 조합해 가며 비즈니스모델을 출원했기 때문에, 대부분의 조력자들과 투자 희망자들이 자신의 지식재산권이라고 착각합니다.

더구나 그 사업계획서조차 추강민이 직접 키보드를 두드려 만든 게 아니고, 여러 〈자원봉사자〉들의 손과 머리를 일일이 빌려서 작성했습니다. 그래서 비즈니스모델 특허권의 〈주인〉이 많고 옆에서 참견하는 〈사공〉도 많은 것입니다.

10. 추강민은 형제 친지들에게도 사기를 쳤고 많은 피해를 입혔습니다. 1억 원대의 돈을 물린 동생은 명문대 경영학과를 졸업한 뒤 재벌 기업 간부를 지낸 수재였습니다.

그 동생은 못난 형 때문에 빈털터리가 되어 해외로 도피한 채 어렵게 살고 있습니다. 셋째형과 친지들도 추강민에게 사기를 당했고 그의 장모 역시 사위에게 거금을 물려 신용불량자로 전락했습니다.

11. 해가 저물면 끼니를 걱정하며 서성거리는 40대 남자를 본 적이 있습니까? 옷 한번 세탁할 길이 없어 때가 낀 와이셔츠 한 벌, 심하게 구겨진 양복 한

벌과 바바리코트를 한 계절 내내 입어야 하는 사내를 만난 적이 있습니까?

빚쟁이들이 무서워 귀가를 망설이는 남자, 귀가는 엄두도 못 내고 아내가 마련해 준 여인숙 구석방에서 잠을 자야 하는 40대 중반의 남자를 목격한 적이 있습니까? 그가 바로 추강민입니다.

12. 가난한 교회 안의 목사, 집사, 권사, 평신도들이 대부분 추강민에게 사기를 당했습니다. 단 한 푼도 받을 수 없는 한양은행의 〈퇴직금 계산서〉를 들고 다니며 사기를 치는 바람에 모 집사 부부는 몇 천만 원을 날렸고 결국 그 사람들도 추강민처럼 신용불량자가 되었습니다.

13. 그토록 다양한 사기 수법으로 그처럼 점잖게 사기를 치는 사람을 다시 만나기란 쉽지 않을 것입니다. 따라서 법인 설립 추진 계획과 각종 지원을 철회하는 것이 마땅합니다.

큰 고기를 잡으려고 욕심을 부리다가 그나마 있는 그물마저 못 쓰게 될 가능성이 농후합니다. 추강민과 함께 하는 시간이 늘어날수록 지원자들의 손실은 증가할 것이고 다른 피해자들처럼 동반 몰락할지도 모릅니다.

한마디 더 덧붙이죠. 추강민이란 인물은 생각보다 말이 앞서는 사람, 행동보다 말이 앞서는 사람, 〈디지털 세대〉라기보다 〈아날로그 세대〉에 가까운 사람이었습니다.

* * *

그 막돼먹은 '보고서'의 출현은 전혀 예상하지 못한 사건이었다. 추강민은 연제홈 차장이 입수하여 내민 그 보고서를 읽고 나서 며칠 동안 잠을 이루지 못했고, 뛰어넘기 불가능한 장벽이 눈앞에 놓여 있음을 절감했다.

생각보다 말이 앞서는 사람, 행동보다 말이 앞서는 사람이라니? 안재완의 예리한 관찰과 반격 앞에서 추강민은 살의마저 느꼈다. 이 세상에 법이 존재하지 않는다면 쥐도 새도 모르게 그를 없애 버리고 싶을 지경이었다. 이제 금융공학 석사 안재완은 후원자나 얼굴마담이 아니라 결정적인 걸림돌로 바뀌었던 것이다.

어쨌든 '추강민은 도저히 안 된다.'는 고정관념을 보란 듯 날려 버리면서 목돈을 만드는 데 성공하고 싶었지만 쉽지 않게 되었다. 어지간한 사기꾼 뺨치는 파렴치한으로 전락했으니 그토록 가혹한 비난의 소리를 들어도 항변할 길이 없었다.

꼬리가 길면 밟히는 법. 보이지 않는 시선들이 일거일동을 주목하고 있는 것만 같아 온몸이 근질거렸다. 결국 모든 얼굴마담과 투자 희망자들에게 진면목이 알려질지 모른다는 두려움이 앞섰고, 무엇보다 김태수 박사에게 그 보고서가 전달된 것만 같아 가슴이 벌렁거렸다.

물론 김 박사의 반응에 개의치 않고 다른 사람들을 얼굴마담으로 다시 내세우면 되겠지만 그게 생각보다 쉬운 일은 아니었다. 많은 사람들의 머릿속에 각인된 대표적인 얼굴마담이 바로 김태수 박사였기 때문이다.

징검다리 투자노트 |

:: 우량종목, 우량기업 선별 4가지 방법

우량기업이란 어떤 기업일까. 투자의 귀재 워런 버핏은 이해하기 쉬운 기업이 투자 대상이라고 설파한다. 그렇다면 '이해하기 쉬운 기업'이란 무엇일까.

간단하게 말하자. 실적과 수익, 장래성에 대하여 어느 정도 예측 가능한 기업이다. 수익 예측이 가능할 경우 기업의 가치를 계산할 수 있기 때문에 저평가 여부 판단에 결정적으로 도움이 되기 때문이다.

주식의 매수 목적이 단순 주식 거래가 아니라 성장하는 기업의 일부를 보유하기 위해서라면 꾸준한 매출 실적과 수익의 성장이 가능한 기업이어야 한다. 성장하는 기업이란 과거에 안정적 성장을 해왔고 미래에도 인간에게 꼭 필요한 제품을 생산하거나 서비스를 제공하는 기업이다.

과거의 기업 실적, 즉 매출과 수익이 불투명하거나 불안정할 경우 기업의 미래도 불안정할 가능성이 높기 때문에 장기 보유하기에는 부적합한 기업이다.

주식투자자가 해야 할 일이란 아주 간단하다. 비록 과거의 역사와 실적은 보잘 것 없지만 앞으로 보석이 될 만한 기업을 찾기 위해 난해한 작업을 하는 게 아니다.

과거에도 기업을 원만히 경영해 왔고 미래에도 경영을 잘 할 수 있는 기업들 중에서, 시장참여자들의 기업 관련 기대 수치가 낮아지면서 주가가 저평가 시점이 되었을 때 다량의 주식을 매수하여 보유하는 것이다.

기업 선별의 핵심 조건은 수익으로 남겨서 보유할 만한 기업인지 여부다. 그 선별 순서를 간략하게 정리해 보자.

① 산업 분석을 통해 발전 가능한 산업인지 평가한다.

② 성장 가능 산업이라면 그 산업(업종) 안에서도 최고의 기업을 발굴한다.

③ 과거의 ROE를 검토하여 투자해도 좋은 기업인지 확인한다.

④ 우량기업이라고 판단되면 저평가 시점에서 분할 매수한다.

기업을 선별하기 전에 특정 해당 산업을 연구하는 이유란 뭘까? 아무리 훌륭한 기업일지라도 특정 산업(업종)의 성장이 정체된다면, 그 산업(업종)에 속한 특정 기업의 성장은 동종 업계의 성장과 궤를 같이 하기 때문이다.

특정 산업 내에서 독점 기업을 찾는 작업은 해자(垓字)처럼 적군들이 쉽게 접근하기 어려운 경쟁우위를 확인하는 것이다. 해당 산업이 성장할 경우 투자 대상 기업은 해당 산업의 성장률 이상으로 발전(성장)이 가능하다.

과거의 ROE를 기준으로 독점력을 가진 기업이더라도 과거에 안정적 성장을 유지하지 못했다면 미래에도 그럴 가능성이 높다. 반대로 안정적 성장을 지속했다면 미래에도 과거 ROE만큼의 성장이 가능할 것이다.

좋은 기업, 우량기업은 비밀에 휩싸여서 전문가들만 발굴할 수 있는 성격이 아니다. 꾸준히 공부하라. 재무제표 학습, 기업 분석, 재무 분석, 경영 분석, 투자지표 분석 기법 등을 학습하며 내공을 쌓아라. 내공이 쌓였다면 긴 시간을 들이지 않아도 우량 종목을 쉽게 발굴할 수 있을 것이다.

25

벤처기업 사기

　　　　　대한민국의 학계에서 나름대로 체통을
지키면서도 내면의 위선을 살짝살짝 드러내곤 하던 50대 중반의 김태
수 박사…. 김 박사는 그 날도 관료주의와 정치적 성향에 함몰된 진짜
얼굴을 낱낱이 드러내고 있었다.

　이를테면 정보 통신 전문지 '코리아 디지털 저널'에 게재된 자신의
인터뷰 기사를 복사하여 연구실 출입문 안쪽에 붙여 두고 있었다. 누가
봐도 첨단 과학 기술 인력을 배출한다는 한국경영기술원의 디지털경영
대학원장답지 않은 모양새였다. 머잖아 정계에 진출하여 적어도 과학
기술처장관 정도의 감투를 써야겠다는 정치적 야망의 표출임은 더 이
상 강조할 필요가 없었다.

　" 일간지 전면을 장식한 걸 보니 박사님의 영향력을 충분히 짐작할 수 있겠습니다. "

　인터뷰 기사를 건성건성 훑어보며 골든캐피탈 윤창석 사장이 또 아첨을 떨었다. 윤 사장은 추강민이 제시한 비즈니스모델의 덫에 걸려 법인 설립과 투자자 모집을 주선하겠다고 나선 40대 초반의 사내였는데, 정부 산하 단체에서 과장으로 근무할 당시 벤처기업 선정과 투자에 관하여 심사하는 업무를 담당했었다.

대학원 동기의 소개로 만난 윤 사장은 자신이 공직 생활을 통해 쌓아 온 인맥과 노하우를 충분히 활용하면 20억 원대의 투자자 모집은 어렵지 않을 것이라고 장담하고 있었다. 그렇기에 추강민과 윤 사장은 죽이 척척 맞았고 대표적인 얼굴마담 김태수 박사를 만나러 한국경영기술원을 방문한 터였다.

" 기사 내용 중에 오류가 많아. 내가 직접 교정을 봤어야 하는 건데…. "

김태수 원장은 몹시 아쉽다는 듯 입맛을 쩝쩝 다셨다.

" 전문성 부족한 기자들이 기사를 썼기 때문이죠. "

추강민이 순발력 넘치게 초를 쳤다.

" 박사님, 이제 회사를 설립해야 할 시기가 무르익었나 봅니다. "

윤창석 사장이 조심스럽게 화제를 바꿨다. 김 원장이 신설 법인의 발기인 겸 주주가 되기로 약속했다는 사실을 의식한 발언이었다. 윤 사장은 머잖아 공적 자금(公的資金)을 투입할 수 있는 여건을 갖추는 것은 물론 자기가 직접 나서서 그 일을 추진하겠다고 김 원장에게 약속했다.

" 그래요? 그거 아주 반가운 소식이군. "

" 그런데 말씀예요. 발기인과 주주로 모시려면 박사님의 인감도장을 받아야 합니다. "

윤 사장이 되받았다.

" 그게 무슨 뜻이지요? 내 인감도장을 받아야 한다니? "

김 원장은 눈을 지그시 감고 물었다. 잠시 뒤 눈을 떴을 때, 김 원장은 별 시답잖은 소리를 다 듣는다는 것처럼 시큰둥한 표정을 지어 보였다.

" 신설 법인의 주식을 드리려면 박사님의 인감증명서가 첨부된 서류가 필요하다는 뜻입니다. "

법인 설립을 주도해 본 경험도 없는 추강민이 참지 못하고 끼어들었다.

" 확신이 선다면 도장 못 찍을 이유가 없지. 하지만 함부로 서두를 일이 아냐. 이제부턴 보다 면밀한 검토가 필요해. 무엇보다 당신들이 추진하는 비즈니스모델의 장단기 전략과 상세한 콘텐츠를 알고 싶단 말이네. "

마치 재기 발랄한 40대 비즈니스맨과 서로 허물없이 의기투합한 것처럼, 마치 혁명적 인터넷 비즈니스모델에 확신을 가진 것처럼 나오던 김 원장이 심드렁한 태도를 보이며 한발 물러선 것은 그 순간이었다. 허상을 좇는 몽상가의 거짓말에 불과한 브리핑을 경청하며 품격 높은 호텔 '세미나'의 만찬을 즐기던 김 원장, 그가 그 다음에 꺼낸 말이 더 걸작이었다.

" 난 아직도 뭐가 뭔지 잘 모르겠어. 도대체 확신이…. "

김 원장이 말끝을 흐리자 추강민은 불에 덴 듯 깜짝 놀랐다. 삽시간에 거액을 잃은 노름꾼처럼 울화가 머리끝까지 치밀어 오르는 걸 느꼈다. 아직도 뭐가 뭔지 모른다니? 그렇다면 그동안의 관심과 격려는 양다리 걸치기 술책이었단 말인가? 다행스럽게 푸짐한 성공의 열매가 맺어지면 맛있게 나눠 먹고 그렇지 못하면 본전치기란 생각으로 이 얼굴마담이 추강민을 상대했단 말인가? 많은 전문가들 앞에서 근엄한 얼굴로 세미나의 만찬을 주재하던 김 원장의 얼굴을 떠올리며 추강민은 괴로워했다.

"추 사장, 확신이 서도록 구체적인 사업 일정과 참여 인원, 그리고 예산 확보 문제를 말해 주게나. "

" ... "

추강민은 갑자기 말을 잃었다. 골든캐피탈 윤창석 사장에게 대표적인 얼굴마담으로 김태수 원장을 내세우곤 했으니 입이 열 개라도 할 말이 없었다. 공든 탑이 순식간에 허물어지면서 발밑이 푹 꺼져 내밀리는 느낌이었다. 1년 동안 비즈니스모델의 사업화 추진이 제자리를 맴도는가 하면, 추강민이 사기꾼일지 모른다는 소문이 떠돌고 있었으니 김 원장마저 머뭇거리는 것 같았다. 아니, 금융공학 석사 안재완이 작성한 조사 보고서 '추강민에게 당하지 마세요.'를 읽은 게 틀림없었다.

안재완이 문제의 조사 보고서 '추강민에게 당하지 마세요!'를 김 원장에게 건넨 것이 분명해 보였어도 굳이 김 원장을 방문한 것은 윤 사장과의 사전 약속 때문이었고, 가장 높이 추강민이건 얼굴마담을 한 차례 소개하지 않고는 윤 사장을 설득할 수 없다는 계산법 때문이었다. 죽이 되건 밥이 되건 두 사람이 만나서 자리를 주선해 보고 그 반응을 예의 주시하다가 재수 없게도 찜찜한 결과가 나오면 어쩔 수 없이 다른 얼굴마담으로 적절히 교체할 참이었다.

" 비즈니스모델이 구체화될 때까지 법인 설립을 서두르면 곤란해. "

뭔가 안 좋은 예감이 들었는가 싶게 김 원장은 오랫동안 고개를 저었다. 예전처럼 투자 희망자들 앞에서 가벼운 덕담을 듣고 물러나는 자리가 아니었으므로 추강민은 약간 혼란스러워졌다.

잘 짜인 각본 안에서 수많은 투자 희망자들에게 전해지던 확신의 피라미드가 와르르 무너져 버리는 것만 같았다. '내 비즈니스모델에 대한 김태수 박사님의 확신은 신앙처럼 변함이 없다'는 말의 성찬에 익숙해 있던 윤 사장의 두 눈이 휘둥그레진 것도 그 때였다.

" 제가 투자를 알선하려고 나선 것은 무엇보다 김 박사님의 의견과 평가를 존중했기 때문입니다. "

식은 커피를 마시던 윤 사장이 다소 볼멘소리로 대들었다.

" 내가 망설이는 이유가 궁금하면 지금 당장 추강민 씨에게 물어 봐요. 다른 사람들은 생각하고 뛰는데 추 사장은 뛰고 나서 생각하는 것 같아! "

김 원장이 추강민을 외면한 채 목청을 높였다. 그가 안재완의 '조사보고서'에 나온 표현을 그대로 인용했을 때 추강민은 더 아찔했다.

" …. "

추강민은 시간이 흐를수록 황당해졌다. 무슨 수를 써서라도 김 원장의 마음을 돌려놓고 싶었지만 마땅한 변명거리가 떠오르지 않았다. 최소한 20억 원의 투자를 알선하겠다고 나오는 윤창석 사장 앞에서 이 위기를 어떻게 극복해야 한단 말인가?

어떻게 해서든지 시간을 끌어야 한다고 생각했지만 적당히 둘러대야 할 말이 떠오르지 않아 가슴이 답답했다. 추강민은 벌린 입을 다물지 못한 채 그저 멍하니 앉아 있었다. 그동안 수없이 리허설을 거친 브리핑 자료, 결정적인 사기행각을 위해 갈고 닦은 달변의 파편들은 이제 아무 소용이 없어졌다.

지식 기반 사회에서는 필수적인 지식을 스스로 찾아내고 체득하여 그것을 재창조함으로써 새로운 지식을 만들어내고, 그렇게 창출된 지식을 남과 더불어 공유할 수 있는 사람만이 성공할 수 있다. 귀동냥을 통해 남으로부터 지식을 주입 받는 데만 익숙해진 사람은 아무리 명문대를 졸업한다고 해도 성공하기란 쉽지 않을 것이다.

그런 점에서 귀동냥 젖동냥을 통해 절묘하게 짜깁기한 언어의 유희와 단편적인 정보들이 추강민이 가진 지식의 전부였다.

추강민은 그처럼 잔머리 굴리기에 익숙한 놈이었다. 사기행각으로 수많은 피해자들을 만들어내고도 가슴 아프게 반성하지 않았다. 선량한 이웃들을 감쪽같이 속인 사기행각의 실체를 인간의 본질적인 관점에서 바라보려는 노력도 거의 없었다.

참회하기는커녕 사회 저명인사나 만만한 사람들을 찾아다니며 글로벌 싱크탱크의 좌장, 태스크포스 팀의 수장, CEO^(최고 경영자), 발기인, 주주, 회장, 사장, 공동 대표이사, 부사장, 전무와 상무, 이사 대우 등 신설 법인의 감투를 미끼로 내걸고 수작을 부린 게 고작이었다.

남들이 땀 흘려 일하는 시간에 추강민은 '알거지의 인생 역전'을 꿈꾸었고, 선량한 피해자들이 고통을 당하고 있는 시간에 또 다른 음모를 꾸몄다. 사무실 공간을 마련해 주거나 물심양면으로 지원해 준 투자 희망자들의 진심을 외면한 채, 다양한 얼굴마담과 참신한 사냥감을 찾아서 서울 시내를 떠돌았다. 어떤 자리에서 어떤 일을 하건 박사 학위 소지자들일수록 추강민에게는 군침 넘어가는 사냥감이었다.

최근 한 달 동안에도 K대 이 박사, A대 최 박사, L창업투자 한 박사, C회계법인 김 박사, V컨설팅 박 박사, 전국금융연합회 임 박사, H은행 최 박사, D보험 윤 박사, H증권 김 박사, P공대 강 박사, W컨설팅 고문 정 박사, S은행 권 박사, E캐피탈 송 박사, S벤처투자 서 박사, T경영대학원 김 박사, H증권연구원 노 박사, 전 K대학원장 황 박사, A대 이 박사, H대 주 박사, P컨설팅 김 사장, S투자금융 오 전무, Y법무법인 박 변호사, 인터넷몰 시장의 백 사장, H그룹의 김 부장, 황 집사, 김 집사, 박 선생 등 50여 명을 100여 차례 만나서 신설 법인의 지분 구도를 설명하고 투자를 요청하면서 여러 감투를 제의했다.

30여 가지가 넘는 비즈니스모델 특허를 출원하면서 추강민은 성취감을 맛보기보다는 거짓말을 일삼는 아이처럼 자글자글했다. 좀 더 가시적이고 상세한 사업 콘텐츠를 제시하거나 빈틈없는 특허 명세서를 작성하지 못하고, 특허 출원 번호를 받아 내는 데 급급했기 때문에 확신을 가져야 할 추강민 자신도 그저 어리둥절했다.

솔직히 말한다면, 비즈니스모델의 개념도 정확히 모르고 그저 귀동냥으로 주워들은 정보의 조각들을 적당히 조합하여 만든 얼개 그림이 과연 특허로 등록될 수 있을 것인지 자문자답할 때마다 자신감이 없어졌다. 지금 당장 신용불량자들을 갱생시킬 수 있는 프로그램이라고 자랑했지만, 컴맹인 추강민으로서는 컴퓨터 프로그램에 적용 가능한 내용물을 확보하지 못하고 있었다.

솔직히 고백하건대, 금융계 전문가들이 특허 내용을 자세히 들여다

볼까 두려웠다. 특허 출원 서류를 훑어보면 볼수록 남들에게, 그것도 글로벌 싱크탱크 팀이나 태스크포스 팀의 멤버들에게 보여 주어선 곤란하다는 걸 느꼈다. 가짓수만 많았지 확신을 갖고 내세울 만한 특허 출원이 한 건도 없었기 때문이다.

남들을 현혹시키기 위해 껍데기에 불과한 특허를 출원하면서 가능한 한 출원 비용을 아끼려 했던 세월이 부끄러웠다. 여러 사람의 돈을 우려내기 위해 싸구려 특허 출원을 남발하다 보니 출원명세서가 합리적으로 짜임새 있게 작성될 리 만무했다.

수많은 독지가와 투자 희망자들의 돈을 뜯어낼 때마다 출원 비용이라고 둘러댔지만, 사실은 그렇게 마련한 대부분의 돈으로 빚을 갚거나 최저 생계비에 충당하곤 했다.

◊ ◊ ◊

" 그럴 듯해 보이는 얼개보다는 누구나 쉽게 이해할 만한 세부 계획서를 만들어야 해! 이제는 디테일한 사업 전략을 마련할 때가 됐단 말이네. 그 아날로그식 사업 계획서는 이제 안 먹혀! "

김태수 원장은 준엄한 호령으로 다시 한 번 우리 두 사람의 기를 꺾어 놓았다. 그 때였다. 윤창석 사장의 눈동자가 거센 바람을 만난 물결처럼 일렁거렸다.

그렇다고 어쩔 것인가. 추강민은 썰렁해진 분위기 속에서도 크게 낙담하지 않았다. 언제부터인지 모르지만 주변 사람들의 실망스러운 반응에 어지간히 익숙해져 있었다. 잠깐의 위기를 그럭저럭 넘길 수 있다면 곧장 새로운 대안과 고육지책의 변명거리가 떠오르기 때문이었다. 아니 그보다는 갑자기 깊은 실망감을 내비치는 사람들이 생길 때마다 시치미를 뚝 떼고 돌아서거나 안면을 바꾸면 그만이었다.

" 박사님…. "

추강민은 어물어물하는 사이 변명할 기회를 놓치고 말았다. 추강민이 꿈꾸는 환상의 비즈니스모델이 현실화될 때 성공의 열매를 즐겁게 맛보려던 김 원장이 돌변하고 있다는 직감이 들었다.

짭짤한 소득이 하루 빨리 보장되지 않으면 명예 유지를 위해 불가피하게 뒷걸음질 치려는 수작이라고 추강민은 단정했다. 명예와 부에 대한 자신의 이중적인 사고방식을 조심스럽게 숨기면서 그처럼 근엄한 얼굴로 나오는 김 원장이 추강민은 혐오스러웠다.

" 추강민 사장, 다시 한 번 강조하겠네. 많은 사람들이 아직도 정확한 콘텐츠를 파악하지 못하고 있는 거 같아. 아이디어는 훌륭하지만 너무 비현실적이지 않나 고민하는 사람들이 적지 않다는 뜻이네. 그런 사람들을 설득하려면 보다 정밀한 시장 분석과 투자 분위기 조성이 필요해. 돌다리도 두드려 보고 싶은 게 인지상정이거든. "

아무래도 추강민이 하는 꼴이 시답잖다는 소리였다. 추강민은 등줄기에서 땀이 끈적거리는 걸 느꼈다.

" 하지만 박사님…. "

추강민은 또 불편한 대로 다시 얼버무릴 수밖에 없었다. 사실 특별히 건네고 싶은 말도 없었다. 무식하게 억지 변명을 일삼거나 횡설수설하기보다는 차라리 말꼬리를 삼키는 편이 백 번 낫다고 생각했던 것이다.

" 사실 말은 쉽지만 성공이 가장 어려운 게 추 사장의 비즈니스모델이야. 보완! 완벽한 보완 과정이 필요하다는 뜻이야! 구슬이 아무리 값져 보여도 무슨 소용이 있겠는가. 그 구슬을 꿰어야 보배가 되는 법이네. "

예상 밖의 기습이었다. 김 원장은 또 고개를 절레절레 젓더니만 자리에서 벌떡 일어났다. 어서 돌아가라는 무언의 시위 같아서 김이 쭉 빠졌다. 추강민은 겸연쩍음과 비굴함이 뒤섞인 표정으로 난감한 국면 앞에서 허둥댔다.

" 몇 해 전처럼 코스닥 시장 등록을 내걸고 벤처기업 설립을 밀어붙이는 건 이미 낡은 방식이야. 벤처 거품이 빠지기 시작한 지 오래 됐거든. "

김 원장이 추강민을 향해 다시 한 번 화살을 날렸다.

" 박사님, 그 말씀이 맞습니다. "

불쾌한 감정을 숨기지 못하던 윤창석 사장이 추강민의 등을 툭 치며 먼저 일어섰다.

" 박사님, 일주일 안에 정확한 콘텐츠를 보여 드리겠습니다. "

추강민은 스스로도 이해할 수 없는 말을 던졌고 허리를 깊이 꺾었으며 굳은 얼굴로 김태수 박사의 연구실 출입문을 열었다. 그처럼 어정쩡한 추강민 반응은 벤처 사기꾼의 엉성한 음모가 서서히 알몸을 드러내고 있다는 사실을 반증하는 것이었다.

아무리 생각해도 점점 더 뒤죽박죽이 되고 있었다. 김태수 원장과 안재완 금융공학 석사의 변신이 너무 뜬금없어 현실을 받아들이기 어려웠고 어색해진 상황을 수습하기엔 역부족이었다. 빌어먹을! 추강민은 속으로 욕설을 뱉었다.

아무리 곱씹어도 그동안의 허송세월이 너무 아까웠다. 오랫동안 절치부심하며 쌓아 온, 준비된 벤처 사업가의 이미지가 단숨에 와르르 무너질까 봐 두려웠다. 당장 내일부터 다른 사냥감을 더 물색해야 한다고 생각하니 짜증이 울컥 치밀었다.

늘 그랬듯이 추강민은 불안하고 초조했다. 걷잡을 수 없는 몰락은 자업자득이요 인과응보였다. 스스로 저지른 사기행각에 구속되어 괴로움을 당해야 하는 신세, 자승자박(自繩自縛)이었다.

주식투자에 실패하여 거액의 빚을 진 추강민은 가슴을 저며 오는 절망감으로 얼마나 치를 떨었던가. 그동안, 이 세상에서 낙오되지 않으려고 수많은 이웃들을 상대로 얼마나 많은 거짓말을 해야 했던가. 실현 불가능한 망상에 빠지는 순간부터 추강민은 날로 사악해졌다.

추강민은 이웃들에게 블랙홀 같은 함정이었다. 추강민은 진실을 외면하고 거짓을 좇아 살아온 마귀였다. 추강민을 진심으로 사랑하고, 추강민에게 따뜻한 손을 내밀고, 추강민을 믿어 주던 이웃 사람들은 대부분 추강민이 만든 함정에 빠져 크고 작은 손실을 입었다.

자신들의 주변에 추강민과 같은 마귀가 검붉은 아가리를 벌리고 있을 줄 그 누가 알았겠는가. 추강민에게 기꺼이 돈을 빌려 주고, 추강민의 기발한 아이디어 사업에 돈을 투자하고, 흔쾌히 보증을 서 주거나 담보를 제공한 사람들은 하나같이 깊은 함정에 빠져 버렸다. 심지어 어떤 이들은 추강민을 아끼고 사랑하며 신뢰했다는 단 한 가지 이유만으로 빚쟁이들에게 시달리는 신용불량자가 되었던 것이다.

어디에도 도움을 청할 수 없고 발을 빼려 해도 불가능하던 시절, 그

10년의 세월을 곱씹을 때마다 가슴이 얼얼해진다. '쥐도 새도 모르게 없애 버리겠다.'고 위협하던 조폭 해결사와 악덕 사채꾼들 앞에서 쥐 죽은 듯 숨을 죽여야 했다. 그래, 차라리 죽여서 쥐도 새도 모르게 없애 버려! 속으로만 그렇게 외칠 따름이었다.

나처럼 망가질 대로 망가진 소시민들의 화려한 부활이 가능하다면 얼마나 다행일까. 나로 인해 고통 받는 이웃들이 하루 빨리 나를 용서 하게 되는 날이 오면 얼마나 행복할까…. 그 돌파구 찾기 과정에서 피를 토하듯 참회의 변을 쏟아내고 싶지만 들어 줄 사람이 없었다.

그만큼 주변 친지들로부터 철저히 왕따를 당하고 있었다. 추강민은 단지 대한민국의 수도 서울에 살고 있는 알거지 신용불량자이며 벤처 사기꾼 중의 한 사람에 지나지 않았던 것이다.

신용불량자들을 갱생시킬 수 있는 세계 최초의 혁명적 비즈니스모델이 라느니, 지구촌 금융 시장을 단숨에 석권할 수 있는 혁신적 인터넷 비즈니 스모델이라느니, 각계각층의 석학들이 글로벌 싱크탱크와 자문위원과 발 기인으로 참여한다느니, 탁월한 인재들로 태스크포스 팀이 구성되어 있 다느니, 하는 개떡 같은 언어의 유희가 추강민의 목을 조이고 있었다.

✎ ✎ ✎

" 사업계획서를 조금 더 다듬을 필요가 있었는데, 너무 성급하게 나간 거 같지 않아요? "

아무 말 없이 한국경영기술원의 정문을 나서던 윤창석 사장이 툭 던진 질문이었다. 그의 목소리와 표정에 그다지 실망스런 기색이 나타나지 않는 것으로 미루어 안심해도 좋다고 추강민은 생각했다.

" 그건 아녜요. 그동안 격려와 지원을 아끼지 않으셨고 여러 차례 세미나를 주도하시던 분이 김 원장님 아닙니까? 제게 어떤 자극을 주려고 일부러 그런 말씀을 하신 거지요. "

추강민은 속내를 들키는 게 싫어서 뜸을 들이지 않고 대꾸했다.

" 저도 그런 느낌이 들긴 들었어요. 하지만 겉으론 꼬장꼬장한 척하면서도 실은 너무 약아빠진 사람 같아 보입디다. "

윤 사장은 다소 겸연쩍다는 듯 머리를 긁었다. 김태수 박사와의 첫 미팅이 순조롭지 못했음을 인정하면서도 '대박'에 대한 미련을 버리지 못하는 눈치였다. 그동안 추강민과 어울리면서 부담한 각종 경비 때문에 쉽게 포기하고 물러설 것처럼 보이지 않아서 어찌나 다행인지 몰랐다.

" 대충 일주일 정도면 사업계획서 보완이 가능하겠지요? "

커피숍에 들어가 자리를 잡자마자 윤 사장이 다시 캐물었다. 역시 기대감을 버리지 못하고 던지는 질문이었다.

" 그럼요! "

추강민은 부러 큰소리로 대답했지만 속으로는 자기 마음을 들여다보며 피시식 웃었다. 나처럼 무능한 사이비 벤처 사업가가 무슨 재주로 세계 최초의 혁명적 비즈니스모델을 탄생시킬 수 있을 것인가.

수백억 원을 투입하고 금융공학 박사 수십 명을 초빙하여 사업을 추진한다면 몰라도 그건 불가능한 일이다. 천문학적 자금과 수많은 인재들을 동원하여 뜻대로 안 될 사업이 지구상에 과연 얼마나 있을까. 무너질 때 무너지더라도 최소한 3년 동안은 버틸 수 있을 테니까.

추강민의 벤처 비즈니스는 사회 저명인사들의 리스트를 내세우는 데서 출발하고, 추강민의 벤처 마케팅은 이웃들의 소박한 신뢰를 악용하면서 돈을 뜯어내는 것으로 마감된다.

두고 봐라. 불가피하게 무정하고 이기적인 놈이 된 추강민도 한번쯤은 거금을 주무를 때가 있을 것이다. 주변 사람들에게 마음을 비웠다고 버릇처럼 말하지만 그건 정말이지 말도 안 되는 얘기다. 잔머리를 굴려가며 과욕을 부리지 않고 어떻게 그토록 엄청난 빚을 단숨에 청산할 수 있단 말인가….

" 김 원장을 얼굴마담 명단에서 배제하는 방안도 검토할 때가 된 거 같아요. 그 양반 스스로 달가워하지 않는데 이쪽에서 치사하게 매달릴 필요는 없어요. "

윤 사장이 잔뜩 메말라 있는 목소리로 말꼬리를 비틀었다. 담배를 피워 물며 미간의 주름을 좁히는 걸로 미루어 안 좋은 감정을 그런 말로 녹이고 싶은 눈치였다.

" 하지만 금융연합회 임정빈 전무가 끌어들인 사람이어서 함부로 배제하긴 어려워요. 특히 두강건설 김다시 사장을 만날 때도 임 전무가 김태수 원장을 들먹이며 접근했거든요. "

추강민은 버릇처럼 또 한 번 거짓말을 했다. 사실 김태수 원장은 추강민이 직접 찾아가 안면을 터 둔 사람이고 임정빈 전무와 김다시 사장에게 김 원장을 소개하면서 인맥이 자연스럽게 연결된 터였다.

" 내 말은 그런 뜻이 아닙니다. 김 원장을 발기인 명단에서 우선 솎아내 보자는 의미죠. "

" 윤 사장, 한 단계 더 도약할 수 있는 찬스는 얼마든지 가능해요. 반드시 김 원장을 대표적인 얼굴마담으로 앞세워야 한다는 법은 없어요. 주도적으로 나설 명사들은 얼마든지 널려 있습니다. "

추강민은 어색해진 분위기를 수습하기 위해 버릇처럼 '찬스'를 들먹였다. 윤 사장은 추강민을 신뢰하고 추강민의 아이템의 사업 성공 가능성을 인정한다는 듯이 몇 차례 더 고개를 끄덕였다.

추강민은 윤 사장의 호의적인 반응을 훔쳐보면서 회심의 미소를 감추기에 바빴다. 그동안 신물이 나도록 반복한, 판에 박힌 얘깃거리가 윤 사장에게만큼은 쉽게 먹혀드는 게 너무도 즐거웠다. 추강민이 하는 얘기 중의 많은 부분이 사실과 다르다는 걸 윤 사장은 모르고 있었다.

" 나는 김태수 박사의 심중을 오래 전부터 꿰뚫어 보고 있었답니다. 그 분은 내 프로젝트에 깊은 관심을 갖고 있을 뿐더러 달콤한 성공의 열매도 함께 나누고 싶어 합니다. 하지만 자신의 명예가 걸린 문제라서 돌다리도 두드려 보고 건너려는 속셈이지요. "

추강민은 내친 김에 좀 더 대담해져서 김 원장의 이중 전략을 노골적으로 비난했다. 점심을 굶어 배고팠던 추강민은 커피 잔 대신 물 컵을 입으로 가져갔고 단숨에 들이킨 뒤 얼음냉수를 한 잔 더 시켰다.

" 추 사장님, 어쨌든 그 사람 몹시 신중하게 처신하는 듯하면서도 검은 욕망을 감추려는 표정이 역력합디다. 먹자니 당장 먹을 게 없고 버리자니 아까운 닭갈비를 앞에 두고 고민하는 것 같았어요. "

너무 고맙게도 윤 사장은 오직 추강민의 편에서 얼굴마담들을 관찰하거나 분석하고 있었다. 하지만 윤 사장이 흥분할수록 추강민은 점점 더 냉정함을 되찾고 있었다. 미련 없이 등을 보일 때 보이더라도 아직 늦지 않았으니 김 원장의 처세술을 부지런히 배워야 한다는 게 추강민의 생각이었다.

" 김 원장은 보기보다 욕심이 많고 이중적인 인간입니다. 처음 만난 윤 사장 앞에서 자존심을 지킬 속셈으로 무척 섭섭한 말을 하더군요. 정말이지 그럴 필요는 없었는데. "

추강민은 좀 전의 참혹했던 분위기를 씻어 볼 요량으로 하지 않아도 될 말을 뱉었다. 그렇게 막말을 해도 좋은 건지 갈등이 없진 않았으나 이왕 뱉은 말을 주워 담을 수는 없었다. 그런 갈등 속에서도 배가 몹시 고팠던 추강민은 어서 빨리 커피숍을 나가고 싶어 안달복달했다.

" 카멜레온 같은 그 사람의 페이스에 말려들지 맙시다. 자기 손에 흙이나 피를 안 묻히고 성공의 열매를 따먹으려는 속셈이 훤히 드러나더군요. 그처럼 음험하게 욕망을 숨긴 사람이 시종일관 초심(初心)을 지킨다는 건 쉽지 않아요. 얼굴마담으로 내세우기가 정 불편하다면 배제하는 방안도 적극 검토해 봐야 합니다. 차라리 제가 더 유명한 인사들을 얼굴마담으로 추천할 수도 있어요. "

윤 사장은 김태수 원장에 대한 섭섭한 감정을 솔직하게 드러내고 있었다. 하지만 그는 돌아가는 상황을 잘못 짚어도 한참 잘못 짚고 있었다. 추강민이 어떤 수작을 꾸며 온 녀석이고 어떤 과거를 갖고 있는지, 단벌 양복에 노트북 가방을 들고 다니다가 어렵게 끼니를 해결하고 밤이 되면 여인숙 골방으로 들어가야 하는 신세인 줄 전혀 알지 못했다.

오래 전부터 추강민을 잘 아는 사람들은 '만날 그 타령'이라고 투덜거리며 추강민의 주장을 우스갯소리 정도로 알지만 윤 사장은 그렇지 않았다. 추강민에게서 풍기는 음흉한 냄새와 저의를 전혀 눈치 채지 못하고 있었다.

윤 사장이 짐작하기에 추강민은 단순한 알거지 사기꾼이 아니었다. 너무도 놀라운 비즈니스모델을 연구하고 개발하던 과정에서 막대한 자금을 쏟아 붓는 바람에 본의 아니게 신용불량자가 되어 지금처럼 생고 생을 하는 것으로 착각하고 있었다.

그가 확신하건대, 추강민은 검은 정장 차림에 최신형 노트북을 지니고 다니는 신사였고, 디지털 시대의 능력 있는 벤처 사업가였으며, 획기적인 비즈니스모델 특허권을 쥐고 있는 아이디어맨이었다. 더더구나 학계 저명인사들이 추강민의 아이템을 높게 평가하고 있는 것으로 알려져 있으니 투자금액을 모을 때까진 일단 믿어도 좋다고 생각한 듯했다.

" 김태수 박사는 두뇌가 명석하긴 하지만 현장 감각이 부족한 편입니다. 그분이 아니어도 내 아이템에 관심을 갖고 지원을 약속한 각계 전문가들은 얼마든지 있어요. "

추강민은 난처한 상황에 직면할 때마다 큰소리부터 쳤다. 하지만 추강민을 꼬드기는 내면의 속삭임은 결코 건전하지 못했다. 또 한 번 실패한 사기행각을 추슬러 가며 살려야 할 얼굴마담은 살리고 버려야 할 얼굴마담은 과감히 버려야 한다고 마음속의 악마가 단단히 주문했던 것이다.

" 아 참! 박정태 한성은행장도 금명간 시간을 내주기로 약속했답니다. "

은행장 비서와 몇 차례 짧은 통화를 한 사실밖에 없었음에도 추강민은 아주 태연하게 거짓말을 했다.

" 그래요? 참 반가운 소식입니다. "

" 박정태 은행장을 만나서 브리핑하면 더 확실한 밑그림이 완성될 수 있습니다. 금융연합회 임정빈 전무가 나서서 브리핑 자리를 주선했거든요. 그 자리에 임 전무 님이 배석할 예정인데 그 때 윤 사장도 반드시 동행합시다. "

더 확실한 밑그림이 완성된다니? 추강민 자신도 정확한 뜻을 모르는 말을 주절거렸다. 그처럼 엄청난 거짓말을 쏟아내면서도 추강민은 양심의 가책을 느끼기는커녕 짜릿짜릿한 쾌감을 맛보았다. 아니, 금방이라도 박정태 은행장의 비서실장이 전화를 걸어 올 것만 같아 심장이 두근거리기까지 했다.

좀 더 솔직히 고백하자. 거짓말을 하고 있다는 사실조차 몰각할 만큼 지독한 거짓말쟁이가 바로 추강민일 것이다. 거짓말이 곧 전 재산이므로, 내일부터 다시 새로운 명사들을 사기행각의 울타리로 만들기 위해 부지런히 거짓말을 하며 돌아다녀야 한다. 그래야 신용불량자이자 벤처 사기꾼인 추강민이 대박을 터뜨리는 그 순간까지 버틸 수 있을 것이 아닌가.

추강민의 나이 마흔여섯 살. 이제 더 이상 물러날 구석은 없다. 막판에 몰릴수록 배수진을 치고 더 완벽한 시나리오를 준비해야 한다. 몇 가지 사기 혐의로 지명수배 중이고 주민등록조차 말소된 벤처 사기꾼의 화려한 외출을 다시 한 번 치밀하게 준비해야 한다…. 몇 명 남지 않은 후원자 중의 한 사람인 윤창석 사장의 눈치를 살피며 추강민은 아랫입술을 잘근잘근 깨물었다.

" 윤 사장, 출출하지 않으세요? "

추강민은 도저히 허기를 참을 수 없어 그렇게 물었다. 사실 점심을 굶은 데다 어느 새 오후 6시가 넘어 있었다. 그런데 웬일일까. 커피숍을 나오던 순간에도 윤 사장은 대답이 없었다. 금방이라도 '어디 가서 요기 좀 합시다.'라고 말할 것 같았지만 여전히 묵묵부답이었다.

징검다리 투자노트 ┊┄┄┄┄┄┄┄┄┄┄┄┄┄┄┄┄┄┄┄┄┄┄┄┄┄┄┄┄┄┄┄┄┄┄┄┄┄┄

:: 일상생활 속에서 우량기업 찾아보기

슈퍼마켓이나 백화점 등지에서 만나는 상품들 중에 보석 같은 주식들이 숨어 있을 수 있다. 일상생활 속에서 우량기업을 찾는 방법은 얼마든지 있다. 그런 관점에서 이렇게 시도해 보자.

① 우연히 발견한 우량기업이 있으면 그 기업의 연간 보고서를 입수해 읽는다. 물론 연간 보고서와 재무제표 등을 해석하는 능력을 기르는 것이 우선이다.

② 관심 대상 기업 관련 자료집과 기사들을 찾아본다. 인터넷 검색이 아주 요긴하게 활용될 수 있다.

③ 경쟁 기업들을 찾아본다. 역시 인터넷 검색이 아주 요긴하게 활용될 수 있다.

④ 그 기업들의 과거 재무 관련 수치를 찾아본다. 인터넷과 금융감독원의 전자공시시스템을 적절히 활용해야 한다.

⑤ 자료를 통해 기업의 특성을 파악한다. 예컨대 생활필수품 생산 기업인지, 소비자 독점력이 있는 기업인지 알아본다.

⑥ 괜찮은 기업인 것으로 판단되면 자기자본수익률과 지난 8~10년간의 이익성장률을 계산해 본다. 물론 투자 지표, 재무 지표 등을 먼저 익혀야 한다.

⑦ 관심 기업과 경쟁 관계인 기업이나 그 기업의 고객에게 전화해 그 기업에 대해 질문 조사한다.

⑧ 특정 산업 분야에 풍부한 경험과 지식이 있는 사람에게 자문을 구한다.

⑨ 스스로 다시 한 번 다각적으로 심층 분석을 시도한다.
그럼에도 각별히 주의해야 할 점이 한 가지 더 있다. 다음 항목은 워런 버핏의 투자 전제 조건 중 하나다.

⑩ 그 기업이 어떤 제품을 만드는지, 그 제품이 시장에서 어떻게 활용되는지 알아야 한다. 그 이유란 명백하다. 기술의 진보성 때문에 상품성을 잃는 제품에 관심을 기울일 수도 있다. 특히 잘 모르는 분야인 하이테크 제품에 대해 전혀 엉뚱하게 분석할 수도 있다. 막연히 좋을 것이라는 선입관으로부터 잘못된 판단이 나올 수도 있다는 의미다. 버핏은 이런 불안감이 증폭될 경우 아예 근처에도 가지 않는다.

26

된장찌개와 삼겹살

         대표적인 얼굴마담으로 깃발처럼 내걸리던 한국경영기술원의 디지털경영대학원장 김태수 박사, 김 원장의 영향력을 믿고 투자 유치를 호언장담하던 골든캐피탈 윤창석 사장…. 인생 역전의 발판을 만들어 줄 것으로 기대되던 그들은 통성명하는 자리에서 참 어이없게도 자존심 싸움을 벌였다. 외나무다리에서 만난 앙숙의 대결 비슷하게 두 사람의 당황함과 의혹이 엇갈린 만남 때문에 물먹은 솜처럼 온몸이 축 늘어진 그 날 저녁, 추강민은 못 견딜 정도로 배가 고팠다.

    아, 낯가죽 두꺼운 사기꾼! 이런 상황에서도 허기를 느끼다니, 두 사람의 팽팽한 신경전 앞에서 얄팍한 심보가 들통 난 것만 같아 노심초사하면서도 아무리 점심을 건너뛰었기로서니 뱃속 채울 궁리부터 하다니? 개뼈다귀만도 못한 인간, 남들의 상처를 저벅저벅 밟고 지나가는 사이비 벤처 사업가…. 뼈아픈 저주의 소리들이 추강민의 가슴 속에서 바글거리며 들끓었다. 그렇게 자책할수록 지독한 허기가 속 쓰리게 밀려 왔다.

" 윤 사장, 돼지갈비에 쏘주 한잔 꺾는 게 어때요? "

그 날 따라 돼지갈비가 너무 먹고 싶었으므로 윤창석 사장을 꼬드겼다. 꼴사나운 양아치 근성이 드러나는 수작이었지만 추강민에게는 그다지 낯설지 않은 생존 방식의 하나였다.

" 그럽시다. 나도 출출하던 참이었소. "

윤 사장은 굶주린 놈의 식탐을 읽었는지 고개를 끄덕였다. 추강민은 갑자기 즐거워졌다. 사흘을 굶주린 끝에 보리밥 한 그릇을 얻은 동냥아치처럼 신이 난 추강민은 예전의 단골집으로 윤 사장을 안내했다.

그을음으로 거무튀튀해진 한옥의 처마 밑에 도착하자 매캐한 연기가 고소한 고기 냄새를 풀썩풀썩 흩뿌려대고 있었다. 입 안에 군침이 가득 고였다. 갈빗집에 들어가 자리를 잡자마자 추강민은 고기가 알맞게 익기도 전에 게걸스럽게 먹기 시작했다. 오늘 배불리 먹지 않으면 내일 당장 죽기라도 할 것처럼 허겁지겁 우겨 넣었다.

" 윤 사장을 만나면서 사업 추진에 탄력이 붙고 있어요. 기대가 무척 큽니다. "

추강민은 술기운을 빌어 내키지 않는 덕담부터 꺼냈다. 윤 사장의 투자 알선 약속이 깨질 것만 같아 두려웠기 때문에 가능한 한 밝은 분위기를 유지하려고 애썼다.

" 내일부터는 투자 희망자들을 만나러 다닐 생각입니다. "

소주 몇 잔에 취한 윤 사장이 혀 꼬부라진 소리로 대꾸했다. 몹시 상기된 표정의 그를 훔쳐보던 추강민은 돼지갈비 2인분을 더 시켰다. 소주 세 병을 단숨에 비우고 네 병째 마시던 중이어서 안주가 부족했던 것이다.

" 추 사장님은 김태수 박사를 어떤 관점에서 파악하고 있나요? "

윤 사장이 또 한 차례 김 박사를 물고 늘어졌다. 재촉하듯 거듭 묻는 그의 목소리에서 감출 수 없는 강한 불만과 함께 일전불사 의지가 묻어났다.

" 글쎄요, 뭐랄까? 언젠가는 실속만 차리고 등을 돌릴 것 같은 예감이 들어요. 자기 명예에 흠집이 생길까 봐 좌불안석하는 모습이 역력하더군요. "

추강민은 속뜻과 약점을 숨기려고 김 박사를 헐뜯는 말에 무게를 실었다. 그렇게 뱉어 놓고 한순간 술을 흘리며 비틀했다. 김 박사의 의혹 어린 눈빛이 가시처럼 저릿하게 가슴을 찌르는 것 같아 이마를 찡그렸다. 김 박사가 추강민을 알면 얼마나 알까, 전국금융연합회 임정빈 전무가 추강민을 알면 얼마나 알까…. 추강민은 비어져 나오려는 웃음을 억지로 삼켰다.

" 인텔리 사기꾼들의 특징과 장점을 합쳐 놓은 게 김 박삽니다. 더 가혹하게 표현한다면, 김 박사는 지식인이라는 이름의 가면을 쓴 카멜레온이나 다름없어요. "

윤 사장은 호되게 야단을 맞고 혼자 볼멘소리를 하는 아이처럼 투덜거렸다. 인텔리 사기꾼들의 특징을 합쳐 놓았다니? 지식인이라는 이름의 가면을 쓴 카멜레온이라니? 추강민을 두고 빗대어 말하는 것만 같아 속이 거북했지만 현실을 인정할 수밖에 없었다.

솔직히 말해, 모험은 애매하게 회피하되 성공의 열매와 명예만큼은 독점하고 싶어 하는 성격의 소유자가 바로 김태수 박사였다. 반면에 추강민은 돈이 많아 보이거나 사회적 영향력 있는 것처럼 보이는 사람을 만날 때마다 사업계획 브리핑을 먼저 떠올릴 정도로 심각한 상태의 사기꾼임이 분명했다.

점잖은 이중인격자 김태수 박사와 교활한 사기꾼 추강민이 만났으니 모든 일이 제대로 풀리지 않는 건 당연했다. 목돈을 마련할 때까지 우리 둘의 관계가 만사형통하기란 사실상 불가능할 것이라고 추강민은 생각했다.

김태수 박사 같은 이중인격자들이 원하는 것이 무엇인지 추강민은 분명히 안다. 그들은 명예라는 이름의 나무 밑에 숨은 달콤한 꿀을 맛보고 싶은 거다. 명예에 버금가는 경제적 소득을 추구하고 싶은 것이다.

하지만 모든 일이 원하는 대로 풀리지 않을 경우가 많은 법이므로 그들은 쉽게 포기할 줄도 안다. 어떤 비즈니스에 권위를 앞세우고 접근하다가 소득이 없어 보이거나 명예훼손이 우려되는 순간 꼬리를 내리고 만다. 그래도 그들은 진실보다 포장된 이미지를 보는 데 익숙해진 세상에서 대접을 받고 있다.

추강민이 만난 저명인사들은 김 박사의 경우와 별로 다르지 않게 목에 힘을 주면서도 뒤로는 물질적인 소득을 은근히 원했다. 전문 분야의 저명한 학자나 교수들이라고 해서 별반 다를 게 없었다. 그렇기에 그들의 보편적인 생리를 꿰뚫어보는 데 익숙해진 사이비 벤처 사업가들이 활동 무대를 마련할 수 있게 되는 것이다.

늘 그랬듯이 그 날 저녁 식대도 윤창석 사장이 냈다. 추강민은 기어드는 목소리로 다시 한 번 교통비를 들먹인 끝에 5만 원을 더 구걸했다. 알거지인 추강민에게 5만 원은 아무리 짧아도 일주일을 버틸 수 있는 거금이었다. 움직일 때마다 버스와 지하철을 이용하고, 먼 거리가 아니면 걸어 다니고, 요기는 김밥과 라면으로 해결하고, 가능한 한 얻어먹을 작정이니 5만 원은 결코 부족하지 않은 일주일 예산이었다.

윤 사장 같은 '독지가– 가 있어 추강민은 참 오랜만에 돼지갈비를 실컷 먹은 뒤 광명여인숙의 골방으로 무사히 돌아왔고, 곁들여 마신 소주의 기운을 빌어 혼절하듯 잠들 수 있었다. 잠들기 전에 추강민은 윤 사장이 꺼낸 몇 마디의 말을 여러 차례 곱씹었다. 윤 사장은 추강민의 바지 옆 주머니에 5만 원을 찔러 넣으며 속삭였다.

"추 사장님, 우리 유쾌한 사기 한 번 더 치는 거요. 우리는 이미 한 배를 탔습니다."

아주 은밀한 그 속삭임을 듣던 순간 얼굴이 화끈거리고 진땀이 났었다. 추강민은 그 때 아무 말도 못 했었다. 그저 비감한 표정만 지었을 뿐….

"추 사장님, 우리 유쾌한 사기 한 번 더 치는 거요."

윤 사장이 씨익 웃는 얼굴로 뱉어낸 그 말을 떠올리던 순간마다 추강민은 깜짝깜짝 놀랐다. 단지 모른 척했을 따름이지, 윤 사장은 추강민이 인텔리 사기꾼임을 어느 새 파악하고 있었다…. 추강민은 쓰게 웃으며 한숨을 몰아쉬었다.

◊ ◊ ◊

"여보, 당첨됐어. 일등! 일등이야!"

아내가 뜨겁게 포옹하며 진저리를 쳤다.

" 어머! 틀림없어요! 일등이네. 이제 당신 고생은 끝났어! "

로또 복권의 당첨번호를 확인한 아내는 감격의 눈물을 흘렸다. 결혼해서 가난한 친정을 벗어나고 싶었으나 결국 남편과 두 자식을 짊어진 채 친정 언니의 무허가 주택으로 되돌아온 아내, 일류 대학을 나와 맞벌이를 하면서도 가족의 운명을 걸고 모든 고통을 혼자 감당하던 아내에게 꿈같은 횡재가 찾아온 것이다.

" 아빠, 우리 이제 부자야? "

아들과 딸이 거의 동시에 달려들던 순간 추강민은 지독한 멀미를 느꼈다. 추강민은 두 자식을 끌어안고 뜨거운 눈물을 흘렸다. 아, 드디어 해냈다. 그렇게도 간절히 원하던 대박을 터뜨리고 만 것이다.

" 분명히 꿈은 아니겠지? "

아내와 자식들이 지켜보는 자리에서 추강민은 만세를 부르며 벌렁 드러누웠고 양 볼을 힘껏 꼬집었다. 믿을 수 없을 정도로 무척 아팠다. 꿈이 아닌 게 너무도 확실했다. 피가 머리로 솟구치는 걸 느끼며 벌떡 일어났다.

하지만 이상했다. 놀랍게도 그건 너무 생생한 꿈이었고 추강민은 광명여인숙 골방의 어둠 속에 홀로 앉아 있었다. 참으로 안타깝게도 변함없는 알거지 신용불량자 신세임이 확인되자 가슴이 쓰릴 정도로 쓸쓸하고 허무했다.

아! 인생 역전의 기회는 머잖아 반드시 찾아온다. 절망의 틈새를 비집고 희망의 싹은 새롭게 자랄 수 있을 것이다. 대박 한번 터뜨리지 않고 이대로 쓰러져 죽는 일은 없을 것이다….

너무도 안이하게 인생을 살아온 추강민은 무능한 자의 자기최면을 끝없이 즐기고 있었다. 광명여인숙 골방의 때 절은 이불 속에 코를 박고 지내면서도 추강민은 오직 눈부신 대박을 꿈꾸었다. '대박 여행'에 실패하여 유서를 쓰는 장면을 상상할 때마다 간담이 서늘해지면서 등골이 오싹해졌다.

◦ ◦ ◦

그랬다. 대박은 멀리 있지 않았다. 추강민은 진짜 로또 복권 1등에 당첨되는 횡재를 만났고 결국 인생 역전에 성공할 수 있었다. 대박에 대한 환상을 현실로 바꾼 추강민은 15억 원이 넘는 빚을 단숨에 갚았고 이웃 사람들의 부러움을 한 몸에 받는 갑부가 되었다.

여러 자선 단체에 10억 원대가 넘는 기부금을 내고 노숙자 무료 급식비와 소년소녀 가장 돕기에 각각 5억 원을 더 출연한 뒤에도 100억 원 가량이 남아 있었다. 죽지 못해 살던 고비를 근근이 넘기니까 새로운 신천지가 보이기 시작했던 것이다. 그토록 지긋지긋하던 신용불량자의 굴레를 벗어나서 알거지 신세에 종지부를 찍고 갑부가 됐으니 세상을 발아래 둘 날도 머지않다고 추강민은 생각했다.

그러나 이상하게도 예전보다 행복해지지 않았고 별의별 갈등에 시달렸다. 그 돈을 어떻게 쓸 것인가, 형제 친지들에게 얼마를 나눠 줄 것인가, 어떤 곳에 우리 집과 별장을 마련하고 어떤 사업에 투자해야 할까…. 그와 같은 갈등은 별게 아니었다. 가난한 이웃 사람들과 친지들과 온갖 자선 단체들이 경쟁하듯 손을 벌리자 더 심란했다. 잠시나마 주지육림에 빠져 돈을 흥청망청 써 보고 싶었지만 지켜보는 눈들이 너무 많아 그것도 쉽지 않았다.

집을 마련하기 전에 가장 먼저 처갓집의 전화번호, 부부의 휴대폰 전화번호를 바꿔 버렸다. 극렬한 조바심에 사로잡힌 아내는 직장에 사표를 내자마자 당분간 도피 여행을 떠나자고 남편을 부추겼다. 남태평양에 발을 담그는 해외여행을 즐기면서 차근차근 돈 쓸 계획을 세워 보는 것이 더 바람직한 방법이라고 말했다.

" 여보! 어서 떠납시다. 전화 벨 소리만 들어도 골치가 지근지근 아파요. "

아내는 쫓기는 범인처럼 시시각각 안달복달했다.

" 아냐, 아냐! 여행을 떠나기 전에 해야 할 일이 아직 남아 있어. 잠시나마 안전하게 돈을 묻어 두는 것도 중요해. "

추강민은 굴러 들어온 100억 원이 금방이라도 증발할 것만 같아 두려웠다. 자신 같은 사기꾼들이 달려들어 그 돈을 몽땅 털어 갈까 봐 조마조마했다. 대박의 꿈이 완성되는 순간부터 믿어지지 않게 더 갈팡질팡하는 자신이 싫어졌다. 무기력하고 무책임한 몽상주의자가 마른하늘의 날벼락 같은 대박을 터뜨리면서 부닥친 갈등이었다.

미국과 영국 등지에서는 로또 복권 1등 당첨자 중 더 행복해졌다고 대답한 사람이 5% 미만이라고 한다. 심지어 1등 당첨자 3명 중 1명 꼴로 파산했다는 것이다. 그 같은 지구촌의 일반적인 현상이 자신에게도 들어맞을 것만 같은 공포에 휩싸였다.

그래서 추강민은 더더욱 행복하지 못했다. 영화나 드라마에서처럼 시간을 거꾸로 돌릴 수 있다면 간절히 그렇게 하고 싶었다. 장모 소유의 18평 아파트에서 네 식구가 볼을 비비며 살던 맞벌이 부부 시절이 더 행복하게 느껴졌다. 비록 막내 처형 소유의 무허가 주택에 단칸방에 의탁하던 시절의 추억이지만, 우리 네 식구가 둘러앉아 삼겹살을 맛있게 먹던 그 주말의 구파발 풍경이 떠올라서 눈물이 나왔다. 행복하고 아름답던 그 때가 너무도 그리워서 추강민은 끄윽끄윽 울었다.

아주 서럽게 울다가 정신을 차려 보니, 여전히 광명여인숙 골방 안의 눅눅한 이불 위에 드러누워 있었다. 너무도 생생한 꿈이어서 추강민은 오래도록 머리를 거칠게 내저었다. 잠깐 동안의 대박 여행은 비몽사몽간의 일장춘몽에 지나지 않았던 것이다.

방광에 가득 찬 오줌을 뽑아내고 돌아와서 금이 간 벽걸이 거울 앞에 섰다. 움푹 꺼진 눈, 가파르게 말라 버린 하관, 창백하고 지친 얼굴이 광명여인숙 골방의 깨진 거울 안에 있었다. 추강민은 절로 신음을 뱉었다. 죽고 싶다는 감정이 아프도록 가슴을 밀고 올라왔다.

* * *

아, 습기 눅눅한 어둠의 공간, 지하 창고 같은 광명여인숙의 골방에서 홀로 지낸 지 어느덧 10개월. 계절은 여름의 절정에 이르는가 싶더니 벌써 가을로 접어들었다.

해가 바뀌고 계절이 바뀌었어도 추강민은 여전히 지명수배 신세이자 경제적 금치산자였다. 하얗게 빛나던 와이셔츠는 누렇게 바래 버렸으며, 검정 바지 또한 칼날처럼 세우고 다니던 주름도 풀려 있었다.

막내 처형 이름으로 발급된 예금통장에는 달랑 3백 원이 남아 있었고 지갑에는 윤창석 사장이 적선한 5만 원뿐이다. 자신을 질식시키는 빚더미가 15억 원을 넘어선 지 오래건만 전 재산은 겨우 5만 3백 원이다…. 어느 순간 위기의식이 엄습해 왔다. 추강민은 다시 한 번 잠을 이루지 못하고 내일 하루에 대하여 고민하기 시작했다.

추강민일부터는 정말이지 어떤 방법으로 견뎌야 할까, 어느 누구를 찾아가 어떻게 사기를 쳐야 할까, 윤창석 사장의 투자 알선이 성공하지 못할 경우에 어떤 대비책을 세워야 할까, 이렇게 생존하다가 과연 절망의 감옥 안에서 무사히 해방될 수 있을까, 끝끝내 대박 한번 터뜨리지 못하고 죽어갈지도 모르는데 좀 더 확실하고 화끈한 방법은 없을까, 고향 청주의 어머니나 서울 구파발의 장모님이 갑자기 돌아가시면 어떡해야 할까?

불시 검문을 받고 체포되거나 교통사고로 죽거나 더 큰 일을 당하면 어떡하지? 옆에 아내도 없고 어머니도 없고 자식들도 없는데 이대로 주저앉아 서글프도록 헛된 죽음을 맞이하면 정말 얼마나 비참할까?

구파발 그린벨트 지역, 막내 처형 소유의 무허가 주택 단칸방에서 검붉은 구렁이가 고개를 뻣뻣이 쳐들고 우리 가족을 향해 갈라진 혀를 날름거리던 그 날 밤, 공포에 질린 눈빛으로 오들오들 떨며 아빠를 기다리던 아이들…. 지금 이 순간에도 아들과 딸은 추강민을 그리워하며 아빠와 즐겁게 어울리는 꿈을 꿀 것이다.

기가 죽어 움츠린 모습의 아내와 두 자식들을 상상할라치면 슬퍼진다. 자식들의 따스한 숨결이 가슴에서 전류처럼 흐르고 아이들이 깔깔대는 소리의 여운이 칼날처럼 가슴을 스치자 머리가 찢어질 만큼 아프다. 불덩이처럼 활활 달아오르던 영혼과 육신은 이제 한 줌의 재가 되어 버린 듯싶기도 하다.

옛날의 부부 관계로, 예전의 가족 관계로 회복시켜 주십사 하고 하나님께 기도를 드릴 염치도 의욕도 이제는 없다. 세상과의 단절, 가족 친지와의 단절, 가정을 팽개치고 비겁하게 도망친 가장의 환멸….

추강민은 만신창이가 되어 여기 웅크리고 있다. 양심을 팔아 한 밑천 단단히 챙기려다가 모든 것이 무너지고 사라진 다음에야 겨우 알게 된다. 너무 멀리 와 있다. 다시는 평범하고 편안한 일상으로 돌아갈 수 없을 것 같은 예감이 든다.

◢ ◢ ◢

휴대폰을 열어 보니 어느 틈에 자정이 넘어 있었다. 여인숙 골방 안의 공기가 가을 날씨답지 않게 후텁지근해서 그랬을까. 머리가 지끈지끈 아파 왔다. 머리맡의 어둠 속을 한참 더듬어 주먹 크기의 주전자를 찾아냈다. 맹물을 벌컥벌컥 들이켰지만 갈증은 좀처럼 가시지 않았다.

한없이 늘쩍지근한 몸을 일으켰고 턱턱 막혀 오는 가슴을 두드리며 어둠을 밀어 젖혔다. 뿌지직! 낡아빠진 베니어 문짝이 화들짝 놀라며 비명을 질러 댔다.

" 추 사장님, 우리 유쾌한 사기 한 번 더 치는 거요. 우리 두 사람은 이미 한 배를 탔습니다."

윤창석 사장의 이상야릇한 미소와 은밀한 속삭임이 다시 한 번 뇌리를 스쳐 지나갔다. 아, 윤 사장은 추강민이 사기꾼이란 걸 확신했으면서도 오랫동안 모른 척하고 있었다.

빌어먹을! 그래, 유쾌한 사기 한 번 더 치는 거야. 그 말 몇 마디로 우리 두 사기꾼의 결속력은 더 굳어졌다고 단정해도 되겠지…. 그렇게 위안을 삼고 싶었지만 참혹한 기분을 씻어 내기는 정말 어려웠다.

자승자박의 세월을 툭툭 털어 버리고 어디론가 훌쩍 떠나고픈 시간이었다. 도저히 그냥 잠들 수 없었던 추강민은 광명여인숙 밖으로 탈출하듯 뛰쳐나왔고, 여인숙 앞 골목 포장마차에서 뼈 없는 닭발 안주에 소주 두 병을 더 비웠다.

밑바닥 삶의 연대가 느껴지는 서너 명의 중년 취객들 틈에서 알토란 같은 1만 6천 원을 소비하며 쓰디쓴 소주를 들이켰다. 아무리 마셔도 취하지 않았고 자꾸 우겨 넣어도 허기가 졌다.

아, 왜 그랬을까. 광명여인숙의 골방에 다시 돌아와서도 정신이 말짱했다. 아까처럼 기절하듯 곯아떨어지지 못하는 게 안타까웠다. 하지만 생존의 막막함에 짓눌린 채 잠을 못 이루며 뒤척이다가 새삼스럽게 깨달은 바가 있었다.

대박 터뜨리기! 그 헛된 갈망 때문에 사람이 미칠 수도 있다는 것을, 그 환상이 깨졌을 때의 비통하고 허전한 마음을 풀어 줄 수 있는 건 자포자기적 일탈뿐이란 사실을….

굶주린 들짐승처럼 할딱거리며 대박이란 환상을 뒤따라가던 세월,

그 막연한 기대를 벼랑 끝 까지 미련하게 떠밀고 왔던 세월, 가슴 안에서 들끓고 있는 집착과 체념, 파멸의 구렁텅이로 곤두박질치면서 새카맣게 탈진했을 영혼, 껍질만 남아 어디론가 표류하는 듯한 느낌….

자포자기적인 일탈의 결과는 엉망진창이었다. 세상 전체가 캄캄한 수렁에 빠져든 것 같은 분위기에서 사기행각은 오히려 자연스럽게 느껴지기까지 했었다. 차라리 사기행각에 미쳐서 모든 고통을 잊어버리는 것이 속 편한 상황이었다. 어쩌면 정직하게 생존하려고 악을 박박 쓰기보다는 홀로 대박의 환상에 빠져 허우적대는 게 훨씬 행복했었다.

갑작스레 가슴 속에서 사납게 울렁대는 무언가가 있었다. 그것은 허무와 절망이었다. 마침내 대박 여행의 벼랑 끝에 내몰린 추강민은 소리 없이 아우성쳤다. 그러다가 도저히 견딜 수 없어 스스로 따귀를 연거푸 갈겼다. 어느 틈엔가 격정적인 통한의 감정이 머리 꼭대기까지 차올라 출렁거리면서 매운 물기가 콧구멍을 꽉 메우기 시작했다.

참으로 불쌍한 아내가 생각났다. 친정 식구들과 빚쟁이들 사이에서 처참하게 얻어터지고 욕지거리를 들으며 부대끼다가 기진해 버린 아내, 도저히 견딜 수 없어 협의 이혼 서류에 세 번이나 도장을 찍어야 했던 아내, 무능력한 사기꾼 남편 때문에 죽어나는 쪽은 아내였다. 결국 이혼 의사를 철회하고 법원에 나오지 않았던 아내가 휴대폰 속에서 그렇게 울먹이지 않았던가.

" 당신의 본심은 선량해요. 당신은 성실하고 의지가 강한 사람예요. 당신은 기본적으로 열심히 노력하는 인간형이거든요. 그래서 당신에게 다시 한 번 재기의 기회를 주고 싶어요. 바보 같은 사람…. "

그랬다. 추강민은 진정 바보였다. 인생의 한계와 능력의 한계를 인정하고 그 한계를 사랑하는 법을 모르던 바보였다. 행복한 내일을 단지 산술적으로 계산하며 그걸 단숨에 쥐려다가 예전보다 더 비참하게 남루해진 머저리였다.

이윽고 뜬구름에 불과한 목표가 허물어지자 이 세상으로부터 등을 돌린 놈, 절망을 딛고 일어나서 남편의 상처를 보듬어 희망으로 바꿔보려는 아내의 눈물겨운 희생을 외면하던 놈이었다.

남편의 역할이 절실할 때에도 무대 옆으로 비껴서 있거나 브레이크 없는 파멸의 질주를 거듭하던 놈, 종국에는 아무런 대책도 없이 아내의 무거운 짐이 돼 버린 존재였다. 생존을 빌미로 사기를 치던 순간순간 추강민은 마치 쇠붙이가 녹슬 듯 끊임없이 인생의 환멸과 죽음을 향해 다가가고 있었다.

지금 이 순간의 소원은 딱 한 가지…. 김이 모락모락 추강민은 된장찌개 뚝배기를 한가운데 놓고, 아내, 아들, 딸 등 네 식구가 둘러앉아서 잘 익은 삼겹살을 싱싱한 야채에 싸 먹고 싶다.

아, 꿈결처럼 평화롭고 여유가 넘치는 그 자리에 청주의 노모와 구파발의 장모를 불러 모시면 어떨까. 빈손으로 찾아가도 늘 넉넉한 가슴으로 따스하게 맞아주던 두 홀어머니를 함께 모시고 막걸리 한잔 대접할 수 있다면 얼마나 행복할까. 상상만 해도 슬픔이 차오른다.

징검다리 투자노트

:: 재무제표 주석사항 읽는 요령

– 투자자가 각별히 유념해야 할 정보의 보고 '주석'

재무제표에 기재된 수치를 부연 설명하는 주석사항에 재무구조와 경영성과 등에 대한 알짜 정보가 포함된다.

특히 환위험, 유동성위험, 이자율위험 등에 대한 관리정책과 당기순이익에 영향을 주는 환율 변동 민감도 분석 등도 주석사항에 추가됨으로써 투자 위험을 줄이기 위해 반드시 주석사항을 챙겨봐야 한다.

이 같은 주석사항의 중요성을 증명이라도 하듯 국제회계기준(IFRS)을 조기 적용한 기업들의 재무제표 공시 결과를 살펴보면 주석 페이지가 크게 늘어난 것으로 집계됐다.

IFRS 재무제표를 작성하는 기업에 대한 투자자가 되기 위해서는 IFRS에 의해 제공되는 주석을 이해할 수 있도록 노력하는 자세가 필요하다.

주석사항에 제공되는 내용이 상당히 전문적인 관계로 이를 해석해 줄 수 있는 전문가의 도움도 필요에 따라 적절히 활용하는 게 좋다.

IFRS 최초 재무제표 주석에는 과거회계기준인 K-GAAP에서 IFRS로의 전환이 기업의 재무상태와 경영성과에 어떻게 영향을 미치는지에 대한 차이 조정 내역이 공시된다. 과목별, 요인별 기준 변경에 따른 수치 변동과 상세 내역을 파악할 수 있으므로 기업 재무 분석 시 적극 활용해야 한다.

주석사항이란 기업회계기준에 입각한 재무제표 이외에 필요 사항을 보충하여 설명하는 것을 말한다. 주석사항에는 필수적 주석사항과 보충적 주석사항 등 두 가지가 있다.

필수적 주석사항에는 ▲ 사용이 제한된 예금 ▲ 투자 부동산의 내용 ▲ 대

손충당금이나 감가상각금액을 일괄적으로 표시하는 경우 그 내역 ▲ 자본금
의 변동 내용 ▲ 전기 오류 수정의 발생 원인과 그 내용 ▲ 선물거래 등 파생상
품 거래와 관련하여 위험 회피 대상이 된 자산과 부채의 내용 ▲ 회계처리기준
과 회계 추정의 변경이 재무제표에 미치는 영향 등을 담는다.

　보충적 주석사항에는 ▲ 회사의 개괄적인 상황 ▲ 주요 영업 내용 ▲ 경영 환
경 변화와 주요 정책 변경 ▲ 관계회사의 명칭과 주요 거래 내용 등을 담는다.

　주석사항은 재무제표를 보다 자세히 설명하는 것이다. 따라서 우발채무, 투
자 위험성 등을 회계 정보 이용자에게 알기 쉽게 전달하기 위해 전문가인 공인
회계사가 기록해야 한다.

　그럼에도 현실적으로 대부분의 감사보고서에 주석사항이 부실하게 기재되
어 있어 분식회계 여부를 저울질할 때마다 논쟁거리를 만든다. 대표적인 경우
를 소개한다.

- 파생상품과 역외펀드 거래에 관한 평가손익을 누락하거나 '주석사항'에 공시하지 않는다.

- 담보 제공되어 현금으로 융통했거나 법적으로 처분이 제한된 재고자산에 대한 '주석사
항' 기재를 누락한다.

- 법적 분쟁에서의 패소와 압류 조치로 사실상 제삼자에게 소유권이 넘어간 재고자산을
장부상에 그대로 두고 '주석사항' 기재를 누락한다.

- 관계회사의 자금 차입 때 담보 제공된 고정자산에 대하여 '주석사항'을 누락시킨다.

- 관계회사 등 제삼자에 대한 지급보증 사실을 숨기고 '주석사항'이나 '특기사항'에서 누
락시킨다.

27
회심의 결정타

우리 인생은 의외성과 우연 때문에 전혀 새로운 얼굴을 보여 줄 때가 많다. 지긋지긋하게 오래도록 괴롭히던 절망의 먹구름이 걷히면서 희망의 등불이 환하게 미소 짓는 사례들이 얼마나 많은가. '인생 역전'이란 말도 그런 연유로 탄생된 것이라고 추강민은 믿는다. 추강민 의 경우가 바로 그랬으니까….

정말이지, 사람이 쉽게 죽으란 법은 없는 모양이었다. 한국경영기술원 김태수 박사와 골든캐피탈 윤창석 사장의 상견례가 예사롭지 않게 삐걱거린 지 사흘 만에 기적 같은 일이 일어났다. 그랬다. 전혀 기대도 않던 호박이 넝쿨째 굴러 들어온 셈이었으니 기적이라고 말해도 좋았다.

그 날 저녁 윤창석 사장은 서울 시내 중심가 플라자호텔 레스토랑에서 값비싼 스테이크와 와인으로 한턱을 냈고, 커피로 입가심을 하던 자리에서 좀 심각한 얘기를 꺼내듯 나직이 말문을 열었다.

" 추 사장님, 이젠 법인을 설립하고 임시 연락처도 마련해야겠지요? "

" 아직 일러요. 최소한의 자본금 5천만 원이 준비돼야 합니다. "

추강민이 단숨에 내질렀다.

" 제가 그 돈을 빌려 드리죠. "

윤 사장은 오래 전부터 준비하고 있었다는 듯이 새하얀 편지 봉투를 탁자 위에 내려놓았다.

" 이게 뭡니까? "

뜻밖의 사태에 당황한 추강민은 머리가 띵해지는 걸 느꼈다. 영악할 대로 영악해진 추강민도 예측할 수 없는 일이 벌어지고 있었다.

" 천만 원권 자기앞수표 여섯 장입니다. "

윤 사장은 개구쟁이처럼 머쓱한 표정을 지어 보이며 어깨를 으쓱했다. 천만 원짜리 자기앞수표 여섯 장이라니! 자그마치 6천만 원에 이르는 거금이었다.

추강민은 멍해져서 한동안 말을 잃었다. 역시 지푸라기라도 잡고 싶은 절박한 감정이 울컥울컥 치밀 때, 덜컥 목숨 줄을 놓아 버리고 싶을 때, 죽을 각오를 하면 살길이 보인다는 말이 결코 틀린 말은 아닌 성싶었다.

" 윤 사장이 알아서 핸들링하지 그러세요? 왜 저보고…. "

충격을 이기지 못하고 추강민은 말끝을 흐렸다. 윤 사장이란 먹잇감을 앞으로 어떻게 요리해야 할까 하는 문제에 이틀 동안 정신이 팔려 있던 추강민은 속이 너무 떨려 말을 제대로 잇지 못했다.

" 아닙니다. 추 사장님이 알아서 추진하세요. 저는 재일교포 물주를 만나러 일주일 동안 일본을 다녀와야 하니까, 그 안에 법인 설립을 마치세요. 제가 잘 아는 법무사를 찾아가시면 저렴한 비용으로 신속하게 처리할 수 있을 겁니다. "

윤 사장은 법무사 사무실의 명함을 건네더니, 일본 출장을 떠나는 자신의 007가방 안에 비즈니스모델 특허 출원 서류 사본과 요약된 사업계획서 등이 들어 있다고 말했다. 추강민은 자신의 생각을 속속들이 알고 교감의 끈을 늦추지 않는 윤 사장이 고마워 몸 둘 바를 몰랐다.

" 법인 설립만큼은 윤 사장이 직접 주도하는 게 낫지 않을까요? 나를 어떻게 믿고…. "

구린 구석이 너무 많았던 추강민은 후들거리는 속을 다독이며 짐짓 사양하는 척했다.

" 동업자를 신뢰할 수 없다면 그건 말이 안 되죠. 작은 월세 사무실을 마련하고 법인을 설립하는 데 요긴하게 쓰십시오. 약속만 지켜 주시면 부족한 자금을 더 빌려 드릴 수도 있어요. "

윤 사장은 조금도 머뭇거리지 않고 재빠르게 지껄였다. 그리고 얼마 지나지 않아서였다. 1천만 원짜리 자기앞수표 여섯 장이 든 봉투는 놀랍게도 이미 추강민의 노트북 가방 안에 들어가 있었다.

" 초기 주식 지분의 80%를 추 사장님이 소유하는 것으로 잠정 결정했으니, 그동안 은혜를 입은 사람이나 얼굴마담들에게 주식을 쪼개 주세요. 다만 김태수 박사만큼은 발기인이나 주주 명단에서 제외하셔야 합니다. 다른 얼굴마담 중에서 김 박사와 인연이 닿지 않는 인물들만 골라서 발기인 명단과 주주 명부에 넣으세요. "

잠시 숨을 고르던 윤 사장은 주주 명부 초안을 내밀었다. 그 미완성 주주 명부 안에는 추강민과 윤 사장의 이름만 올라 있었을 뿐 나머지 주주들의 이름은 없었다.

" 윤 사장이 직접 추천할 주주도 있을 텐데요? "

" 일단 법인부터 설립하세요. 20억 투자 유치가 마무리되고 자본금을 증자할 때 끼워 넣어도 늦지 않습니다. "

" 하지만 윤 사장의 지분이 20%라면 너무 적지 않아요? "

" 아닙니다. 그 정도로 충분해요. 그 대신 각서를 한 통 써 주실 수 있겠습니까? "

윤 사장은 여행 가방 안에서 백지를 몇 장 꺼냈다.

" 좋아요. 원하는 대로 써 드리죠. "

대답만 시원시원한 게 아니었다. 추강민은 그 자리에서 한 통의 각서를 썼다. 투자 유치에 성공하는 즉시 대여금 6천만 원을 가장 먼저 상환하겠다는 약속은 물론이고 윤 사장에게 초기 주식 지분 20% 무상 증여, 연봉 2억 원 이상의 임원 자리를 보장한다는 내용이 포함된 각서였다.

" 주식 액면가의 20배수로 투자 유치를 성공키는 건 제 몫입니다. "

윤 사장이 회심의 미소를 날리며 입술을 깨물었다.

" 20배수로 모집한 뒤 그 투자 금액의 처리는 어떻게 할 생각입니까? "

추강민이 엉겁결에 물었다.

" 그 때 가서 고민해도 늦지 않아요. "

" 그렇다면 윤 사장의 의견을 존중하고 따르겠습니다. "

" 어쨌든 나를 믿어 주시니 고맙습니다. 서로 신뢰한다는 의미에서 법인 설립과 임시 사무실 마련은 추 사장님이 전적으로 알아서 해결하십시오. 투자 유치가 성사되자마자 사무실을 확장 이전해야 할 테니 너무 신경 써서 고르지 마세요. 지극히 잠정적인 연락처에 불과하니까요. "

" 윤 사장, 사무실을 공짜로 제공하겠다는 후원자들이 얼마든지 널려 있어요. 사무실 걱정은 이제 접어 둡시다. "

추강민은 너무도 확실한 먹잇감 앞에서 변함없이 거짓말을 쏟아 냈다.

넝쿨째 굴러 들어온 호박, 6천만 원 때문에 실로 제정신이 아니었다.

마침내 절치부심의 세월이 매듭을 짓기 시작한 것인가. 또 한 차례 재기의 발판이 멋지게 마련되고 있었다. 윤 사장이 말한 '주식 액면가의 20배수 투자 유치'가 어떤 기준으로 산출된 것인지, 주식 액면가의 20배수로 모집하여 그 자금을 어떻게 사용하고 어떤 방법으로 회계 처리를 할 것인지, 초기 주식 지분의 80%를 누구 명의로 쪼갤 것인지 등의 문제는 당장 고민할 바가 못 되었다. 빈털터리의 수중에 6천만 원이 들어왔다는 그 한 가지 사실 때문에 정신을 수습하기 어려웠던 것이다.

*   *   *

때마침, 추강민은 오래도록 상환하지 못한 농협 삼성동 지점의 대출금 2천만 원과 그 연대보증인 때문에 끙끙 앓고 있었다. 그 대출금은 연대보증인이 이미 1년 전에 추강민을 대신하여 갚았으나 추강민에게는 여전히 빚쟁이의 이름만 바뀐 부채 덩어리로 남아 있었다.

사정이 그렇다 보니 대출 보증인의 아내가 빚 독촉을 한답시고 걸핏하면 전화를 걸어 와 어찌나 성화를 부리는지 하루하루를 견디는 게 쉽지 않았다.

" 그 돈 안 갚으면 우리 식구, 집단 자살하는 길밖에 없어요! "

자살, 자살! 보증인의 아내는 버릇처럼 자살을 들먹였다. 그 자살이란 낱말이 뇌리에 끈질기게 달라붙어 심신을 어지럽혔다. 잠자리에 들어서도 깊게 잠들지 못하고 내내 악몽에 시달려야 했다.

한양은행 을지로 지점 재직 당시 청원경찰 최종환 씨를 보증인으로 내세워 농협 삼성동 지점에서 2천만 원을 차입한 적이 있었는데, 추강민이 한양은행을 그만둔 상황에서 원리금 상환이 장기 연체되는 바람에 문제가 불거지고 말았다.

결국 최 씨의 단독주택이 압류되는 사태가 벌어지자 최 씨 부부가 2천 3백만 원 가량을 추강민 대신 갚아 주어야 했다. 그러다가 보증인 최 씨는 뇌일혈로 쓰러져 시름시름 앓다가 별세했고 최 씨의 부인마저 몸져누우면서 얼마 안 남은 가산마저 탕진했다는 게 아닌가.

" 형편이 너무 안 좋아 죽을 지경예요. 저 좀 살려 주세요. 지금 당장 백만 원이 있어야 합니다. "

최종환 씨의 미망인이 애걸복걸할수록 추강민은 막막해져서 한숨만 내쉬었다.

" 사모님, 죄송합니다. 한 달만 기다리세요. "

" 정 곤란하면 10만 원이라도 제발 보내 주세요. "

" 사모님, 그게 가능하다면 얼마나 좋겠어요? 저도 죽을 지경입니다. "

사글세 단칸방 살림에 워낙 쪼들렸던 최종환 씨의 미망인이 가끔 전화를 걸어 눈물로 호소해 왔지만, 한 가정을 붕괴시킨 평지풍파의 주범인 추강민은 그토록 작은 소원조차 들어 주지 못했다.

추강민은 그녀에게 약간의 빚을 갚거나 도움을 줄 수 없는 처지였다. 한양은행을 무작정 퇴직한 이래 알거지 신세를 벗어나지 못하다 보니 몇 만 원의 교통비조차 조달하기 어려웠기 때문이다.

그러던 어느 날이었다. 추강민의 휴대폰 전화번호 변경으로 연락이 두절되자 최종환 씨의 미망인은 격분을 이기지 못했다. 어떤 폭력배를 해결사로 앞세워 아내의 주민등록을 추적하는가 싶더니, 추강민 자식들이 다니던 초등학교의 교장과 담임선생들에게 수시로 전화를 걸어왔다. 아내의 가슴에 더 깊은 상처를 내거나 환부를 들쑤셔야 돈이 나올 것이라는 생각에서 그러는 줄 추강민은 모르지 않았다.

" 창피해 죽겠네. 도망만 다니지 말고 당신이 나서서 해결해요! "

해결사의 압박에 시달리던 아내가 마침내 야멸치게 나왔다. 급박한 상황을 감지한 추강민이 최 씨의 미망인에게 희망찬 사업계획을 설명하면서 차일피일 끌어 보려고 했지만 손톱만큼도 먹히지 않았다. 오히려 사태는 나날이 악화되었다. 해결사로 고용된 40대 중반의 폭력배 조한성이 아내의 직장에 찾아가 공갈 협박을 일삼기 시작했던 것이다.

" 아주머니, 오늘 그 돈 갚지 않으면 그놈의 허리를 꺾어 놓겠습니다. "

윤창석 사장이 추강민에게 6천만 원을 건네던 날도 조한성은 어김없이 대학병원에 근무 중인 아내를 찾아갔다. 어쩔 수 없이 아내가 추강민의 핸드폰 전화번호를 조한성에게 알려 주었고 추강민은 형장으로 끌려가는 사형수처럼 명동 사채 시장의 그 해결사를 만나러 가야 했다. 조한성은 조폭 해결사답지 않게 품위와 귀티가 넘쳐흘렀고 지성적인 분위기를 풍기는 정장 차림의 신사였다.

" 지은 죄가 너무 많아 이 자리에서 혀를 깨물고 죽어야 할 놈이 접니다. 이렇게 빌 테니 가슴에 피멍이 든 제 아내만큼은 제발 괴롭히지 말아 주세요. "

사채업자 사무실에서 조한성을 만나자마자 추강민은 무릎부터 털썩 꿇었다. 목불인견의 지경으로까지 추락하여 굴욕적인 복종을 감내하는 일이 싫었지만 도대체 방법이 없었다. 납작 엎드려 비는 게 최선이었다.

" 언제 갚을 작정이오? "

조한성이 의자에 앉은 채 눈을 지그시 감고 물었다.

" 솔직히 고백하죠. 빠른 시일 내에 갚긴 어렵습니다. "

" 그러니까 도망만 다니지 말고 서로의 지혜를 짜서 해결의 열쇠를 찾아보자는 거 아닙니까? "

갖은 공갈 협박에도 불구하고 추강민이 저자세로 고분고분 대응하여 그랬는지 모르지만, 해결사 조한성의 표정이 몰라보게 누그러졌다. 그는 숙제를 안 해 온 코흘리개를 다독거리는 선생님처럼 추강민 어깨를 두드렸고 무릎 꿇은 추강민을 일으켜 세웠다.

" 해결의 열쇠라니요? "

키를 뒤집어쓰고 소금을 얻으러 온 오줌싸개처럼 시선을 내리깐 채 엉거주춤 서 있던 추강민은 그제야 멈칫거리며 고개를 들었다. 구세주가 곧 조한성일지도 모른다는 예감이 든 것도 그 순간이었다.

" 추 사장, 인과응보란 말의 뜻을 모르진 않겠지요? 밑이 찢어지게 가난한 서민들을 짓밟고 지나가거나 그들의 눈에 피눈물이 흐르게 하면 반드시 죄의 대가를 받게 돼요. 씨 뿌린 대로 거두게 돼 있어요. 피눈물 흘리며 어렵게 사는 그 과부에게 그 몇 푼 안 되는 빚을 갚는 순간부터 내가 해결의 열쇠를 찾아 주겠습니다. 그 원한에 사무친 과부에게 빚을 갚으면 창업 자금을 댈 만한 명동 사채 시장의 큰손을 몇 명 소개하겠습니다. 날 믿어 보시오. 내 명예를 걸고 분명히 약속하겠소! "

최종환 씨의 대위 변제 금액 2천 3백만 원과 그동안의 이자 5백만 원을 포함하여 2천 8백만 원을 당장 갚아야 한다는 조건을 내세운 끝에 조한성이 꺼낸 말이었다.

그뿐이 아니었다. 추강민이 노트북 컴퓨터를 열어 비즈니스모델 특허 내용과 '신용불량자 갱생 프로그램'을 부리나케 설명했을 때는 아예 발 벗고 나서서 투자를 유치하겠다는 의욕까지 내비쳤다.

" 이토록 혁명적인 아이템으로 투자자들을 모으지 못한다면 그 말을 누가 믿겠어요? 그만큼 추 사장의 능력에도 한계가 있다는 증겁니다. 세상일엔 각자의 몫몫이 있어요. 나 혼자 모든 걸 추진하겠다는 고집을 버려요! "

조한성은 줄담배를 태웠다. 옛날 등잔처럼 뚜껑이 있는 도자기 재떨이 안에는 담배꽁초가 빼곡히 들어차 있었고, 사무실 안에는 뿌연 담배 연기가 짙은 안개처럼 풀어져 있었다.

" 비즈니스의 완성은 당신이 책임을 지고 15억 원대의 투자 유치는 내게 맡기란 뜻입니다. "

조한성의 말은 처음부터 추강민을 흔들 만큼 유혹적이지 않았다. 하지만 15억 원의 투자 유치라는 미끼가 던져지던 순간, 추강민은 믿을 수 없을 정도로 흥분을 감추지 못했다.

" 그게 참말입니까? 정말 조 사장님을 믿어도 되겠어요? "

추강민은 막판에 이르러 또 한 번 다가오기 시작한 행운을 놓치고 싶지 않았다. 윤창석 사장과 조한성 사장이 경쟁하듯 투자 유치에 나선다면 상상하기 어려운 거액이 모아질 게 틀림없어 보였다. 윤 사장의 20억 원과 조 사장의 15억 원을 합치면 자그마치 35억 원이었다.

" 자, 우리 쏘주 한잔 마시며 고민해 봅시다. "

조한성이 추강민의 옷소매를 잡아끌었다. 적이 안심했던 추강민은 그에게 삼겹살과 소주를 샀다.

" 추 사장, 나는 요즘 돈 많은 30대 이혼 과부와 내연의 관계를 맺고 있어요. 재벌 2세와 결혼했다가 변호사를 잘 만난 덕분에 50억대의 이혼 위자료를 받은 여잡니다. 그 여자를 설득해서 추 사장 사업에 15억 원 이상 투자하겠소. 내 말이 거짓이 아니라는 걸 너무도 확실하게 증명해 보이죠. "

조한성은 단순히 취중 발언으로 그치지 않았다. 며칠 뒤 그는 사채 시장의 큰손이라는 30대 이혼 과부 김 여사와 60대 할머니 이 여사를 소개하더니, 서울 명동 소재 빌딩의 100평 사무실을 보여 주기도 하면서 신설 법인을 위해 쓸 예정이라고 거듭거듭 강조했다. 놀랍게도 그 사무실은 지나치게 넓어 보였고 공교롭게도 추강민을 위해 비어진 채 기다리는 것만 같았다.

" 저는 제 비즈니스모델을 구축하기 위해 절치부심의 세월을 보냈습니다. 한양은행을 그만두고 이 일에 매달린 것도 성공을 확신했기 때문이죠. 아니, 은행을 퇴직하기 전에 여러 전문가들의 검증과 자문을 거쳤습니다. 최소한의 여건만 주어지면 한국경영기술원의 디지털경영대학원장 김태수 박사와 한성은행 박정태 행장 등 각계 유명 인사들도 적극 참여하기로 약속했습니다. "

조한성의 치밀한 아이디어와 의욕 넘치는 청사진에 감격한 추강민은 침을 튀겼다.

" 아무튼 추 사장이 나를 만난 건 행운입니다. "

" 저도 같은 생각입니다. 그런 뜻에서 조 사장님의 사업 수완을 믿어 보죠. "

" 은행 간부 출신인 추 사장도 너무나 잘 알겠지만 사채 시장에서 자금을 조달하려면 약속어음이 있어야 하고, 약속어음 용지를 구하려면 매입 경비가 필요합니다. 약간의 경비만 내놓으면 추 사장의 사업은 일사천리로 추진될 수 있어요. 그까짓 15억 원 정도 마련하는 건 식은 죽 먹기요! "

조한성은 이제 찰거머리처럼 악랄하게 달라붙는 해결사가 아니었고 구세주임이 분명해졌다. 전폭적인 지원자로 변신해 버린 그는 은행도 약속어음 용지 매입 경비 1천만 원과 소개비 5백만 원 등 2천만 원을 더 요구했다.

" 추 사장은 집념이 강한 반면 승부사 기질이 없어 보입니다. 2천만 원을 베팅해 15억 원의 창업 자금을 만들 수 있다면 망설일 이유가 없지요. 나를 끝까지 신의를 지킬 때, 추 사장은 머잖아 부와 명예를 한 손에 쥘 수 있을 것이오! "

" 조 사장님의 은혜, 평생 잊지 않겠습니다. 죽을 때까지 신의를 지키는 건 당연한 일이고 그만한 대우와 수익을 보장할 테니 투자를 적극 알선하십시오. 투자 유치를 성공시키면 그 뒤의 사업은 각계 저명인사와 전문가들이 알아서 추진할 겁니다. 우리, 공동 운명체가 됐다고 생각하고 열심히 뛰어 봅시다. "

추강민은 그 날도 오지랖 넓은 놈처럼 수많은 얼굴마담들을 거의 빠짐없이 소개하면서 주먹을 불끈 쥐었다. 조한성에게 뜨거운 악수를 청했고 비장의 무기를 꺼내듯 필요한 돈을 준비한 것은 물론이었다.

사채 시장 큰손들의 야심 찬 계획과 용의주도한 계략에 매료된 추강민은 최종환 씨의 대위 변제 금액을 포함하여 4천 8백만 원을 조한성에게 선뜻 넘겨주었다. 윤창석 사장이 큰맘 먹고 빌려준 6천만 원의 80%를 헐었기에 가능한 일이었다.

그런데 웬걸, 신촌 로터리 부근 카페에서 4천 8백만 원을 건네던 그 순간부터 수상한 낌새가 감지된다 싶더니, 최종환 씨의 미망인을 만나러 조한성의 휴대폰은 갑자기 통화 불능의 먹통이 되어 버렸다.

아니나 다를까. 해결사 조한성, 사채 시장의 큰손이라던 30대 이혼과부 김 여사, 60대 할머니 이 여사 등 세 명은 감쪽같이 종적을 감춰

버렸다.

아뿔싸! 추강민은 단번에 상황을 파악할 수 있었다. 한 방에 당했다는 것만은 너무도 확실했다. 뛰는 놈 위에 나는 놈이 있었던 것이다.

혹시나 하고 명동 사채 시장으로 헐레벌떡 달려갔을 때, 사채업자 사무실에서 더부살이를 하던 조한성의 책상과 의자는 이미 낯선 사람이 차지하고 있었다. 추강민은 망치에 뒤통수를 맞은 듯 멍해졌다.

" 조 사장의 거주지를 알 수 있겠습니까? "

사무실을 함께 쓰던 사채업자에게 물었다.

" 그걸 알면 무슨 소용이 있겠어요. 그 사람, 불알 두 쪽밖에 없는 알거집니다. "

사채업자가 혀를 끌끌 찼다. 추강민은 머리부터 발끝까지 모든 게 텅 비어 가는 것을 느꼈다.

이틀이 지날 때까지 조한성의 행적은 오리무중이었고 그의 핸드폰은 여전히 먹통이었다. 뒤늦게 알고 보니, 줄행랑을 놓은 세 사람 모두 신용불량자였다.

자신을 포함하여 네 명의 신용불량자들끼리 벌인 그 더러운 머니 게임에 말려들어 5천여 만 원을 허공에 날린 추강민은 맹렬한 분노를 드러내기보다는 깊은 실의에 젖어 버렸다. 6천만 원을 베팅하여 수십억 원으로 키우려던 윤창석 사장에게 어떤 변명을 늘어놓아야 할 것인가. 둘러댈 만한 핑계거리가 떠오르지 않아서 시간이 흐를수록 난감해졌다.

" 윤 사장, 사무실을 공짜로 제공하겠다는 후원자들이 얼마든지 널려 있어요. 사무실 걱정은 이제 접어 둡시다. "

6천만 원을 지원받던 그 날 저녁, 골든캐피탈 윤창석 사장 앞에서 꺼낸 헛소리가 추강민의 가슴을 헤집기 시작했다. 혼잣손으로 식구들의 바라지에 애면글면 애쓰는 아내를 생각해서 남은 돈 1천여 만 원으로 급한 불을 끄듯 빚잔치를 벌이고 나서 '말짱 도루묵' 신세가 되었을 때는 정말이지 너무 허탈했다. 아, 야속한 세상! 알거지가 따로 있겠는가. 추강민이 바로 알거지였다.

〃 〃 〃

" 추강민 씨, 내 돈 왜 안 갚아요? "

그 날 아침, 광명여인숙 골방 안에서 난데없는 전화 한 통을 받았다. 휴대폰 덮개를 열자마자 최종환 씨 미망인의 쥐어짜는 듯한 목소리가 튀어나온다.

" 안 갚다니요? 엊그제 이자까지 두둑하게 드렸잖아요! "

추강민이 빚쟁이에게 호통을 치기는 난생 처음이었다.

" 어머! 말도 안 돼요! "

" 말도 안 된다니? 그게 무슨 뜻이죠? "

" 돈을 받은 적이 없단 말예요! "

그녀가 터뜨린 단말마의 비명은 어두운 동굴 속에서 울려 나오는 것처럼 음울했다.

" 그건 알 바 아닙니다! 아주머니의 대리인 조한성이 분명히 돈을 받아 갔어요. "

" 말도 안 돼요! "

" 적반하장도 유분수지. 이런 개 같은 경우가 어딨어요? 아주머니가 대리인으로 내세운 해결사 조한성에게 어제 오전 2천 8백만 원을 건네고 영수증을 받아 뒀습니다. 정말 왜 이러세요? 누구 죽는 꼴 보고 싶어요! "

"그 사람, 연락이 안 돼요! "

" 저도 미치고 환장할 지경입니다. 아주머니가 앞세운 그 사기꾼 땜에 자그마치 4천8백만 원을 날렸단 말입니다! "

" 말도 안 돼요! 말도 안 돼요…! "

최종환 씨의 미망인은 같은 말을 끝없이 반복하며 울부짖었다. 어질어질 현기증을 이기지 못하고 휘청거리던 추강민은 눈 딱 감고 휴대폰 덮개를 닫아 버렸다. 그리고는 실성한 놈처럼 고개를 연신 주억거렸다. 아, 나는 진정 어리석은 놈이었어. 남을 등쳐먹으려다가 거꾸로 멋지게 당한 셈이야….

어차피 썩은 연못을 부유하듯 떠돌던 비겁하고 무책임한 일상이 과도한 집착과 환상의 결과이긴 했어도, 과욕에 눈이 어두워진 사람들이 나를 이용하거나 내게 이용당하긴 했어도, 약간 황당한 사업계획서 앞에서 돈이 되는 일이라면 자신의 영향력과 명예를 빌려 주던 저명인사들이 적지 않긴 했어도, 아무리 요즘 세상이 대박이란 환상 때문에 그토록 어수선해지긴 했어도, 그동안의 내 사기행각은 내 인생에 대한 유린이자 모독이라고 생각했다.

어차피 모든 걸 다 가질 수 없는 게 인생이라면 과욕을 버리고 현실에 만족해야 했었다. 아, 실패한 인생! 하루 빨리 떼돈을 벌어 부와 명예를 한 손에 움켜쥐려는 충동에 휩쓸려 살아온 세월이 저주스러웠다.

물거품의 파편처럼 흩어졌던 시간들이 다시 모여서, 더할 수 없이 편안하고 더 나아질 필요를 느끼지 못할 만큼 화목하던 내 가정을 되찾을 수 있다면 얼마나 다행일까? 추강민은 예전의 허상 좇기 과정을 씁쓸하게 기억해 내며 피를 토하듯 한숨을 길게 내쉬었다.

◗ ◗ ◗

그 날 저녁, 추강민은 변두리 여관 앞 포장마차에서 쓰디쓴 소주를 독배처럼 홀로 들이킨다. 술기운에 촉촉이 젖은 눈동자가 몽롱해진다. 주체하기 어려운 무력감이 엄습한다. 그 모습을 박상호 일당이 지근거리에서 지켜본다.

" 개인적인 이익과 내 가족의 안위 때문에 약아빠진 사람, 모럴 헤저드에 함몰된 사람, 내 이웃의 눈물을 딛고 일어서려는 사람, 그처럼 탐욕에 눈이 먼 사람들보다 이웃 사랑을 실천할 줄 아는 사람이 우리 정치와 경제를 책임지는 사회가 돼야 합니다. "

교회 목사의 절절한 충고가 가슴을 친다.

" 아빠! 아빠…! "

서럽도록 맑은 목소리가 귓바퀴로 몰려든다. 딸애의 돼지저금통을 찢던 순간이 떠오른다. 자식들의 초롱초롱한 눈망울이 시야를 어지럽힌다. 김이 모락모락 나는 된장찌개 뚝배기를 한가운데 놓고 네 식구가 둘러앉아서 노릇노릇 익은 삼겹살을 싱싱한 야채에 싸 먹고 있다. 행복에 겨운 폭소가 연신 터진다. 눈물 그렁그렁한 얼굴의 아내가 따스하게 포용하던 그 순간이 심장을 저민다.

" 당신의 본심은 선량해요. 당신은 의지가 강한 사람예요. 당신은 기본적으로 열심히 노력하는 인간형이거든요. 당신에게 다시 한 번 재기의 기회를 주고 싶어요. 바보 같은 사람….."

울먹이는 아내의 목소리가 저 멀리서 들린다.

" 당신, 대박을 좇아서 그처럼 멀리까지 가려는 이유가 뭐예요? 소박하고 즐겁고 건강한 삶, 행복한 일상은 늘 당신 곁에 있잖아요? "

추강민은 두 손으로 머리를 감싸 쥐고 소리 죽여 흐느낀다. 그의 등 뒤로 패트롤카 한 대가 소리 없이 접근한다. 박상호 일당이 슬며시 사라진다. 후드득, 후드득…. 때늦은 가을비가 포장마차의 지붕을 때리기 시작한다. end